本書出版得到國家古籍整理規劃領導小組資助

# 長沙東牌樓東漢簡牘

長沙市文物考古研究所
中國文物研究所　編

文物出版社

封面設計　周小璋
責任印製　陸　聯
責任編輯　蔡　敏

**圖書在版編目（CIP）數據**

長沙東牌樓東漢簡牘/長沙市文物考古研究所，中國文物研究所編．—北京：文物出版社，2006.4
ISBN 7-5010-1857-X

Ⅰ.長…　Ⅱ.①長…②中…　Ⅲ.①簡（考古）－發掘報告－長沙市－東漢時代②簡（考古）－研究報告－長沙市－東漢時代　Ⅳ.K877.55

中國版本圖書館 CIP 數據核字（2006）第 001943 號

**長沙東牌樓東漢簡牘**

長沙市文物考古研究所
中　國　文　物　研　究　所　編

*

文　物　出　版　社　出　版　發　行
（北京五四大街 29 號）
http://www.wenwu.com
E-mail:web@wenwu.com
北京盛蘭兄弟印刷有限公司印刷
新　華　書　店　經　銷
787×1092　1/8　印張：31
2006 年 4 月第一版　2006 年 4 月第一次印刷
ISBN 7-5010-1857-X/K·974　定價：320 圓

# 目　　録

# 前　　言

本書所收，是二〇〇四年四月下旬至六月上旬，湖南省長沙市東牌樓建築工地第七號古井發掘出土簡牘。有關這批簡牘的發現與出土情況，詳見本書所收《長沙東牌樓七號古井發掘報告》；有關這批簡牘的概況和價值，詳見本書所收《長沙東牌樓東漢簡牘概述》和《長沙東牌樓東漢簡牘的書體、書法與書寫者》。

長沙作為第一批公布的二十四個歷史文化名城之一，有其豐富的歷史文化內涵。考古發掘及史書記載表明，長沙有人類活動的歷史可追溯至七千多年以前，有文字可考的歷史長達三千多年。早在夏商時期，這裏就屬古三苗國地。春秋戰國之際，為荆楚南國重鎮。公元前二二一年，秦始皇統一中國，設三十六郡，長沙郡即為其中之一。西漢時期，為長沙國首府。三國時期，長沙為吴國屬郡。隋、唐至宋，幾度改稱潭州。其間，五代時期，又曾為十國之一楚國首府。元先後稱潭州路、天臨路，明改稱長沙府。清代為湖南省治。一九二二年定為湖南省會。一九三三年正式設長沙市。一九四九年新中國成立至今，一直為湖南省省會所在地。

浩瀚的歷史長河，燦爛的古代文化，給長沙留下了豐富的文化遺産。一九七二至一九七三年馬王堆西漢三墓的發掘，向世人展現了燦爛的漢代物質文明。一九八三年開始的望城縣唐代長沙窯的幾次重大發掘，得以揭開該外銷名窯的神秘面紗。一九九三年望城坡西漢漁陽王后墓的發掘，展現了等級森嚴的黄腸題湊葬制。一九九六年走馬樓出土十餘萬枚孫吴簡牘，披露了大量珍貴的孫吴政治、經濟資料，揭開了孫吴歷史研究的新頁。二〇〇三年走馬樓又出土萬余枚西漢長沙國簡牘，披露了大量珍貴的西漢長沙國政治、經濟及文化資料，將對西漢王國制度的研究起到推動作用。此次東牌樓出土二〇六枚東漢簡牘，數量雖然不多，内容卻十分重要，相信也會對東漢歷史的研究産生重要影響。

此次發掘工作由長沙市文物考古研究所負責。領隊為何旭紅，執行領隊為黄樸華。主要參加人員有何佳、傅星生、邱東聯、馬代忠、蕭静華、張竹青、曹德清、馮奇、高鐵、李建偉、胡相國、邱愛華、孟科保、楊建華等。

簡牘整理工作由中國文物研究所負責。全部釋文工作由中國文物研究所王素、中央美術學院劉濤共同完成。釋文的分類、定名、解題、注釋由王素承擔，釋文書體的界定由劉濤承擔。中國文物研究所任昉參加了釋文的校核、目録的編排、簡牘整理號與出土號對照表的編製等工作。

文物出版社蔡敏對本書的編排和出版提出了很好的建議，在此深表感謝！

**編　者**
二〇〇五年十二月

# 長沙東牌樓七號古井發掘報告

# 第一章　地理位置與發掘經過

## 第一節　地理位置

二〇〇四年四月至六月，長沙市文物考古研究所為配合城市基本建設，對位於市中心五一廣場東南側的華明置業有限公司興建的湘浙匯商業大厦建設區域内的古井群進行了考古發掘，出土陶、瓷、漆、木等各類文物數百件。其中，在編號為 J7 的古井中清理出了一批東漢簡牘。

東牌樓湘浙匯商業大厦工地位於長沙市中心五一廣場東南側，黄興路的東側，湖南平和堂商厦的南側，走馬樓街的西側，東牌樓街的北側，佔地約四〇〇〇平方米左右（圖一）。

整個工地先後發現自西漢至明清古井 35 口，東牌樓古井群主要分布在建設區域的東部及西部，我們將發掘地點稱為二〇〇四年長沙市五一廣場東牌樓古井群，簡稱“2004. C. W. DJ”，發掘古井編號為 2004. C. W. D J1 ~ J35（圖二；彩版一）。

就古井時代而言，初步判定西漢一三口，東漢三口，三國一口，唐代三口，宋代二口，明代二口，清代二口，時代不明九口。井口直徑〇・四〇～一・六〇米，殘存深度〇・四五～七・六〇米。

井口的形狀可分為圓形和方形兩種，其形制可分為以下四類：一、直筒形；二、上小下大袋狀形；三、長方形内置木質井壁；四、直筒形磚砌井壁。均為日常飲用井。出土陶、瓷、漆、木等各類文物數百件。其中 2004. C. W. DJ7（以下簡稱 J7）位於整個工地的東南角，在該井中發掘出土了一批東漢末年的簡牘。

## 第二節　歷史沿革與重大發現

綜合歷年來考古發掘所獲取的資料，結合文獻記載，充分説明現長沙市五一廣場周圍從戰國至明清時期歷來是城市的中心區域和官署所在地。

戰國時期長沙城市已建成，範圍東在今黄興路和蔡鍔路之間，南到坡子街一帶，西臨下河街，北在五一路與中山路之間。東西長約 700 米，南北寬約 600 米[一]。西漢時期，在戰國時期長沙城的基礎之上改建成“臨湘”城，作為長沙國都城，都城“宫署”建在“臨湘”城南部[二]。《水經注》載：“（湘水）又右徑船官西，湘州商舟之所次也。北對長沙郡，郡在水東、州城南，舊治在城中，后乃移此。……又右徑臨湘縣故城西，縣治湘水，濱臨川側，故即名焉。……又漢高祖五年，以封吴芮為長沙王，是城即芮築也。漢景帝二年，封唐姬子發為王，都此，王莽之鎮蠻郡也。……晋懷帝以永嘉元年，分荆州湘中諸郡，立湘州，治此。……城之西北有故市，北對臨湘縣之新治。”[三]根據《水經注》的記載，西漢初吴芮建“臨湘”城，東漢時長沙郡治仍在“臨湘”城内，東晋時將湘州州治設于“臨湘”城内，但將湘州下轄的長沙郡郡治、臨湘縣治遷出建于“臨湘”城南、北側。隋將臨湘縣改為長沙縣，縣治直到清代没

---

［一］　黄綱正、周英、周翰陶：《湘城滄桑之變》，湖南文藝出版社，一九九七年，三六頁。

［二］　何旭紅：《長沙漢“臨湘故城”及其“宫署”位置考析》，《南方文物》一九九八年第一期。

［三］　《水經注疏》，（北魏）酈道元注，（民國）楊守敬、熊會貞疏，江蘇古籍出版社，一九九九年，三一四四～三一四六頁。

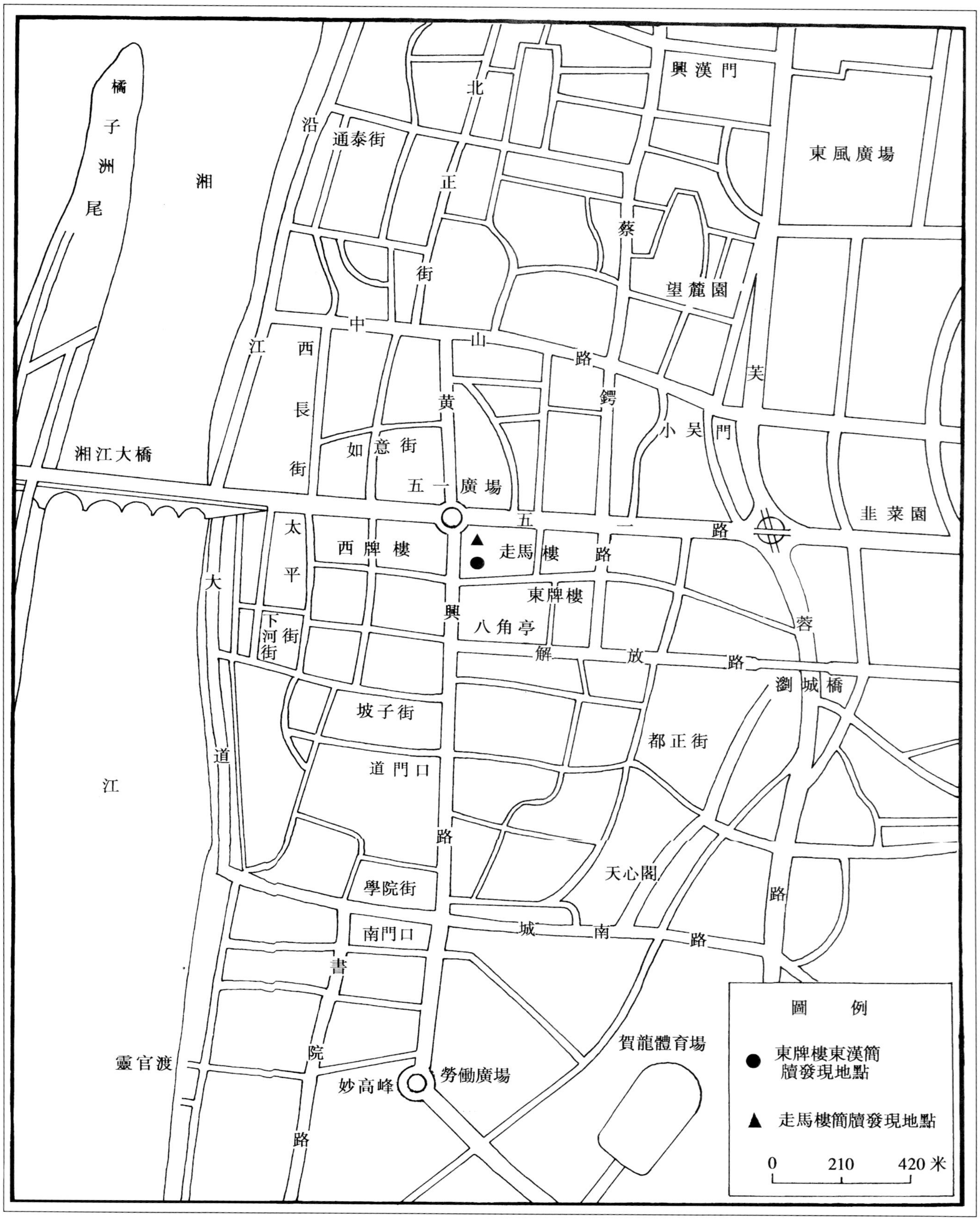


**圖一　東牌樓古井群位置圖**

有變動。《嘉慶重修一統志》："而今之長沙縣治，即《水經》所謂臨湘縣新治。"[一]

---

［一］　見《嘉慶重修一統志》卷三五五《長沙府二》，乾隆九年刊本。

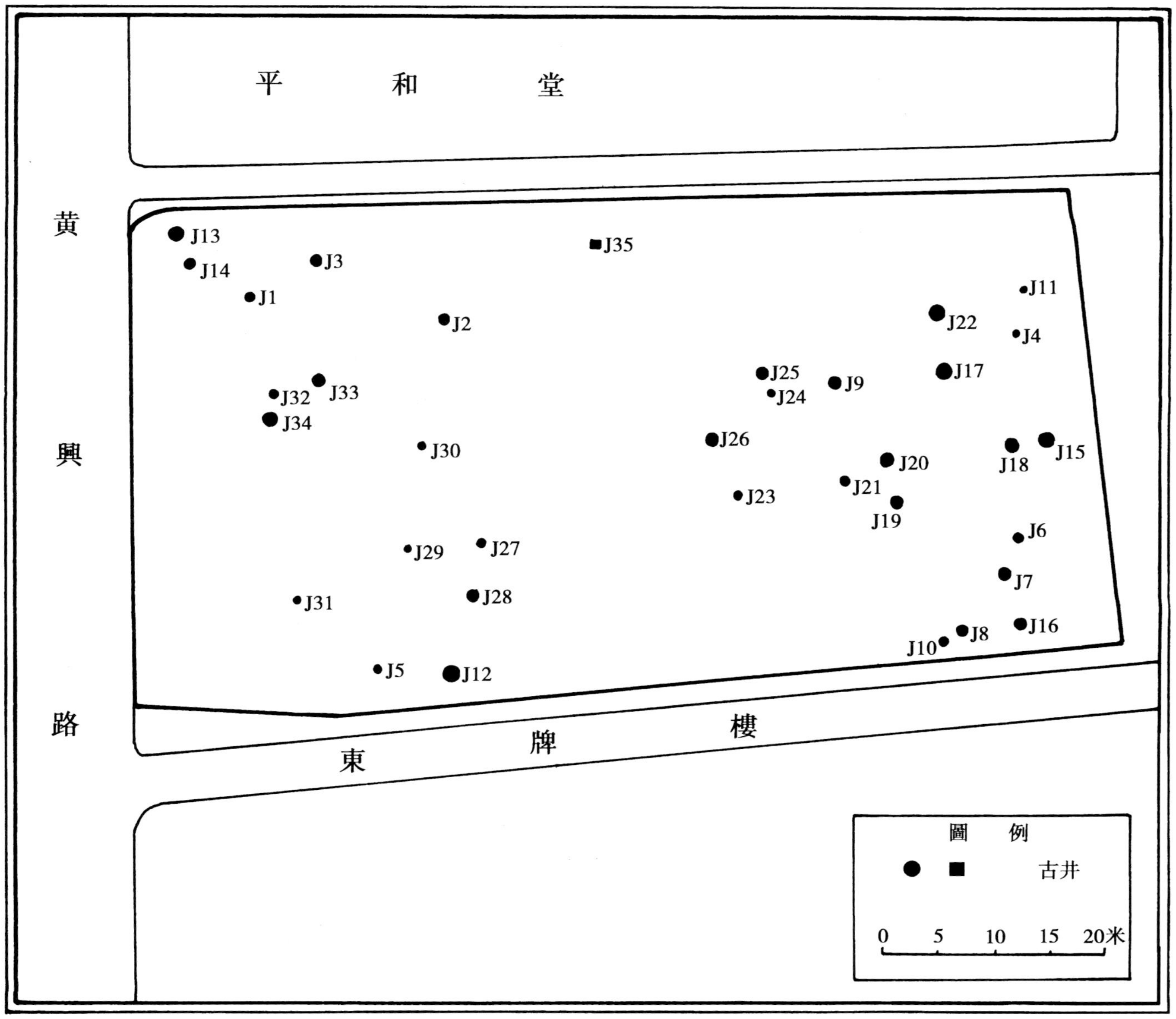


圖二　東牌樓古井群平面分布圖

根據考古發現，J7 所在地處於長沙市古城的中心區域。歷年來，長沙市文物考古研究所在該區域内發掘了大量戰國至明清時期的古井。從古井形制及出土物看，基本均為生活用井，而且時代越晚古井向四周輻射範圍越大，古井的分布與數量從一個側面也反映了人口的聚居變遷與密集程度。

近些年在此區域古井内還不斷發現有兩漢至三國時期的官府簡牘檔案。如除此次在 J7 内發現東漢簡牘外，一九九六年在 J7 北面的平和堂商厦建設工地 J22 内發現大批孫吴時期的簡牘，一九九七年五月在五一廣場西北側科文大厦工地發現東漢簡牘，二〇〇三年十月在五一廣場東側省供銷社綜合樓工地 J8 内發現了西漢簡牘，這些簡牘均為官府檔案或文書（表一）。就相對位置而言，J7 北距走馬樓吴簡的 J22 為九五米，東北距出土西漢簡牘的 J8 為一一〇米，此三口古井大致呈三角形分布。

另在平和堂工地古井内發現有“長樂未央”和“安樂未央”文字瓦當及卷雲紋瓦當，在科文大厦工地古井内也發現有“安樂未央”瓦當，另有“府君高遷”文字瓦當及瑞獸瓦當[一]。這些瓦當應為大型宫署使用的瓦當。

---

[一]　《東漢簡牘重見天日》，《人民日報》，一九九七年八月二日。

**表一　近年五一廣場周圍出土簡牘一覽表**

| 發掘時間 | 發掘地點 | 數量 | 時代 | 簡牘性質 |
| --- | --- | --- | --- | --- |
| 一九九六年七月至十二月 | 五一廣場東南側<br>湖南平和堂商厦工地 | 十四萬枚 | 三國 | 官府檔案及私人信札等[一] |
| 一九九七年五月 | 五一廣場西北側<br>科文大厦工地 | 數百枚 | 東漢 | 官府文書及私人信札等[二] |
| 二〇〇三年十月至十一月 | 五一廣場東側<br>省供銷社綜合樓工地 | 一萬餘枚 | 西漢 | 官府文書[三] |
| 二〇〇四年四月至六月 | 五一廣場東南側<br>湘浙匯商業大厦工地 | 二〇六枚 | 東漢 | 官府文書及私人信札等 |

一九九九年在東牌樓西南，距 J7 約九〇米處，發現了明藩王府的道路遺跡，在附近還發現了斷斷續續的明代王府大型夯土基礎。二〇〇〇年在東牌樓東面，距 J7 約一一〇米處，發現有殘斷的戰國時期夯土城墻。

以上分析充分證明了歷史上以五一廣場為中心及其周邊範圍内從戰國至明清一直為歷代官署所在地以及城市規模不斷擴大的事實。

## 第三節　J7 發掘經過

一、發現經過

該工地的土方挖掘開始於四月中旬。由於此工程地處長沙市重點文物埋藏區，加之離此工地數十米的地方出土過十餘萬枚舉世聞名的長沙走馬樓吴簡，所以市文物考古研究所對此工地十分關注，從開始就派員駐守現場，進行文物調查勘探。

四月下旬，我所組織考古專業人員對工地上發現的古井逐步進行考古發掘。五月二十五日早上八時三十分左右，我所現場考古人員在清理編號為 J7 的古井時，發現一枚上書東漢靈帝時期“中平三年（一八六年）”的紀年木簡，隨即向所領導匯報，所領導迅速趕赴現場處理，並通告建設方和施工方，加强文物保護。

二、發掘步驟與方法

由於地下水位較高，J7 井壁部分垮塌，再加之井口較小，土質疏松，故在清理時採用分段的方法由上至下分層進行清理。在清理至第二層，即簡牘層時，用手鏟、竹籤向下逐層仔細清理。清理出的簡牘在現場就進行了有效的保護，對井内堆積全部進行仔細篩洗，這些均確保了發掘質量。該井發掘工作自五月二十五日開始，至六月十一日結束。

---

［一］　汪力工：《略談長沙三國吴簡的清理與保護》，《中國文物報》二〇〇二年十二月十三日第八版。
［二］　《東漢簡牘重見天日》，《人民日報》，一九九七年八月二日。
［三］　曹硯農、宋少華、邱東聯：《萬餘枚西漢簡牘驚現長沙走馬樓》，《中國文物報》二〇〇四年二月十八日第一版。

# 第二章　發掘收獲

## 第一節　J7形制及層位堆積

一、形制

J7為圓形竪井，口徑一·二〇米，井壁光滑。由於基建原因，發現J7時上部已遭破壞，現殘存井口距地表深三·〇米，所以開口層位不明。但綜合工地四周剖面大致可看出，井口以上為擾土層覆蓋。擾土層主要為近現代建築廢棄堆積，夾雜有較多的明清時期瓦片和青花瓷片。J7打破第四紀網紋紅土層。井口至井底現存七·六〇米。井的上部呈圓柱體，近底部略大，呈袋狀，最底部又收縮成橢圓形小坑狀。

二、層位堆積

J7內堆積按土質、土色及包含物可分為五層（圖三）。填土為灰褐色或黑褐色，含較多的木板、竹子等殘片，並夾雜少量陶片、青瓷片、青磚塊及筒瓦、板瓦片等，在井底部出土有較完整的青瓷四繫罐、拍印紋硬陶罐等。簡牘出土於第②層至第⑤層，散亂分布於距井口三·二四米以下至井底的七·六〇米的填土內。現分别介紹如下。

第①層：厚三·二四米，為灰黑色土，沙性較重，水分較多。出土物有碎青磚塊、板瓦及筒瓦片等。

第②層：三·二四~四·八九米，厚一·六五米，為灰黑色土，土質較黏，水分含量多，夾雜少量瓦片、青瓷片、硬陶罐、陶鉢、陶釜等殘片，另有較多竹、木條殘片。出土少量簡牘及封檢。

第③層：四·八九~五·七二米，厚〇·八三米，為黑色土，土質疏松，陶片較少，發現有陶罐、陶缸、陶碗、碎磚瓦等殘片，另有較多竹、木條殘片，分布散亂。出土少量規整的簡牘及封檢。

第④層：五·七二~六·八四米，厚一·一二米，為黑色土，但夾雜少量青灰色泥土，土質疏松，陶片較少，另有較多竹、木條殘片，分布散亂。發現有一完整的青瓷四繫罐，出土少量木簡。

第⑤層：六·八四~七·六〇米，厚〇·七六米，為灰色土，土質較純，發白，含膏泥成分，陶片較少，另有較多竹、木條殘片，分布散亂，在井底有一橢圓形小坑，呈鍋底狀內收。發現有一較完整的拍印紋硬陶罐，還有一件青瓷器，出土少量木簡。

## 第二節　出土遺物

J7除簡牘外，出土器物共二〇七件，其中完整、基本完整或可修復完整器一七件，殘片一九〇件（表二）。按質地可分為青瓷器、陶器、漆木器及簡牘等四大類（簡牘在第三章另行介紹）。

（一）青瓷器

共二〇件，佔出土器物總數的百分之九·六六。其中完整及可修復器四件，殘片一六件。均為泥質灰胎或灰白胎，胎質純凈細膩，較硬，燒製火候高。外施青緑釉或青黄釉，釉不及底。器形有青瓷四繫罐及青瓷鉢。

1. 青瓷四繫罐　一八件。完整或可修復器三件，殘片一五件。依據口沿、肩、腹部特徵可分為二型。

**表二　J7 出土器物統計表**

| 器類＼層位 | | | | 保存狀況 | ① | ② | ③ | ④ | ⑤ | 小計 | 百分比 |
|---|---|---|---|---|---|---|---|---|---|---|---|
| 青瓷器 | 四繫罐 | | | 完整 | | | 1 | 1 | 1 | 3 | 佔總數的 9. 66% |
| | | | | 殘片 | | 12 | 2 | | 1 | 15 | |
| | 鉢 | | | 完整 | | 1 | | | | 1 | |
| | | | | 殘片 | | 1 | | | | 1 | |
| | 小計 | | | 完整 | | 1 | 1 | 1 | 1 | 4 | |
| | | | | 殘片 | | 13 | 2 | | 1 | 16 | |
| 陶器 | 生活用品 | 硬陶器 | 罐 | 完整 | | | | | 1 | 1 | 佔陶器的 14. 205%<br>佔總數的 12. 08% |
| | | | | 殘片 | 1 | | 10 | 6 | 5 | 22 | |
| | | | 釜 | 殘片 | | | 1 | | 1 | 2 | |
| | | | 小計 | 完整 | | | | | 1 | 1 | |
| | | | | 殘片 | 1 | | 11 | 6 | 6 | 24 | |
| | | 釉陶器 | 鉢 | 完整 | | | 1 | | 1 | 2 | 佔陶器的 1. 14%<br>佔總數的 0. 97% |
| | | 軟陶器 | 盆 | 完整 | | | | 1 | | 1 | 佔陶器的 14. 205%<br>佔總數的 12. 08% |
| | | | | 殘片 | 3 | 6 | | 2 | 2 | 13 | |
| | | | 鉢 | 殘片 | | 5 | | | | 5 | |
| | | | 罐 | 殘片 | | 1 | 5 | | | 6 | |
| | | | 小計 | 完整 | | | | 1 | | 1 | |
| | | | | 殘片 | 3 | 12 | 5 | 2 | 2 | 24 | |
| | 建築材料 | 板瓦 | | 殘 | 27 | 22 | 16 | 2 | 6 | 73 | 佔陶器的 70. 45%<br>佔總數的 59. 9% |
| | | 筒瓦 | | 完整 | | | 1 | | | 1 | |
| | | | | 殘 | 14 | 15 | 15 | | | 44 | |
| | | 瓦當 | | 殘 | 1 | | | | | 1 | |
| | | 磚 | | 完整 | | | 1 | | | 1 | |
| | | | | 殘 | | | | | 4 | 4 | |
| | | 小計 | | 完整 | | | 2 | | | 2 | |
| | | | | 殘 | 42 | 37 | 31 | 2 | 10 | 122 | |
| 漆木器 | 木構件 | | | 完整 | | 2 | | | 1 | 3 | 佔總數的 5. 31% |
| | 木屐 | | | 殘 | | | 1 | | 1 | 2 | |
| | 陀螺形器 | | | 完整 | | 2 | | | | 2 | |
| | 木勺 | | | 完整 | | 1 | | 1 | | 2 | |
| | 木梳 | | | 殘 | | 1 | | | | 1 | |
| | 木篦 | | | 殘 | | 1 | | | | 1 | |
| | 小計 | | | 完整 | | 5 | | 1 | 1 | 7 | |
| | | | | 殘 | | 2 | 1 | | 1 | 4 | |
| 合計 | | | | 完整 | | 6 | 4 | 3 | 4 | 17 | 總數 207 |
| | | | | 殘片 | 46 | 64 | 50 | 10 | 20 | 190 | |

注：此表統計的是除簡牘以外的所有出土器物。

A 型：一七件。完整或可修復器二件。直口，肩、腹圓鼓，凹底，形體扁圓，略呈橄欖狀。肩、腹部飾細拍印紋，肩部對稱分布四繫，並飾一圈或二圈旋紋。依據腹部變化可分為二式。

Ⅰ式：三件。完整一件，殘片二件。直口，肩、腹圓鼓，底微凹。形體扁圓，最大腹在中腹。標本

J7⑤:42，完整，外施豆緑釉，腹部釉呈倒花瓣紋。口徑一〇・〇、腹徑一九・四、底徑一一・六、高一八・九厘米（圖四，1；圖五，1）。

Ⅱ式：一四件。完整一件，殘片一三件。上腹圓鼓，平底。形體較Ⅰ式瘦高，最大徑偏上。標本J7③:21，完整，口徑一一・〇、腹徑二一・六、底徑一一・二、高二二・四厘米（圖四，2；圖五，2）。標本J7②:5，殘片，口徑一〇・〇、殘高九・六厘米（圖四，3）。

B型：一件。標本J7④:38，完整。短敞口，肩、腹微鼓，平底，肩、中腹及下腹均飾一道旋紋。腹略呈直桶狀。施土黄釉，泛緑，釉質較厚光滑，富有玻璃質感。口徑八・六、腹徑一八・一、底徑一五・六、高二〇・四厘米（圖四，4；圖五，3）。

2. 青瓷鉢　二件。修復完整一件，殘片一件。斂口，圓唇，鼓腹，小平底。標本J7②:8，完整，口徑七・六、腹徑八・四、底徑四・〇、高四・〇厘米（圖四，5；圖五，4）。

（二）陶器

共一七六件，佔出土器物總數的百分之八十五・〇三。其中完整及可修復器六件，殘片一七〇件。大多為泥質灰胎或灰白胎，少量為泥質紅胎。按用途可分為生活用器和建築材料。

一、生活用器

共五二件，其中完整及可修復器四件，殘片四八件。按火候高低及施釉與否可分為硬陶器、釉陶器及軟陶器等三大類。

（1）硬陶器

共二五件，佔出土器物總數的百分之十二・〇八，佔陶器的百分之十四・二〇五。其中完整器一件，殘片二四件。大多為泥質灰胎或灰白胎，少量紅胎。胎質純净，細膩較硬，燒製火候高，外飾拍印菱形紋或方格紋（圖六，1、2）。器形有硬陶罐及硬陶釜。

1. 硬陶罐　二三件。完整器一件，殘片二二件。依據形體大小及肩、腹部特徵可分為二型。

A型：一八件。完整器一件，殘片一七件。斜唇，口微外侈，束頸，圓折肩，腹内收，凹底。形體偏小。周身飾細拍印紋，肩飾一淺旋紋。標本J7⑤:44，完整，口徑一二・〇、腹徑一八・八、底徑九・六、高二〇・一厘米（圖七，1；圖八，1）。標本J7⑤:45，底徑一一・〇、殘高八・六厘米（圖

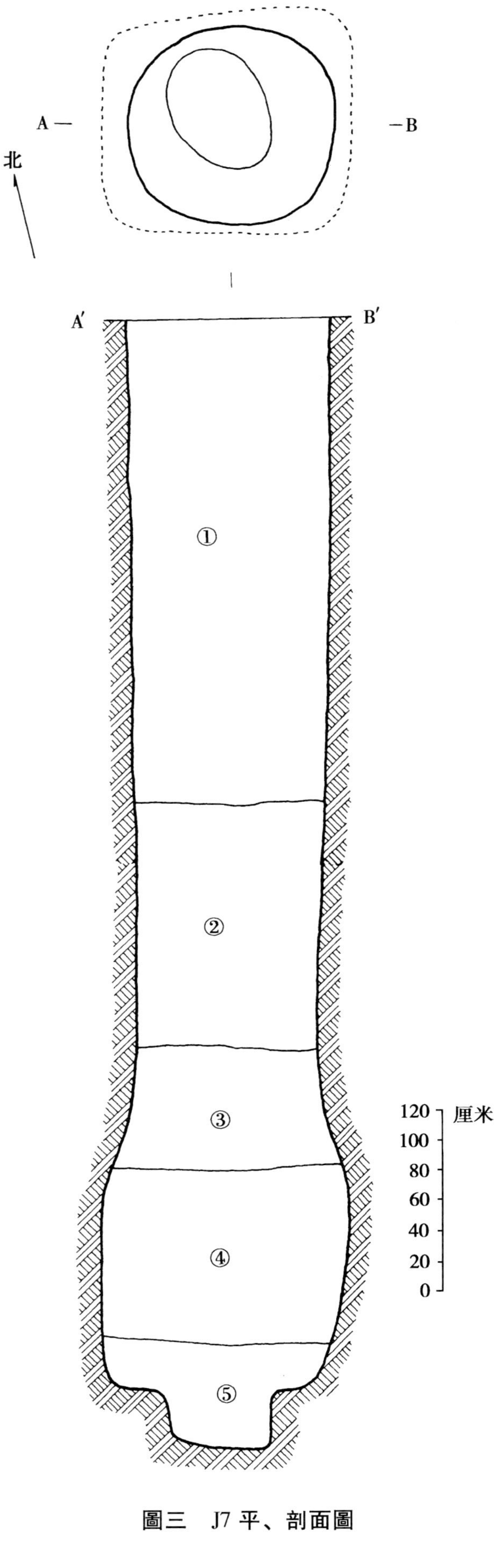

圖三　J7平、剖面圖

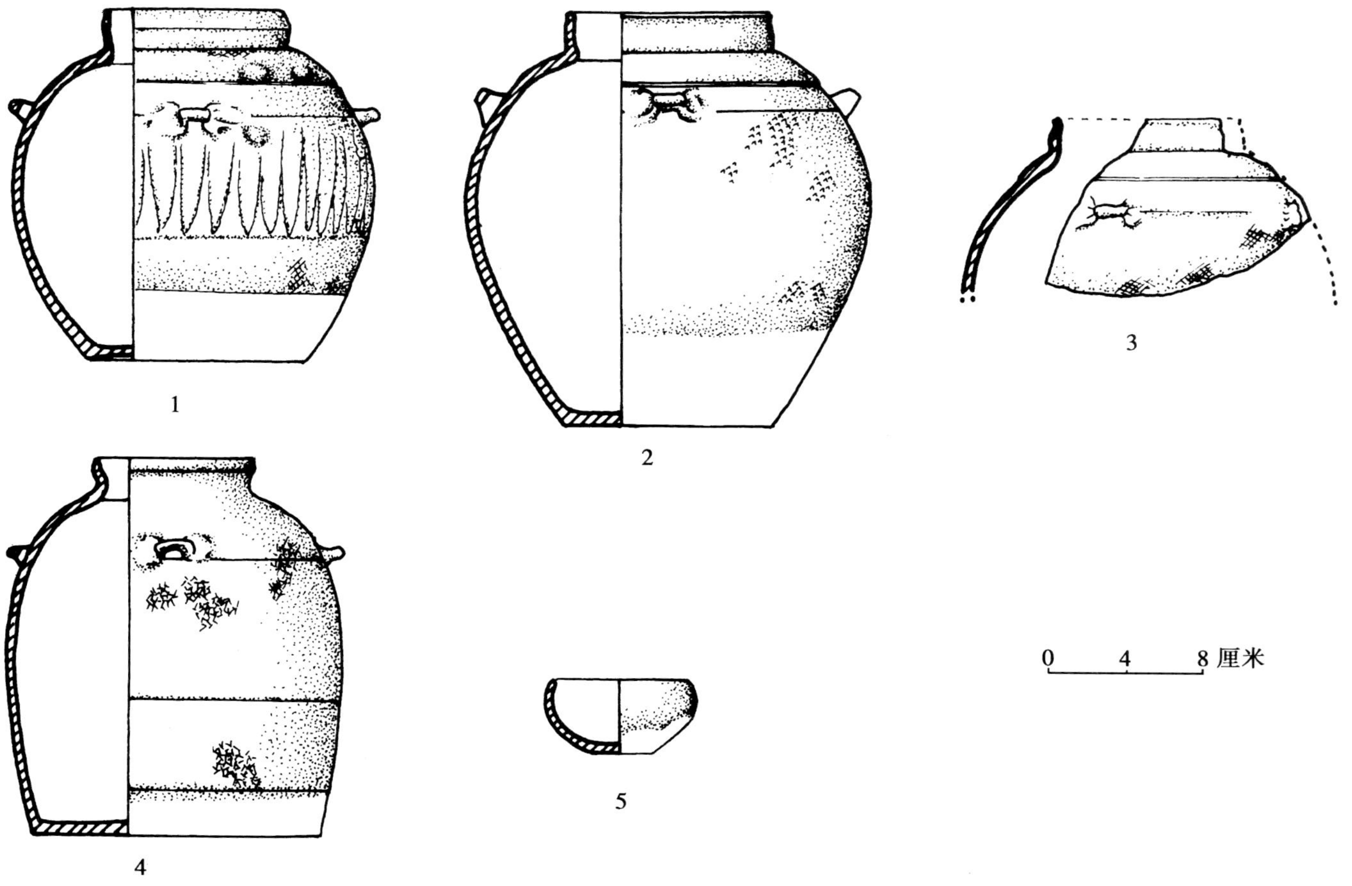


**圖四　J7 出土青瓷器**

1. A 型Ⅰ式青瓷四繫罐（J7⑤:42）　2. A 型Ⅱ式青瓷四繫罐（J7③:21）　3. A 型Ⅱ式青瓷四繫罐（J7②:5）　4. B 型青瓷四繫罐（J7④:38）　5. 青瓷鉢（J7②:8）

七，2）。標本 J7⑤:46，底徑一一·二、殘高七·四厘米（圖七，3）。

B 型：五件。均為殘片。方唇，斜折沿，口微外侈，束頸，肩、腹圓鼓，底微凹。形體較 A 型大。周身飾細拍印紋。標本 J7④:39，口徑一三·六、腹徑二九·二、殘高一六·〇厘米（圖七，4）。標本 J7③:23，底徑一八·六、殘高四·八厘米（圖七，5）。

2. 硬陶釜　二件。均為殘片。大口，腹外鼓。腹飾細方格紋及數道旋紋。依據口沿及腹部特徵可分二式。

Ⅰ式：一件。標本 J7⑤:43，殘，紅胎。外折短斜沿，腹微外鼓，腹飾細方格紋，其上殘存二道旋紋。口徑二八·〇、殘寬二一·六、殘高九·〇厘米（圖六，1；圖七，6）。

Ⅱ式：一件。標本 J7③:22，殘，灰胎。外折短平沿，腹微外鼓，稍甚於Ⅰ式。腹飾細方格紋，其上殘存三道旋紋。口徑二七·二、殘寬一二·八、殘高九·〇厘米（圖七，7）。

（2）釉陶器

共二件，佔出土器物總數的百分之〇·九七，佔陶器的百分之一·一四。其中完整及可修復器二件。為泥質紅胎或淺黃胎，燒製火候較高，胎質較硬，内外均施紅釉或棗紅釉，外側釉不及底。

器形僅有陶鉢。依據口部特徵可分二型。

A 型：一件。標本 J7⑤:47，淺黃胎。方唇外凸，敞口，弧折腹，平底。上腹飾一旋紋，内外施棗紅色釉，外側釉不及底，較薄，有脱釉現象。口徑一四·一、底徑六·二、高五·四厘米（圖七，8；圖八，2）。

1

2

3

4

圖五　J4 出土青瓷器

1. A 型Ⅰ式青瓷四繫罐（J7⑤∶42）　2. A 型Ⅱ式青瓷四繫罐（J7③∶21）　3. B 型青瓷四繫罐（J7④∶38）　4. 青瓷鉢（J7②∶8）

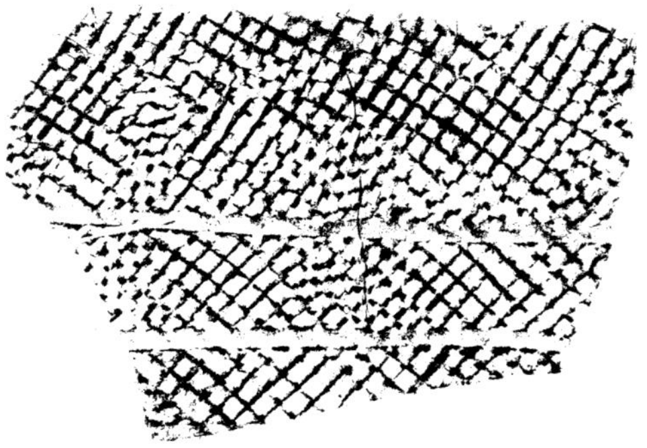

1

0　1　2 厘米

2

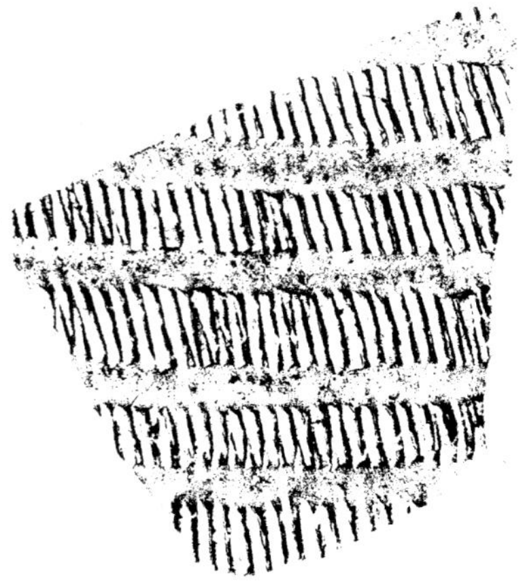

3

圖六　J7 出土陶器紋飾

1. 陶釜腹部（J7⑤∶43）　2. 硬陶罐腹部（J7⑤∶51）　3. 陶罐腹部（J7③∶32）

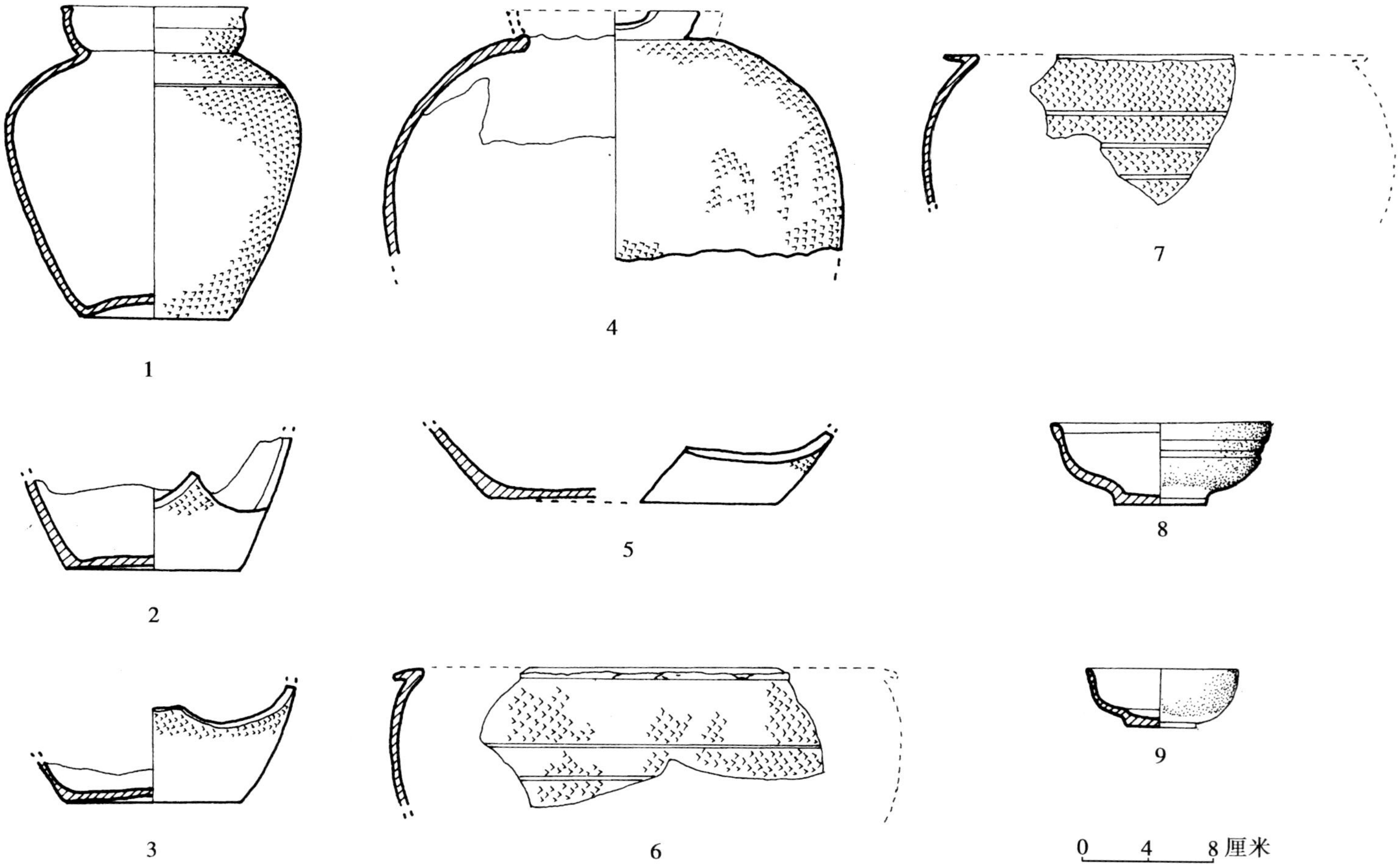


**圖七　J7 出土硬陶器及釉陶器**

1. A 型硬陶罐（J7⑤：44）　2. A 型硬陶罐（J7⑤：45）　3. A 型硬陶罐（J7⑤：46）　4. B 型硬陶罐（J7④：39）　5. B 型硬陶罐（J7③：23）　6. Ⅰ式硬陶釜（J7⑤：43）　7. Ⅱ式硬陶釜（J7③：22）　8. A 型釉陶鉢（J7⑤：47）　9. B 型釉陶鉢（J7③：24）

1　　2

**圖八　J7 出土硬陶器及釉陶器**

1. A 型硬陶罐（J7⑤：44）　2. A 型釉陶鉢（J7⑤：47）

B 型：一件。標本 J7③:24，紅胎。圓唇，口微外侈，弧折腹，平底。素面，內外施紅色釉，外側釉不及底。口徑九・九、底徑四・八、高三・九厘米（圖七，9）。

（3）軟陶器

共二五件，佔出土器物總數的百分之十二・〇八，佔陶器的百分之十四・二〇五。其中可修復器僅一件，殘片二四件。均為泥質灰胎，燒製火候不高。個別器物飾一層黑衣。器形有陶盆、陶鉢、陶罐等三類。

1. 陶盆　一四件，可修復器僅一件，殘片一三件。外折寬沿，斜弧腹，平底。外飾相間弦紋和旋紋，弦紋上又飾篦點紋。依據口沿不同可分四式。

Ⅰ式：一〇件，可修復器僅一件，殘片九件。標本 J7④:40，方唇，外折寬沿，外沿稍下彎曲，深弧腹內收，平底。口徑三八・四、底徑一八・〇、高一九・一厘米（圖九，1）。

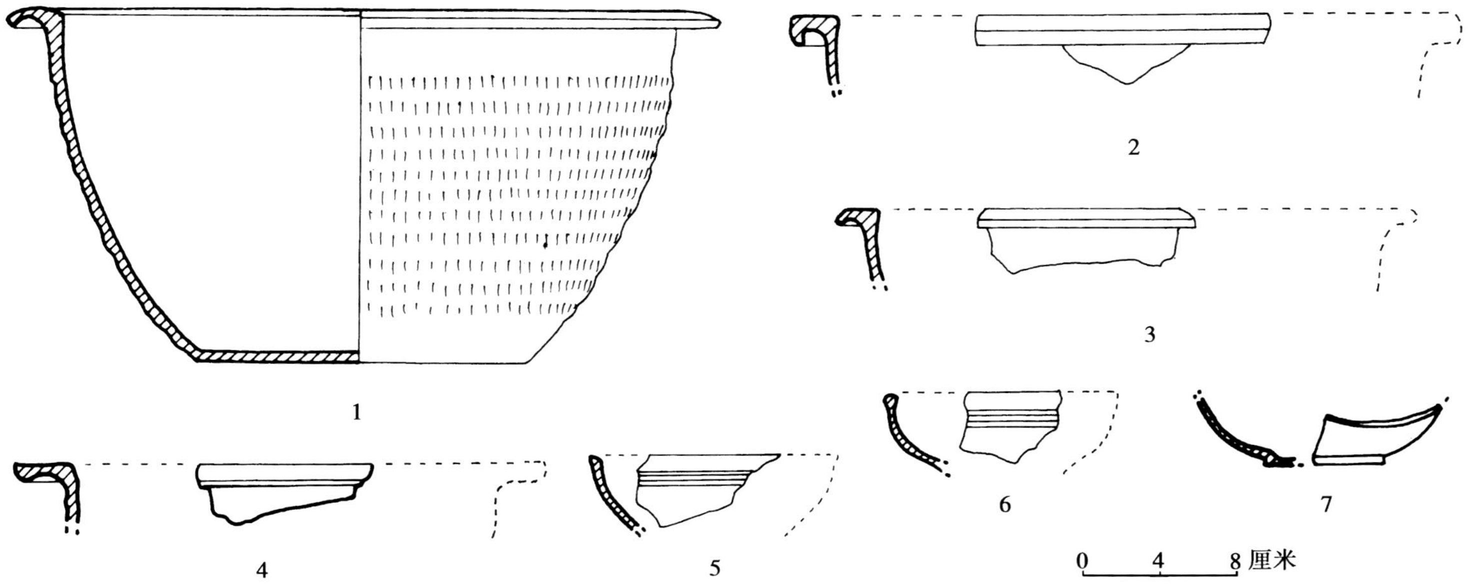


**圖九　J7 出土軟陶器**

1. Ⅰ式陶盆（J7④:40）　2. Ⅳ式陶盆（J7①:1）　3. Ⅱ式陶盆（J7②:6）　4. Ⅲ式陶盆（J7②:7）　5. Ⅰ式陶鉢（J7③:26）　6. Ⅱ式陶鉢（J7③:27）　7. Ⅱ式陶鉢（J7③:25）

Ⅱ式：二件，均為殘片。標本 J7②:6，外折寬平沿，外沿端下勾，腹僅存上部，稍內收。殘寬一六・〇、殘高三・七厘米（圖九，3）。

Ⅲ式：一件，為殘片。標本 J7②:7，外折寬沿，外沿端稍下斜，腹僅存上部，稍內收。殘寬一二・〇、殘高三・六厘米（圖九，4）。

Ⅳ式：一件，為殘片。標本 J7①:1，斜唇，外折寬平沿，腹僅存上部，較直。殘寬九・二、殘高三・二厘米（圖九，2）。

2. 陶鉢　五件，均為殘片。胎質為灰陶或紅陶，圓唇，口外侈，弧腹內收，餅形平底。上腹飾三道旋紋。依據腹部特徵可分為二式。

Ⅰ式：二件，均殘。標本 J7③:26，僅存部分口、腹部。圓唇，腹微弧內收。殘寬七・六、殘高四・〇厘米（圖九，5）。

Ⅱ式：三件，均殘。標本 J7③:27，僅存部分口、腹部。腹弧程度較Ⅰ式甚。殘寬五・六、殘高四・三厘米（圖九，6）。標本 J7③:25，僅存下腹及底。底徑六・四、殘高三・二厘米（圖九，7）。

3. 陶罐　六件，均為殘片。由於殘損嚴重，具體器形均不明。從個別殘片看，陶罐大多外表飾相間的旋紋、弦紋，旋紋、弦紋之間再飾繩紋或方格紋（圖六，3），底部又飾交錯繩紋。

二、建築材料

共一二四件，完整或基本完整二件，殘片一二二件。建築材料以泥質灰陶為主，極個別為泥質紅陶。火候偏高，胎質較硬，胎體較厚。紋飾以繩紋為主，另有布紋、菱形紋、方格紋、篦點紋、幾何紋、刻劃紋以及銅錢紋等（圖一〇）。器形有板瓦、筒瓦、瓦當及磚等（表三）。

**表三　建築材料統計表**　　（單位：件）

<table>
<tr><th colspan="2">類　　別</th><th>板瓦</th><th>筒瓦</th><th>瓦當</th><th>磚</th></tr>
<tr><td colspan="2">總　　數</td><td>73</td><td>45</td><td>1</td><td>5</td></tr>
<tr><td rowspan="2">保存狀況</td><td>完整</td><td></td><td>1</td><td></td><td>1</td></tr>
<tr><td>殘片</td><td>73</td><td>44</td><td>1</td><td>4</td></tr>
<tr><td rowspan="2">陶色</td><td>灰陶</td><td>73</td><td>45</td><td>1</td><td>4</td></tr>
<tr><td>紅陶</td><td></td><td></td><td></td><td>1</td></tr>
<tr><td rowspan="10">紋飾</td><td>外繩内布</td><td>56</td><td>43</td><td></td><td></td></tr>
<tr><td>外繩内繩</td><td>12</td><td></td><td></td><td></td></tr>
<tr><td>外繩内布菱</td><td>1</td><td></td><td></td><td></td></tr>
<tr><td>外繩内篦點紋</td><td>1</td><td></td><td></td><td></td></tr>
<tr><td>外繩内菱形紋</td><td>2</td><td></td><td></td><td></td></tr>
<tr><td>外繩、刻劃内布</td><td>1</td><td>2</td><td></td><td></td></tr>
<tr><td>正面卷雲紋</td><td></td><td></td><td>1</td><td></td></tr>
<tr><td>端側錢紋夾菱形紋</td><td></td><td></td><td></td><td>2</td></tr>
<tr><td>端側菱形紋</td><td></td><td></td><td></td><td>1</td></tr>
<tr><td>正面繩紋</td><td></td><td></td><td></td><td>2</td></tr>
</table>

1. 板瓦　七三件，均為殘片。泥質灰陶，横斷面為圓弧形，厚約一・五厘米。僅發現内切痕跡，模製，輪修，紋飾以外繩紋内布紋為主，另有篦點紋、刻劃紋等（圖一〇，4、5）。由於均殘損不堪，所以具體形體難以區分。標本J7③:28，殘長二三・四、殘寬一八・〇、厚一・五厘米（圖一一，1）。

2. 筒瓦　四五件，其中一件基本完整，其余均為殘片。泥質灰陶，横斷面為半圓形，厚度不一，厚一・二~一・五厘米左右。紋飾大多為外繩紋内布紋，個別在繩紋之上再飾交叉刻劃紋。瓦身與榫頭有接痕，圓舌。僅發現内切痕跡，模製，輪修，依據跨徑不同可分二型。

A型：六件，均殘。跨徑一四・〇厘米以上。標本J7⑤:48，寬一四・〇~一四・六、殘長二七・四、厚一・二厘米（圖一一，2）。

B型：三九件，其中基本完整一件，三八件殘損。跨徑一二・〇~一三・〇厘米。標本J7③:29，基本完整，榫頭稍向下彎曲。長三二・〇、寬一二・三、厚一・五厘米（圖一一，3；圖一二，1）。標本J7②:9，殘損，榫頭彎曲較弧。外側中部在繩紋之上再飾交叉刻劃紋。寬一三・〇、殘長二六・〇、厚一・二厘米（圖一一，4）。

3. 瓦當　殘片一件。標本J7①:4，僅存瓦當面約二分之一，泥質灰陶，中心為一乳丁，周圍飾四組對稱卷雲紋。殘徑一〇・〇、厚一・六厘米（圖一〇，7）。

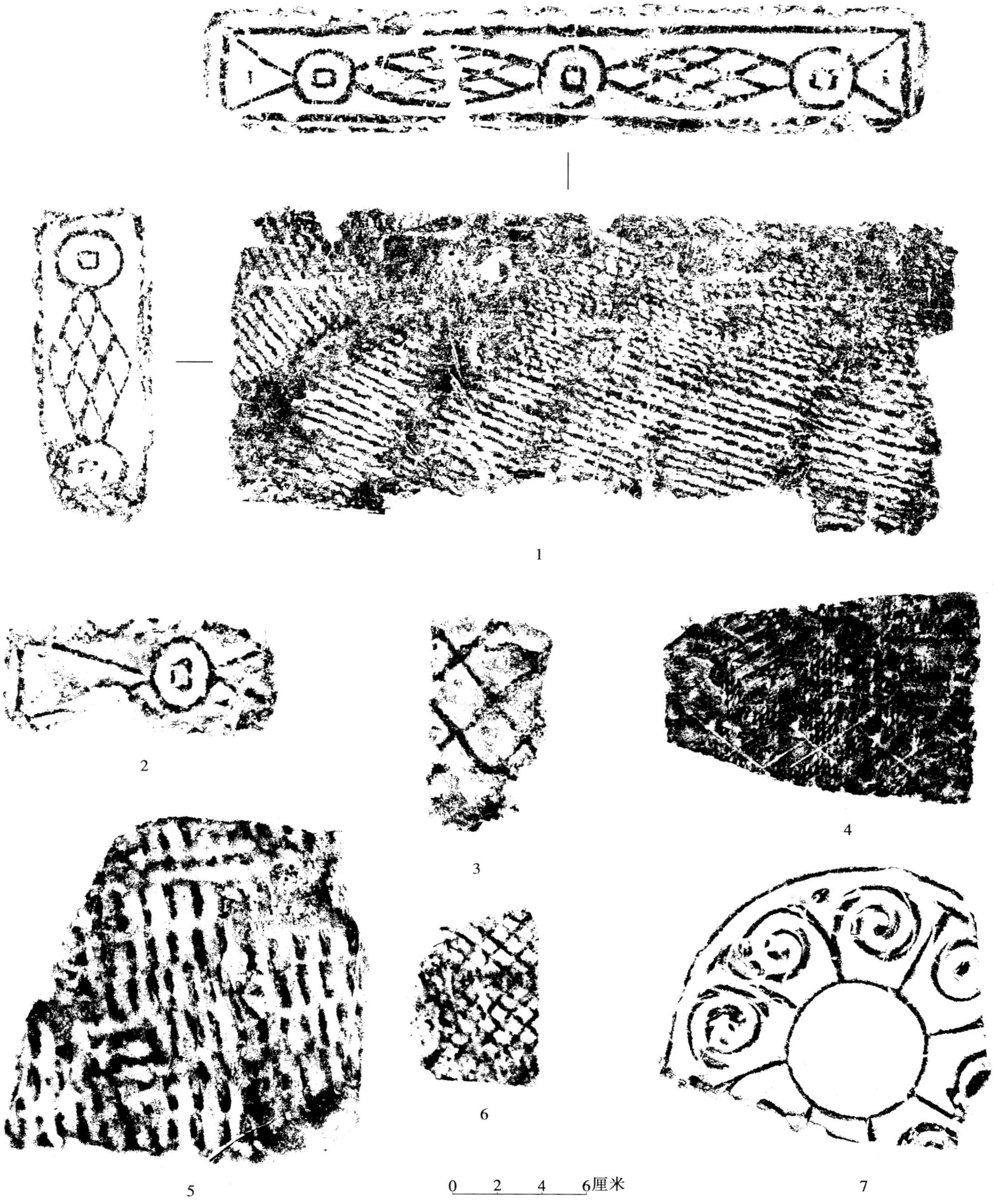


圖一〇　J7 出土建築構件紋飾

1. 花紋磚（J7③:30）　2. 花紋磚（J7③:33）　3. 花紋磚（J7⑤:52）　4. 板瓦（J7②:18）　5. 板瓦（J7①:2）　6. 板瓦（J7①:3）　7. 瓦當（J7①:4）

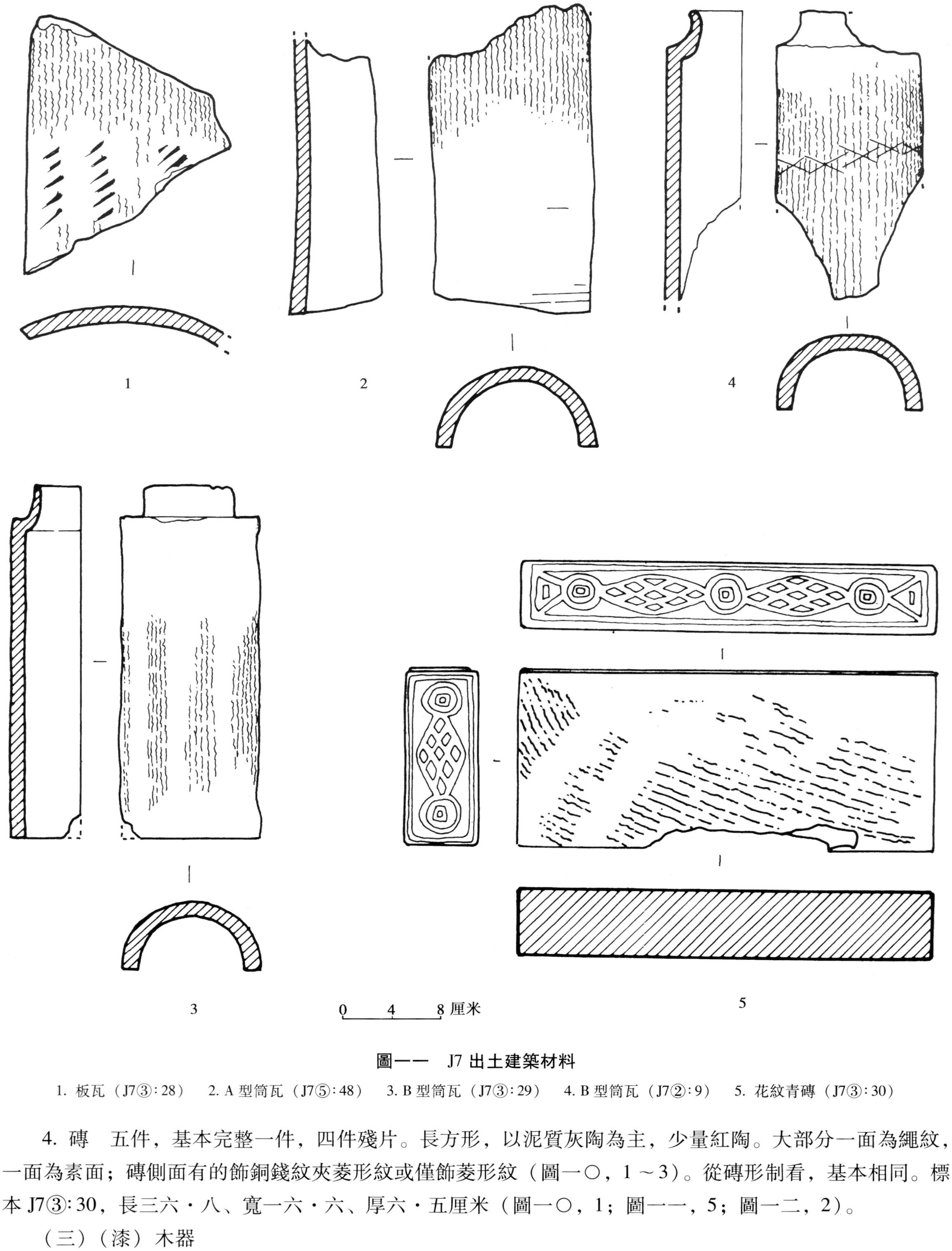

**圖一一　J7 出土建築材料**

1. 板瓦（J7③:28）　2. A 型筒瓦（J7⑤:48）　3. B 型筒瓦（J7③:29）　4. B 型筒瓦（J7②:9）　5. 花紋青磚（J7③:30）

4. 磚　五件，基本完整一件，四件殘片。長方形，以泥質灰陶為主，少量紅陶。大部分一面為繩紋，一面為素面；磚側面有的飾銅錢紋夾菱形紋或僅飾菱形紋（圖一〇，1～3）。從磚形制看，基本相同。標本 J7③:30，長三六・八、寬一六・六、厚六・五厘米（圖一〇，1；圖一一，5；圖一二，2）。

（三）（漆）木器

1

2

**圖一二　J7 出土建築材料**

1. B 型筒瓦（J7③:29）　2. 花紋青磚（J7③:30）

共一一件，佔出土器物總數的百分之五・三一。僅一件漆器。均由整木削製而成。由於長期浸泡，木質多保存不好，但器形尚辨，個别稍有殘損。器形有木構件、木屐、陀螺形器、木勺、木梳、木篦等。

1. 木構件　三件，基本完整。依據不同形制可分三型。

A 型：一件，長條形木構件。標本 J7⑤:49，長方條形，在一端五厘米處有一個榫，製作較規整，應

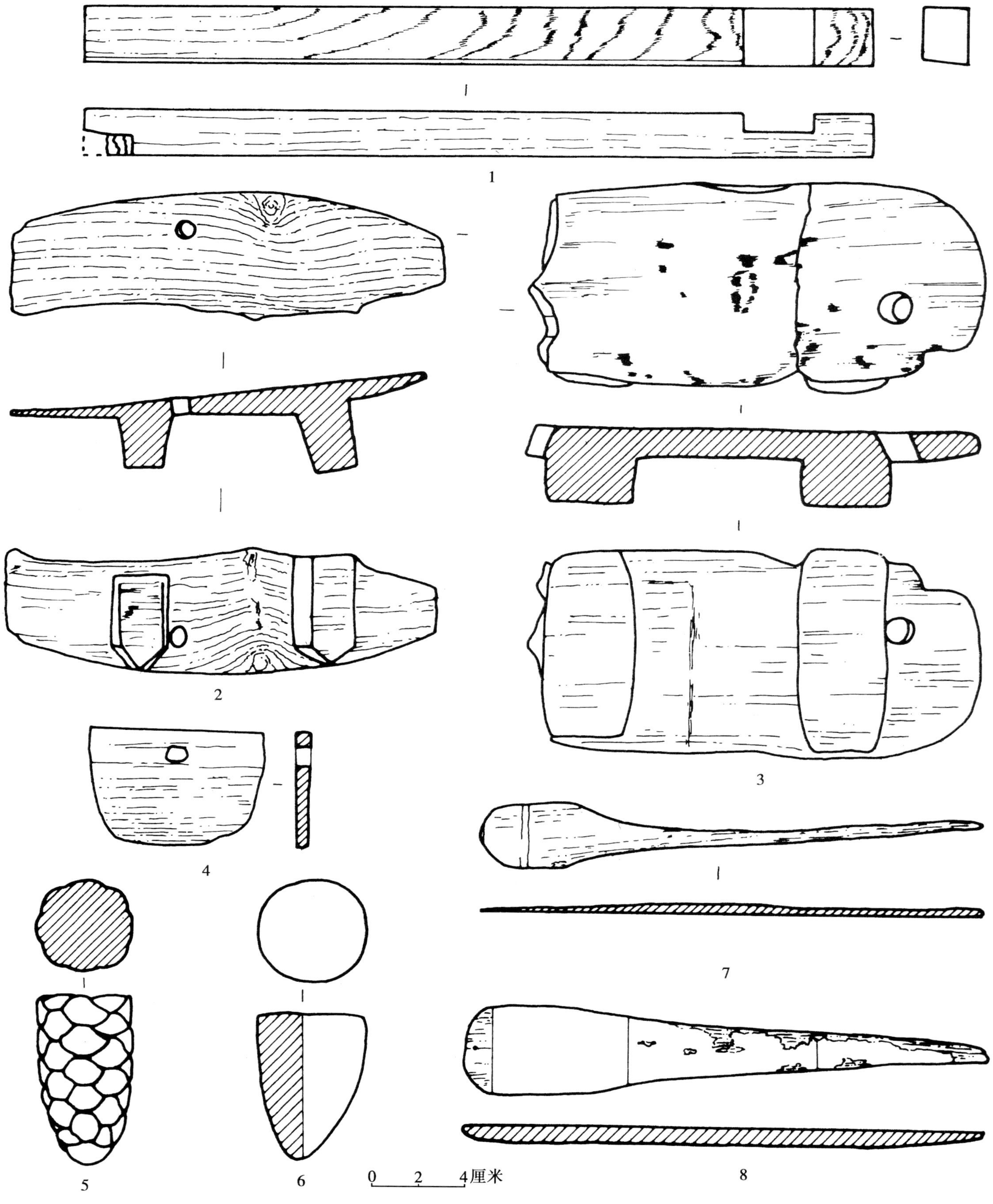


**圖一三　J7 出土漆、木器**

1. A 型木構件（J7⑤：49）　2. A 型木屐（J7⑤：50）　3. B 型木屐（J7③：31）　4. B 型木構件（J7②：10）　5. A 型木陀螺形器（J7②：11）　6. B 型木陀螺形器（J7②：12）　7. A 型木勺（J7④：41）　8. B 型木勺（J7②：13）

為一木建築的部件，但具體用途不明。長三三・〇、寬二・六、厚二・一、榫長五・六、深一・六厘米（圖一三，1）。

B 型：一件，半圓形木構件。標本 J7②:10，半圓形，周邊削製不規整，距邊側一・五厘米的中部有一小穿孔，可能為一木建築的部件，但具體用途不明。長七・四、寬五・〇、厚〇・八厘米（圖一三，4）。

C 型：一件，長方形木構件。標本 J7②:14，長方形，整體削製不規整，削痕明顯。中間厚，兩端削薄，在一側中部有一直徑為六・八厘米的不規則圓孔，可能為一木建築的部件，但具體用途不明。長二一・六、寬一〇・二、厚一・四厘米（圖一四，1）。

1　2　3　4　5

**圖一四　J7 出土漆木器**

1. C 型木構件（J7②:14）　2. A 型木屐（J7⑤:50）　3. B 型木屐（J7③:31）　4. 木勺（上：B 型 J7②:13；下：A 型 J7④:41）　5. 木梳及木篦（J7②:15、J7②:17）

2. 木屐　二件，均略殘。面略呈圓角長方形，底端有兩個凸榫。依據面部及底端榫形制可分為二型。

A 型：一件。標本 J7⑤:50，僅存一半。兩側外弧，兩端平，中間厚，邊緣薄，中部近側面有一小穿孔，用以綁紮。兩側應該對稱分布。下端有兩個梯形凸榫，外撇，前榫稍高，致使屐面向上傾斜（圖一三，2；圖一四，2）。

B 型：一件。標本 J7③:31，一端及一側稍有殘損。兩側平，兩端圓弧，前端中部有一小穿孔，用以綁紮。下端有兩個長方形凸榫，較直，高低略等，屐面較平（圖一三，3；圖一四，3）。

3. 陀螺形器　二件，完整。系手工削製而成。呈圓錐狀。依據形體特徵可分二型。

A 型：一件。標本 J7②:11，製作較為規整，周身雕刻有倒魚鱗紋。高七・三、截面直徑四厘米（圖一三，5）。

B 型：一件。標本 J7②:12，製作較為粗糙，素面，表面削痕明顯。高六・三、截面直徑四・六厘米（圖一三，6）。

4.（漆）木勺　二件，完整。其中一件為漆勺。係手工削製而成。整個勺體呈扁平狀，無彎曲，兩端較中間薄。依據形體特徵可分二型。

A 型：一件。標本 J7④:41，製作較為粗糙，素面，表面削痕明顯。形體較瘦長，細柄，勺端較薄。長二一・一、勺頭寬二・九、勺柄寬一・二、厚〇・五厘米（圖一三，7；圖一四，4 下）。

B 型：一件。標本 J7②:13，漆勺。製作較為粗糙，素面，表面削痕明顯。形體較 A 型寬，勺頭髹紅漆，勺柄較寬，髹黑漆，勺兩端均較薄。長二二・〇、勺頭寬三・九、勺柄寬一・二~四・五、厚〇・八厘米（圖一三，8；圖一四，4 上）。

5. 木梳　一件，圓頭梳。標本 J7②:15，馬蹄形，弧柄，斷面呈長方形，共二一齒。長六・四、寬五・二、背厚〇・三厘米（圖一四，5 左；圖一五，1）。

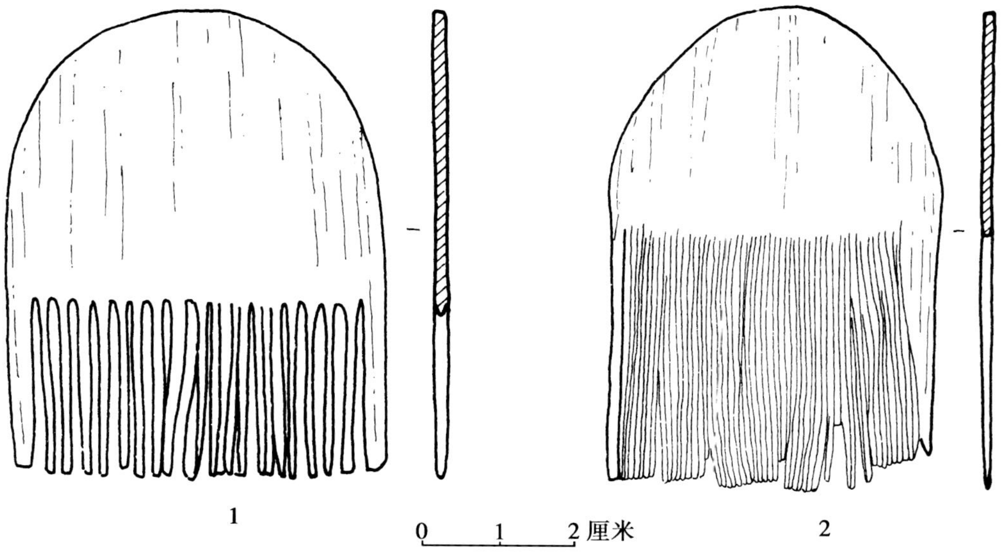


**圖一五　J7 出土木器**

1. 木梳（J7②:15）　2. 木篦（J7②:17）

6. 木篦　一件，圓頭篦。標本 J7②:17，馬蹄形，弧柄，斷面呈錐形，篦齒細密，共七〇齒。長六・八、寬四・七、背厚〇・四厘米（圖一四，5 右；圖一五，2）。

# 第三章　簡　牘

一、簡牘出土層位

J7 簡牘出土於第②層至第⑤層，散亂分布於距井口三・二四米以下至井底的四・三六米的填土內。簡牘在井內堆積無序，顯係隨意丢棄所致。由於長期浸泡於古井中，處於飽水狀態，再加之井內廢棄有機物質的侵蝕，致使簡牘出土時，顏色大多呈暗黑色，僅有少量出土時墨蹟明顯。

二、簡牘數量

經過初步清理統計，J7 共出土四二六枚簡牘，其中有字簡二〇六枚（表四），無字簡二二〇枚。均為木質簡牘，材質大多為杉木。

**表四　長沙東牌樓七號古井出土簡牘統計表**

| 標本號 | 名稱 | 出土層位 | 保存狀況 | 整理號（圖版號） | 彩版號 | 備注 |
|---|---|---|---|---|---|---|
| 1001 | 封檢 | 第②層 | 殘損 | 五 | 二 | 厚〇・八~二・六厘米 |
| 1002 | 木牘 | 第②層 | 完整 | 一四三 | | |
| 1003 | 木牘 | 第②層 | 殘損 | 一 | 三 | |
| 1004 | 封檢 | 第②層 | 完整 | 三 | 四 | 厚一・六厘米 |
| 1005 | 木牘 | 第②層 | 殘損 | 一四四 | | |
| 1006 | 木牘 | 第②層 | 開裂 | 三五 | 五 | |
| 1007 | 木牘 | 第②層 | 開裂 | 一一八 | 五 | |
| 1008 | 木牘 | 第②層 | 殘損 | 八六 | | |
| 1009 | 木牘 | 第②層 | 殘損 | 四四 | 六 | |
| 1010 | 木牘 | 第②層 | 殘損 | 一一〇 | 六 | |
| 1011 | 木牘 | 第②層 | 殘損 | 三九 | 六 | |
| 1012 | 木牘 | 第②層 | 殘損 | 一五八 | | |
| 1013 | 簽牌 | 第②層 | 殘損 | 一〇八 | 七 | |
| 1014 | 封檢 | 第②層 | 殘損 | 一一三 | 七 | 厚〇・七~一・八厘米 |
| 1015 | 封檢 | 第②層 | 殘損 | 二五 | 七 | 厚〇・五~一・五厘米 |
| 1016 | 簽牌 | 第②層 | 殘損 | 一〇六 | | |
| 1017 | 簽牌 | 第②層 | 完整 | 一〇三 | 七 | |
| 1018 | 木簡 | 第②層 | 殘損 | 一一二 | 八 | |
| 1019 | 木牘 | 第②層 | 殘損 | 一六四 | | |
| 1020 | 木牘 | 第②層 | 殘損 | 一八二 | | |
| 1021 | 木牘 | 第②層 | 殘損 | 五七 | | |
| 1022 | 木簡 | 第②層 | 殘損 | 一〇〇 | 八 | |
| 1023 | 木牘 | 第②層 | 殘損 | 一四五 | | |
| 1024 | 木簡 | 第②層 | 殘損 | 一八三 | | |
| 1025 | 木簡 | 第②層 | 完整 | 四〇 | 八 | |
| 1026 | 木簡 | 第②層 | 殘損 | 五八 | | |

| 標本號 | 名稱 | 出土層位 | 保存狀況 | 整理號（圖版號） | 彩版號 | 備注 |
|---|---|---|---|---|---|---|
| 1027 | 木簡 | 第②層 | 殘損 | 一一九 | | |
| 1028 | 木簡 | 第②層 | 殘損 | 五三 | | |
| 1029 | 木簡 | 第②層 | 殘損 | 一二〇 | | |
| 1030 | 木簡 | 第②層 | 完整 | 七五 | | |
| 1031 | 木簡 | 第②層 | 殘損 | 五九 | | |
| 1032 | 木簡 | 第②層 | 殘損 | 六〇 | | |
| 1033 | 木簡 | 第②層 | 殘損 | 一五九 | | |
| 1034 | 木簡 | 第②層 | 殘損 | 一六五 | | |
| 1035 | 木簡 | 第②層 | 殘損 | 六一 | | |
| 1036 | 木簡 | 第②層 | 殘損 | 七二 | | |
| 1037 | 木簡 | 第②層 | 殘損 | 一二一 | 八 | |
| 1038 | 木簡 | 第②層 | 殘損 | 八七 | | |
| 1039 | 木簡 | 第②層 | 殘損 | 一八四 | | |
| 1040 | 木簡 | 第②層 | 殘損 | 一六一 | | |
| 1041 | 木牘 | 第②層 | 殘損 | 四五 | | |
| 1042 | 木牘 | 第②層 | 殘損 | 一二二 | | |
| 1043 | 木牘 | 第②層 | 殘損 | 一六二 | | |
| 1044 | 木牘 | 第②層 | 殘損 | 一一四 | 八 | |
| 1045 | 木簡 | 第②層 | 殘損 | 一二三 | | |
| 1046 | 木簡 | 第②層 | 殘損 | 二〇 | | |
| 1047 | 木牘 | 第②層 | 殘損 | 四六 | | |
| 1048 | 木牘 | 第②層 | 殘損 | 七四 | | |
| 1049 | 木牘 | 第②層 | 殘損 | 一六〇 | | |
| 1050 | 木簡 | 第②層 | 殘損 | 一七二 | | |
| 1196 | 木簡 | 第②層 | 殘損 | 一三八 | | |
| 1197 | 簽牌 | 第②層 | 殘損 | 一〇九 | | |
| 1198 | 木牘 | 第②層 | 殘損 | 一三九 | | |
| 1199 | 木牘 | 第②層 | 殘損 | 一四〇 | | |
| 1200 | 木牘 | 第②層 | 殘損 | 二〇〇 | | |
| 1201 | 木簡 | 第②層 | 殘損 | 一九八 | | |
| 1202 | 木牘 | 第②層 | 殘損 | 二〇一 | | |
| 1203 | 木牘 | 第②層 | 殘損 | 九八 | | |
| 1204 | 木牘 | 第②層 | 殘損 | 一七九 | | |
| 1205 | 木簡 | 第②層 | 殘損 | 一八〇 | | |
| 1206 | 木牘 | 第②層 | 殘損 | 一八一 | | |
| 1207 | 名刺 | 第②層 | 殘損 | 九九 | | |
| 1208 | 木簡 | 第②層 | 殘損 | 七三 | | |
| 1209 | 木簡 | 第②層 | 殘損 | 二〇二 | | |
| 1211 | 木牘 | 第②層 | 殘損 | 二〇四 | | |
| 1212 | 木牘 | 第②層 | 殘損 | 一〇一 | | |
| 1213 | 木牘 | 第②層 | 殘損 | 一四一 | | |
| 1214 | 木簡 | 第②層 | 殘損 | 一七一 | | |
| 1051 | 名刺 | 第③層 | 殘損 | 九五 | 九 | |
| 1052 | 封檢 | 第③層 | 殘損 | 一二四 | | 厚一・〇~二・六厘米 |
| 1053 | 封檢 | 第③層 | 殘損 | 二六 | 九 | 厚〇・六~一・六厘米 |

| 標本號 | 名稱 | 出土層位 | 保存狀况 | 整理號（圖版號） | 彩版號 | 備注 |
|---|---|---|---|---|---|---|
| 1054 | 封檢 | 第③層 | 殘損 | 二七 | | 厚〇・五~二・〇厘米 |
| 1055 | 簽牌 | 第③層 | 殘損 | 一〇四 | 九 | |
| 1056 | 封檢 | 第③層 | 殘損 | 二 | 一〇 | |
| 1057 | 木牘 | 第③層 | 完整 | 四七 | 一〇 | |
| 1058 | 木牘 | 第③層 | 殘損 | 一一一 | 一一 | |
| 1059 | 木牘 | 第③層 | 完整 | 三六 | 一一 | |
| 1060 | 木牘 | 第③層 | 完整 | 一四六 | 一一 | |
| 1061 | 木牘 | 第③層 | 完整 | 三二 | 一二 | |
| 1062 | 木牘 | 第③層 | 完整 | 一四七 | | |
| 1063 | 木牘 | 第③層 | 完整 | 四八 | 一二 | |
| 1064 | 木牘 | 第③層 | 完整 | 四九 | 一三 | |
| 1065 | 木牘 | 第③層 | 殘損 | 三三 | 一三 | |
| 1066 | 木牘 | 第③層 | 完整 | 九三 | 一四 | |
| 1067 | 木牘 | 第③層 | 殘損 | 三七 | 一四 | |
| 1068 | 木牘 | 第③層 | 殘損 | 五〇 | 一四 | |
| 1069 | 木牘 | 第③層 | 殘損 | 三〇 | 一五 | |
| 1070 | 封檢 | 第③層 | 殘損 | 六 | 一五 | 厚〇・九厘米 |
| 1071 | 木牘 | 第③層 | 殘損 | 一一 | | |
| 1072 | 木簡 | 第③層 | 殘損 | 一四八 | | |
| 1073 | 木簡 | 第③層 | 殘損 | 一四九 | | |
| 1074 | 木牘 | 第③層 | 殘損 | 一五〇 | | |
| 1075 | 封檢 | 第③層 | 殘損 | 七 | 一五 | 厚〇・六厘米 |
| 1076 | 異形簡 | 第③層 | 殘損 | 一八五 | | |
| 1077 | 木牘 | 第③層 | 殘損 | 一二五 | 一六 | |
| 1078 | 木牘 | 第③層 | 殘損 | 八四 | 一六 | |
| 1079 | 木牘 | 第③層 | 殘損 | 一八六 | | |
| 1080 | 封檢 | 第③層 | 殘損 | 一六六 | | 厚一・一~一・二厘米 |
| 1081 | 木簡 | 第③層 | 殘損 | 一二六 | | |
| 1082 | 木簡 | 第③層 | 殘損 | 八五 | | |
| 1083 | 木簡 | 第③層 | 殘損 | 一八七 | | |
| 1084 | 木簡 | 第③層 | 殘損 | 一六三 | | |
| 1085 | 木簡 | 第③層 | 殘損 | 一二七 | 一六 | |
| 1086 | 木簡 | 第③層 | 殘損 | 四一 | 一六 | |
| 1087 | 木簡 | 第③層 | 殘損 | 八八 | 一六 | |
| 1088 | 木簡 | 第③層 | 殘損 | 一七三 | | |
| 1089 | 木簡 | 第③層 | 殘損 | 一七四 | | |
| 1217 | 木牘 | 第③層 | 殘損 | 一九五 | | |
| 1218 | 封檢 | 第③層 | 殘損 | 四 | | 厚一・九厘米 |
| 1221 | 木牘 | 第③層 | 完整 | 一九九 | | |
| 1222 | 木簡 | 第③層 | 殘損 | 一九三 | | |
| 1223 | 木簡 | 第③層 | 殘損 | 二〇一 | | |
| 1224 | 木牘 | 第③層 | 殘損 | 二〇五 | | |
| 1090 | 木簡 | 第④層 | 殘損 | 一二八 | | |
| 1091 | 木簡 | 第④層 | 殘損 | 六二 | 一七 | |
| 1092 | 木牘 | 第④層 | 殘損 | 二八 | 一七 | |

| 標本號 | 名稱 | 出土層位 | 保存狀況 | 整理號（圖版號） | 彩版號 | 備注 |
|---|---|---|---|---|---|---|
| 1093 | 木牘 | 第④層 | 完整 | 六三 | 一七 | |
| 1094 | 木簡 | 第④層 | 殘損 | 一五一 | | |
| 1095 | 木簡 | 第④層 | 殘損 | 一二九 | 一八 | |
| 1096 | 木簡 | 第④層 | 殘損 | 一一六 | | |
| 1097 | 木簡 | 第④層 | 殘損 | 一八八 | | |
| 1099 | 木簡 | 第④層 | 殘損 | 一一五 | | |
| 1100 | 木牘 | 第④層 | 殘損 | 一八九 | | |
| 1101 | 木牘 | 第④層 | 殘損 | 一九〇 | | |
| 1102 | 木簡 | 第④層 | 殘損 | 六四 | 一八 | |
| 1103 | 木牘 | 第④層 | 殘損 | 一四二 | 一八 | |
| 1104 | 木簡 | 第④層 | 殘損 | 七九 | 一八 | |
| 1105 | 木牘 | 第④層 | 完整 | 一二 | 一九 | |
| 1106 | 木牘 | 第④層 | 完整 | 九四 | 一九 | |
| 1107 | 封檢 | 第④層 | 殘損 | 二四 | 一九 | 厚〇・八~二・六厘米 |
| 1108 | 木牘 | 第④層 | 殘損 | 八九 | | |
| 1109 | 木牘 | 第④層 | 殘損 | 九二 | | |
| 1110 | 木牘 | 第④層 | 殘損 | 九六 | | |
| 1111 | 木簡 | 第④層 | 殘損 | 九一 | | |
| 1112 | 木牘 | 第④層 | 殘損 | 一五二 | | |
| 1113 | 木牘 | 第④層 | 殘損 | 八一 | 二〇 | |
| 1114 | 木牘 | 第④層 | 殘損 | 一七七 | | |
| 1115 | 木牘 | 第④層 | 殘損 | 一六七 | | |
| 1116 | 木牘 | 第④層 | 殘損 | 九〇 | | |
| 1117 | 木簡 | 第④層 | 殘損 | 三一 | 二〇 | |
| 1119 | 木簡 | 第④層 | 殘損 | 一七五 | | |
| 1120 | 簽牌 | 第④層 | 殘損 | 一〇七 | | |
| 1121 | 木牘 | 第④層 | 殘損 | 一四 | | |
| 1122 | 木牘 | 第④層 | 殘損 | 九七 | | |
| 1123 | 木簡 | 第④層 | 殘損 | 一六八 | | |
| 1124 | 木簡 | 第④層 | 殘損 | 八〇 | 二〇 | |
| 1125 | 木牘 | 第④層 | 殘損 | 一六九 | | |
| 1126 | 木牘 | 第④層 | 殘損 | 六五 | 二〇 | |
| 1127 | 木簡 | 第④層 | 殘損 | 一三〇 | 二〇 | |
| 1128 | 封檢 | 第⑤層 | 完整 | 八 | 二一 | 厚一・〇~三・一厘米 |
| 1129 | 封檢 | 第⑤層 | 殘損 | 一九一 | | 厚一・〇~三・三厘米 |
| 1130 | 木簡 | 第⑤層 | 殘損 | 八三 | 二二 | |
| 1131 | 木牘 | 第⑤層 | 殘損 | 四二 | 二二 | |
| 1132 | 木簡 | 第⑤層 | 殘損 | 七六 | 二二 | |
| 1133 | 木牘 | 第⑤層 | 殘損 | 一三一 | 二二 | |
| 1134 | 木牘 | 第⑤層 | 殘損 | 二九 | 二三 | |
| 1135 | 木牘 | 第⑤層 | 殘損 | 一三 | 二三 | |
| 1136 | 木牘 | 第⑤層 | 殘損 | 五四 | 二四 | |
| 1137 | 木牘 | 第⑤層 | 殘損 | 三四 | 二四 | |
| 1138 | 木牘 | 第⑤層 | 殘損 | 六六 | 二五 | |
| 1139 | 木牘 | 第⑤層 | 殘損 | 七一 | 二五 | |

| 標本號 | 名稱 | 出土層位 | 保存狀況 | 整理號（圖版號） | 彩版號 | 備注 |
| --- | --- | --- | --- | --- | --- | --- |
| 1140 | 木牘 | 第⑤層 | 殘損 | 一五 | 二五 | |
| 1141 | 木牘 | 第⑤層 | 殘損 | 九 | 二六 | |
| 1142 | 木牘 | 第⑤層 | 殘損 | 一六 | 二六 | |
| 1143 | 木牘 | 第⑤層 | 殘損 | 五一 | 二七 | |
| 1144 | 木牘 | 第⑤層 | 完整 | 五二 | 二七 | |
| 1145 | 木牘 | 第⑤層 | 殘損 | 三八 | 二八 | |
| 1146 | 木牘 | 第⑤層 | 殘損 | 一三二 | | |
| 1147 | 木牘 | 第⑤層 | 完整 | 五六 | 二八 | |
| 1148 | 木牘 | 第⑤層 | 殘損 | 五五 | 二九 | |
| 1149 | 木牘 | 第⑤層 | 殘損 | 一五三 | | |
| 1150 | 木牘 | 第⑤層 | 完整 | 六七 | 二九 | |
| 1151 | 木牘 | 第⑤層 | 殘損 | 二一 | 三〇 | |
| 1152 | 木牘 | 第⑤層 | 殘損 | 六八 | 三〇 | |
| 1153 | 木牘 | 第⑤層 | 殘損 | 一九二 | | |
| 1154 | 木牘 | 第⑤層 | 殘損 | 八二 | 三〇 | |
| 1155 | 木簡 | 第⑤層 | 殘損 | 一三三 | 三〇 | |
| 1156 | 木簡 | 第⑤層 | 殘損 | 一三四 | | |
| 1157 | 木牘 | 第⑤層 | 殘損 | 一一七 | 三一 | |
| 1158 | 木牘 | 第⑤層 | 殘損 | 七七 | 三一 | |
| 1159 | 木簡 | 第⑤層 | 殘損 | 二三 | 三二 | |
| 1160 | 木牘 | 第⑤層 | 殘損 | 一一七 | 三一 | |
| 1161 | 異形簡 | 第⑤層 | 殘損 | 一九四 | | |
| 1162 | 木牘 | 第⑤層 | 殘損 | 六九 | 三二 | |
| 1163 | 木牘 | 第⑤層 | 殘損 | 一三五 | 三二 | |
| 1164 | 木牘 | 第⑤層 | 殘損 | 七八 | 三三 | |
| 1165 | 木牘 | 第⑤層 | 殘損 | 一八 | 三三 | |
| 1166 | 木牘 | 第⑤層 | 殘損 | 七〇 | 三四 | |
| 1168 | 木牘 | 第⑤層 | 殘損 | 四三 | 三四 | |
| 1169 | 木牘 | 第⑤層 | 殘損 | 一五四 | 三五 | |
| 1170 | 簽牌 | 第⑤層 | 殘損 | 一〇五 | 三五 | |
| 1171 | 木牘 | 第⑤層 | 殘損 | 二二 | 三六 | |
| 1172 | 木牘 | 第⑤層 | 殘損 | 一三七 | | |
| 1174 | 木牘 | 第⑤層 | 殘損 | 一九六 | | |
| 1175 | 木簡 | 第⑤層 | 殘損 | 一七〇 | | |
| 1176 | 木簡 | 第⑤層 | 殘損 | 一三六 | | |
| 1177 | 木簡 | 第⑤層 | 殘損 | 一五五 | | |
| 1178 | 木簡 | 第⑤層 | 殘損 | 一九七 | | |
| 1179 | 木簡 | 第⑤層 | 殘損 | 一五六 | | |
| 1180 | 木牘 | 第⑤層 | 殘損 | 一〇二 | 三六 | |
| 1181 | 木簡 | 第⑤層 | 殘損 | 一〇 | | |
| 1182 | 木簡 | 第⑤層 | 殘損 | 一七六 | | |
| 1183 | 木牘 | 第⑤層 | 殘損 | 一七八 | | |
| 1184 | 木牘 | 第⑤層 | 殘損 | 一五七 | | |
| 1185 | 木簡 | 第⑤層 | 殘損 | 一九 | 三六 | |
| 1186 | 木牘 | 第⑤層 | 殘損 | 一七 | | |

三、簡牘形制

經過初步整理，發現該批簡牘形制類別較多，製作都較規整，可分為木簡、木牘、封檢、名刺、簽牌以及異形簡六大類，其中以木牘及封檢居多。分別介紹如下。

1. 木簡　完整簡相對較多，簡長二三・〇~二三・五、寬一・〇~二・〇、厚〇・一~〇・六厘米。

2. 木牘　完整較少，簡長二〇・〇~二七・九、寬二・二~六・三、厚〇・一~一・〇厘米。

3. 封檢　在這批簡中也是有特色的一類，形制多樣，大體可分三種類型。

A 型：厚端設封泥槽。標本 1129 號，長一七・五、寬七・一、厚一・〇~三・三厘米（圖一六，1）。標本 1107 號，長一六・五、寬七・〇、厚〇・八~二・六厘米（圖一六，2）。標本 1015 號，長九・二、寬三・五、厚〇・五~一・五厘米（圖一六，3）。

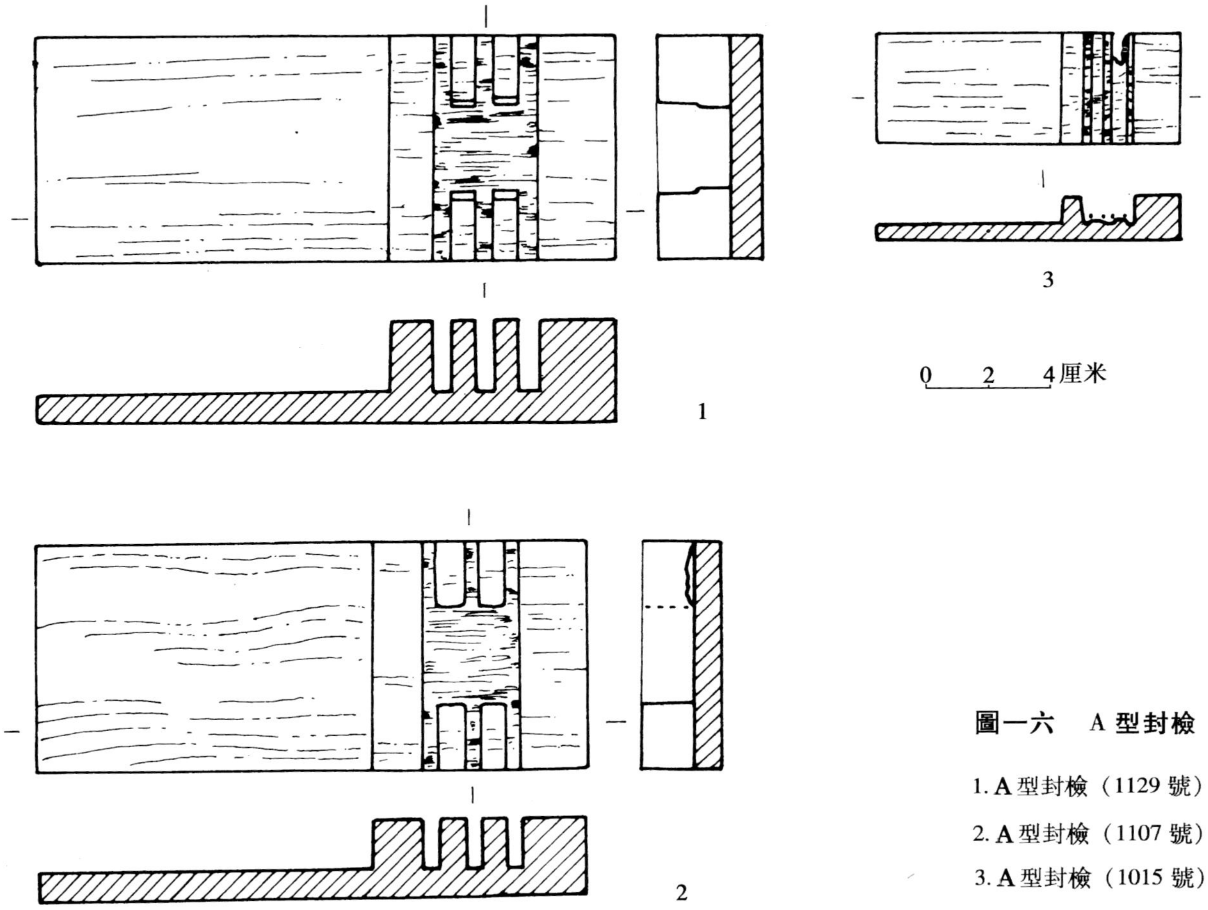


**圖一六　A 型封檢**

1. A 型封檢（1129 號）
2. A 型封檢（1107 號）
3. A 型封檢（1015 號）

B 型：兩側向下傾斜，封泥槽居中，有間隔三道槽。標本 1056 號，長一九・二、寬八・四、厚二・二厘米（圖一七，1）。標本 1218 號，長一九・二、寬七・九、厚一・九厘米（圖一七，2）。標本 1004 號，長一八・〇、寬七・一、厚一・八厘米（圖一七，3）。

C 型：形體較大，文字書寫於槽内，部分簡字數較多，書寫規整，有完整内容。標本 1128 號，完整，為一整木製作而成，中間挖槽，槽内兩端外斜，用於書寫。長二三・九、寬九・〇、中厚一・〇、邊厚三・一厘米（圖一七，4）。

4. 名刺　數量較少。標本 1051 號，長二三・八、寬八・〇、厚二・四厘米（圖一八，1）。

5. 簽牌　數量較少，形體小。標本 1197 號，略呈梯形，一端中部有一小孔，用以繫繩。長七・五、寬四・三~四・六、厚一厘米（圖一八，2）。

6. 異形簡　數量較少，均殘損。呈門板狀，一端有小榫，一側或有小孔。標本 1076 號，殘長一二・

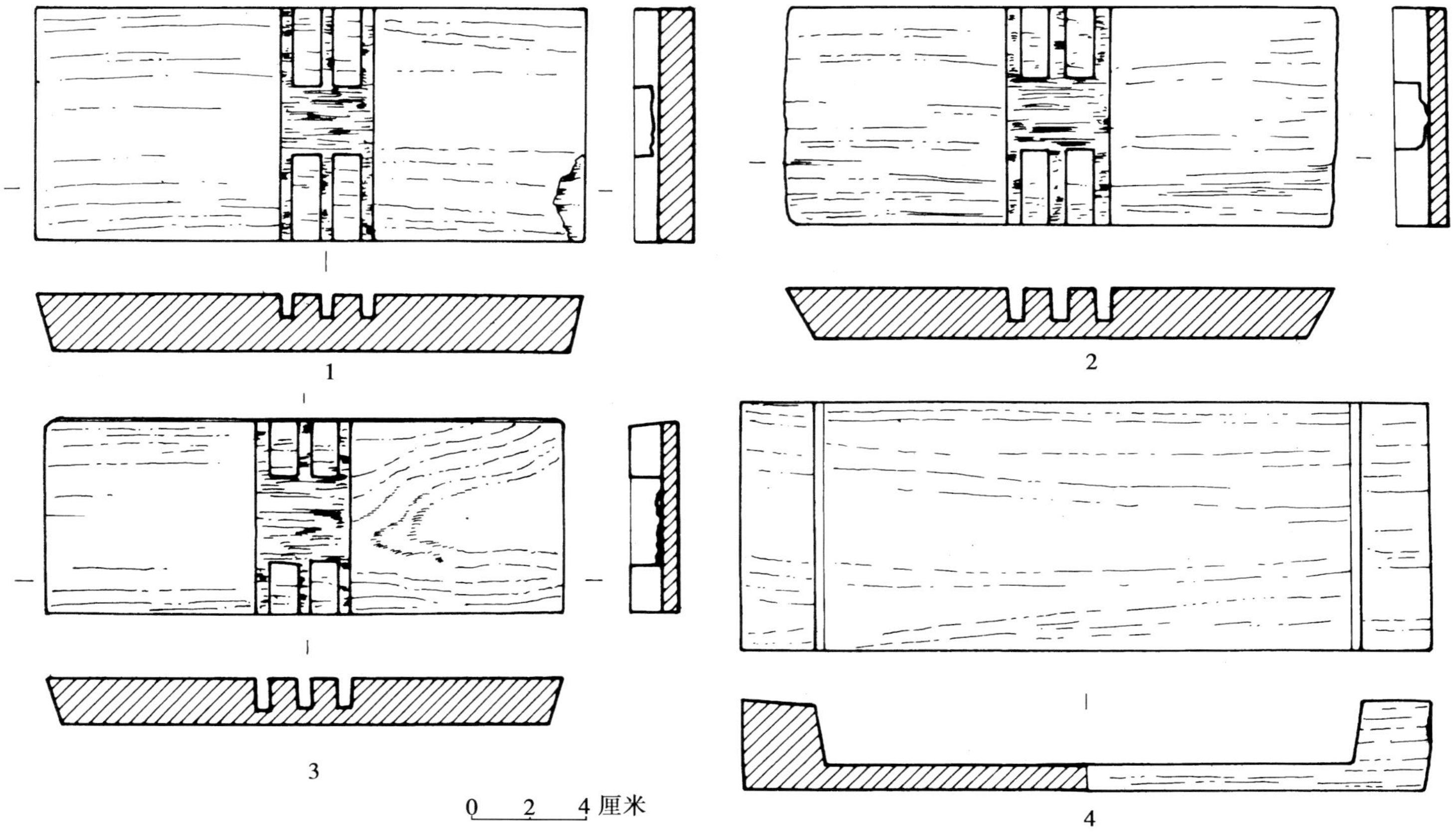


**圖一七　B、C 型封檢**

1. B 型封檢（1056 號）　2. B 型封檢（1218 號）　3. B 型封檢（1004 號）　4. C 型封檢（1128 號）

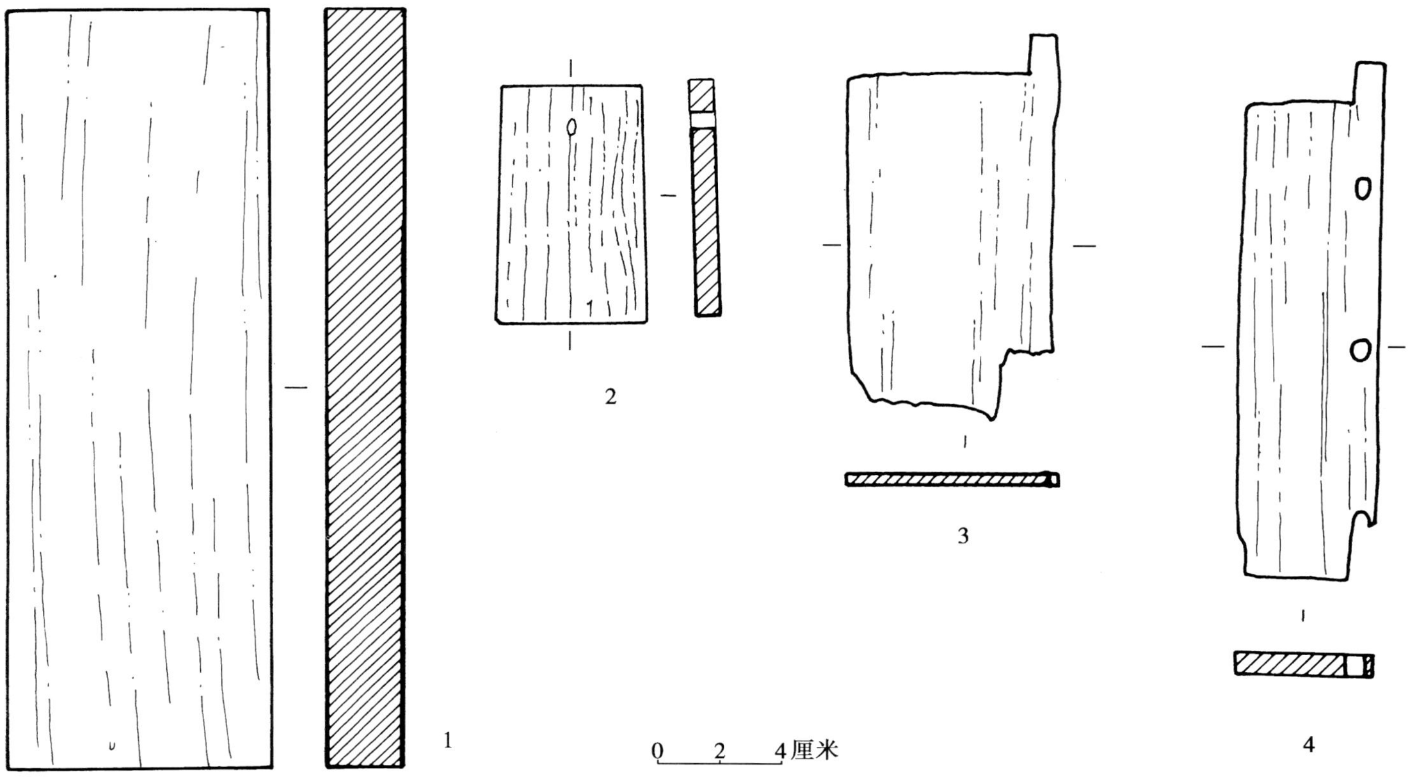


**圖一八　名刺、簽牌和異形簡**

1. 名刺（1051 號）　2. 簽牌（1197 號）　3. 異形簡（1076 號）　4. 異形簡（1161 號）

二、寬六・四、厚〇・五、榫長一・二、榫寬一厘米（圖一八，3）。標本1161號，側面殘存二小孔。殘長一六・三、寬四・二、厚〇・八、榫長一・二、榫寬一厘米（圖一八，4）。

四、簡牘時代

這批簡牘不少都有紀年，但所見年號，只有建寧、熹平、光和、中平四個，均為東漢靈帝年號。靈帝在位二十二年（一六八~一八九年），共建四個年號，在這批簡牘中全部出現。其中，建寧年號（一六八~一七二年）正式出現五次，熹平年號（一七二~一七八年）正式出現二次，光和年號（一七八~一八四年）正式出現四次，中平年號（一八四~一八九年）正式出現二次。最早為建寧四年（一七一年），最晚為中平三年（一八六年）。由於發掘有五個層位，四個層位都出有簡牘，書法風格不太一致，有的書法似乎顯得較晚，但將這批簡牘的時代大致定為東漢靈帝時期，應該是没有問題的。

五、簡牘的性質與内容

詳見本書《長沙東牌樓東漢簡牘概述》，這裏不重複。

# 第四章　結　語

## 第一節　J7 年代推測及遺物分析

對於 J7 的使用年代和廢棄年代主要是依據層位堆積及出土文物進行推斷。

J7 内的層位堆積共分為五層，出土文物除一般陶、瓷、漆木器外還有簡牘。個别簡牘有明確紀年，如東漢靈帝光和六年（一八三年）及中平三年（一八六年）。

首先大致分析與 J7 的使用年代及廢棄年代相對應的層位。我們發現在井内第三層至第五層堆積内出土有較完整或可修復的汲水罐，器類有青瓷罐及硬陶罐，從這些器物的殘損情况看，大多是肩部有殘失或罐身破碎，可以推測這些應該是當時古井使用時的遺留物。而在第一層和第二層則以出土陶盆、陶鉢及瓦片、漆木器等非汲水器為主，器類較雜，而且本身堆積層次較厚，推測應為廢棄後的堆積。

接下來對各層出土典型器物的年代進行分析。東牌樓 J7（以下簡稱東 J7）出土器物可與長沙走馬樓古井 J22（以下簡稱走 J22）[一]、江西南昌縣吴國墓葬（以下簡稱南 M1）[二]、廣州漢墓 M5035（以下簡稱廣 M5035）[三]、湖北黄岡陳家大山 M18（以下簡稱黄 M18）[四]、湖北鄂州古井 J2（以下簡稱鄂 J2）[五]、湖南衡陽漢墓 M11（以下簡稱衡 M11）[六]等出土器物進行類比（圖一九），J7 所選類比的均是挑選器形較完整、形制明確的器物，其中以第三層至第五層器物為多，而第二層僅一件青瓷鉢。

青瓷罐中（東）J7A 型Ⅰ式青瓷四繫罐 J7⑤∶42 與（走）C 型Ⅰ式青瓷四繫罐 J22（3）③∶190 及（南）M1Ⅱ式青瓷罐相類似，整個器形扁圓，略呈球形，但（南）M1Ⅱ式青瓷罐下腹收縮較（東）J7A 型Ⅰ式青瓷四繫罐甚；（東）B 型青瓷四繫罐 J7④∶38 與（廣）Ⅴ型四耳罐 M5035∶18 及（南）Ⅴ式青瓷罐相似，但前者的下腹内收程度介於兩者之間；（東）A 型Ⅱ式青瓷四繫罐 J7③∶21 與（陳）Aa 型Ⅱ式罐 M18∶3、（走）A 型Ⅰ式青瓷罐 J22（3）③∶187、（南）Ⅰ式青瓷罐及（鄂）Ⅲ式四繫罐 J2∶30 等相似，但較（陳）Aa 型Ⅱ式罐肩腹瘦弧，與（走）A 型Ⅰ式青瓷罐形制十分接近，但較（南）Ⅰ式青瓷罐及（鄂）Ⅲ式四繫罐肩腹微鼓。

硬陶罐中（東）A 型硬陶罐 J7⑤∶44 與（走）B 型硬陶罐 J22（3）③∶191 及（衡）Ⅰ式罐 M11∶1 器形接近，但前者肩部為弧折，（走）B 型硬陶罐肩為圓弧，（衡）Ⅰ式罐最大徑稍偏下，為弧鼓，所以綜合比較看，（東）A 型硬陶罐的演變應該是介於這兩者之間；另（東）B 型硬陶罐 J7④∶39 與（走）A 型硬陶罐 J22（3）③∶192 相似，肩圓鼓，但前者中腹以下殘，所以比較程度受到限制。

再比較青瓷鉢。（東）青瓷鉢 J7②∶8 與（南）鉢及（走）青瓷小碗 J22（3）①∶39 形態稍有相似，

---

［一］長沙市文物考古研究所、中國文物研究所、北京大學歷史學系：《長沙走馬樓三國吴簡：嘉禾吏民田家莂》，文物出版社，一九九九年。

［二］南昌縣博物館：《江西南昌縣發現三國吴墓》，《考古》一九九三年第一期。

［三］廣州市文物管理委員會、廣州市博物館：《廣州漢墓》，文物出版社，一九八一年。

［四］黄岡市博物館、湖北省文物考古研究所、湖北省京九鐵路考古隊：《羅州城與漢墓》，科學出版社，二〇〇〇年。

［五］鄂州市博物館：《鄂州市古磚井發掘簡報》，《江漢考古》一九九四年第四期。

［六］衡陽市文物工作隊：《湖南衡陽市郊新安鄉東漢墓》，《考古》一九九四年第三期。

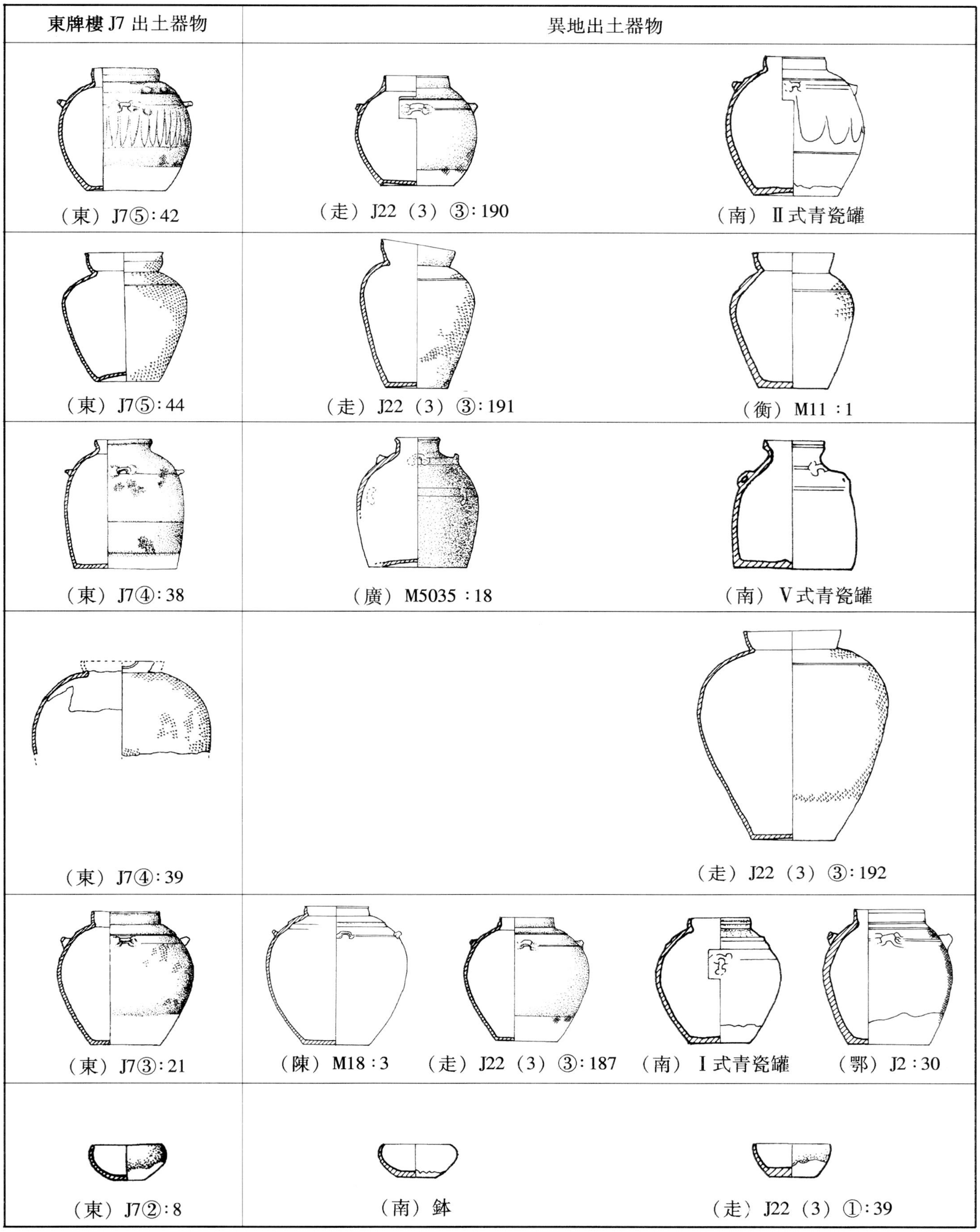


注：此圖中出土地點使用簡稱，即（東）代表東牌樓；（走）代表走馬樓；（南）代表南昌；（廣）代表廣州；（陳）代表陳家大山；（鄂）代表鄂州；（衡）代表衡陽。

**圖一九　J7 出土器物對比圖**

但（南）鉢較（東）青瓷鉢口斂，而（走）青瓷小碗的口則較（東）青瓷鉢外敞，所以從形式發展看，前者應是介於兩者之間。

再看圖一四中所類比器物的時代。

1. 走馬樓 J22：所類比器物原報告僅青瓷鉢定為第二期外，其餘均定為第一期。

第一期：原報告推測為東漢中晚期至三國初年。

第二期：原報告推測為孫吴中期。

2. 江西南昌縣墓葬：原報告推測為東吴前期。

3. 廣州漢墓 M5035：原報告推測為東漢晚期，約當東漢建初至東漢末年。

4. 湖北黄岡陳家大山 M18：原報告推測為東漢晚期，約當桓帝至獻帝時期。

5. 湖北鄂州古井 J2：原報告推測為東漢末年至孫吴初期。

6. 湖南衡陽漢墓 M11：原報告推測為東漢晚期。

通過以上對 J7 層位堆積分析及器物的類比，並結合出土的東漢靈帝光和六年（一八三年）及中平三年（一八六年）紀年簡牘綜合考慮，可以大致推斷出 J7 第三層至第五層的器物時代大致在東漢末期，即 J7 的使用年代應在桓帝至靈帝末期。

而相應 J7 第二層則晚到孫吴初期，即 J7 的廢棄年代當在靈帝末年至孫吴初期。

## 第二節　簡牘出土的意義

一、内容方面的意義

J7 所出簡牘，數量雖然不多，意義却非常重大。首先，在以往發現的漢簡中，東漢末期簡牘極為少見，J7 所出簡牘可以説填補了這一空白。其次，這批簡牘與同地出土的三國吴簡，時間上可以銜接（吴簡中所記年號最早一枚為東漢靈帝中平二年），内容上可以聯係（吴簡也有公文、私信、户籍、名刺、券書、簽牌等），有利於綜合、比較地進行研究。當然，其意義還並不僅限於此。再次，給學術界提供了新的研究課題。譬如户籍，在此之前，從未見過漢代嚴格意義上的户籍樣本，J7 出土的户籍，為漢代户籍的研究提供了新的課題。又譬如，在此之前，從未見過民事訴訟允許“私了”的法律和例證，J7 出土的“大男李建與精張諍田自相和從書”，為古代民事訴訟的研究提供了新的課題。

二、形制方面的意義

這批簡牘均為木質，形制多樣。就這批簡牘的形制而言，最具特色的是 B、C 兩類封檢。B 型封檢與 C 型封檢顯現出一種組合關係，即用相契合的方式進行封蓋，以使保密。類似這種契合式的封檢形制，此前只見於西域出土的佉盧文書信，這就為研究漢文簡牘形制及文書封緘制度提供了新的材料。

三、書法方面的意義

詳見本書《長沙東牌樓東漢簡牘的書體、書法與書寫者》，這裏不重複。

本報告第一章由何旭紅執筆，第二、三章由何佳執筆，第四章由黄樸華執筆。

本報告古井群分布平面圖的田野考古底圖由黄樸華繪製。古井的位置、分布、形制和器物圖由黄樸華、高鐵繪製。田野照片由黄樸華拍攝，器物照片由孫之常先生（文物出版社）拍攝。出土器物的修復及拓片由楊建華完成。

簡牘清洗、脱水、脱色主要由蕭静華主持，張竹青及楊慧協助。

簡牘釋文工作由中國文物研究所王素先生和中央美術學院劉濤先生完成並定稿。

本報告編寫始於二〇〇五年三月，初稿於二〇〇五年七月完成。編寫過程中得到了中國文物研究所王素、中央美術學院劉濤等先生的熱情指導並提出了不少有益的修改意見。

在此書出版之際，謹向各位專家所付出的辛勤勞動表示誠摯的謝意！

彩版一　東牌樓建設工地與J7位置（由西向東）

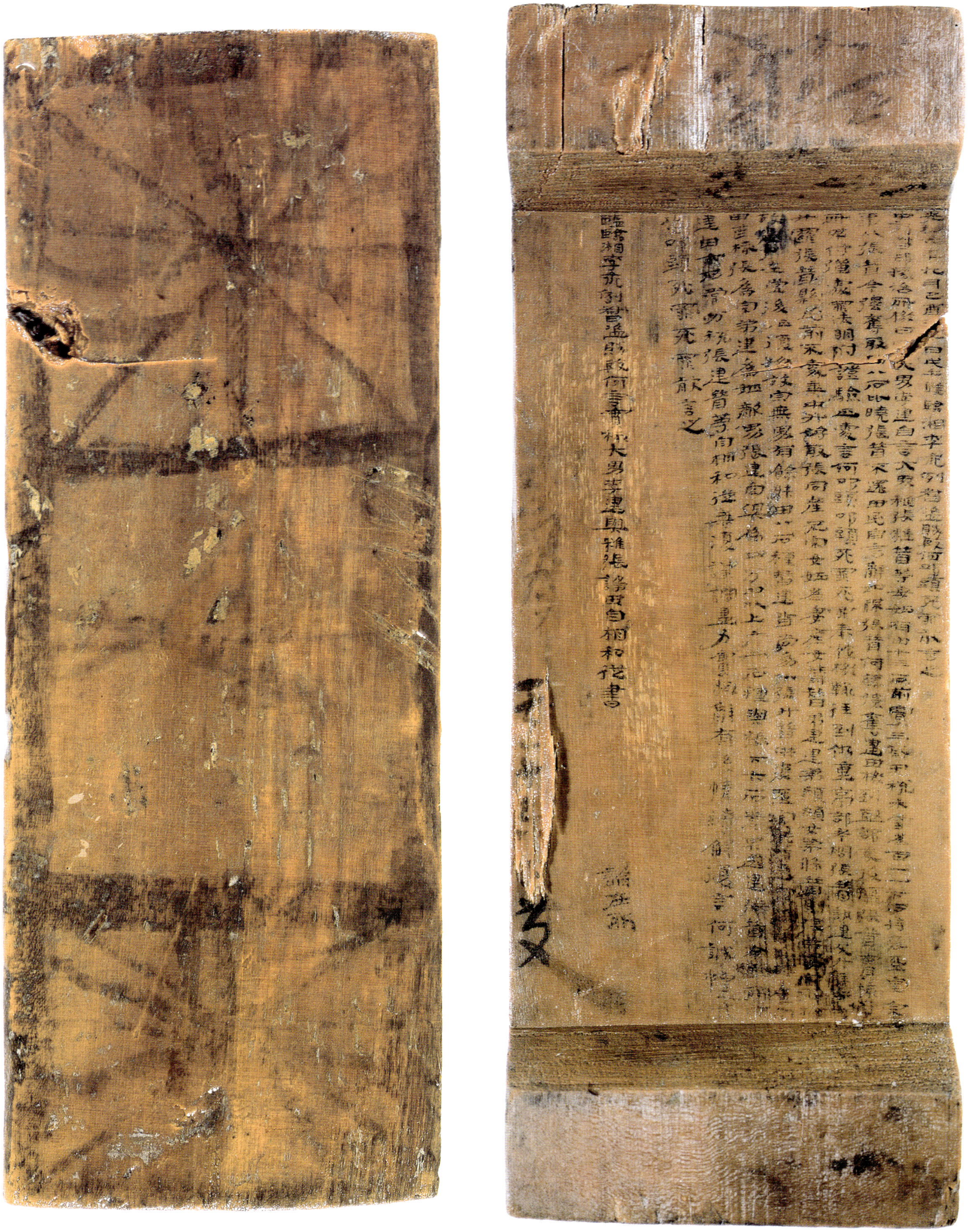

背　　　　正

彩版二　J7 第二層出土簡牘（1001 號）

彩版三　J7 第二層出土簡牘（1003 號）

背　　正

彩版四　J7 第二層出土簡牘（1004 號）

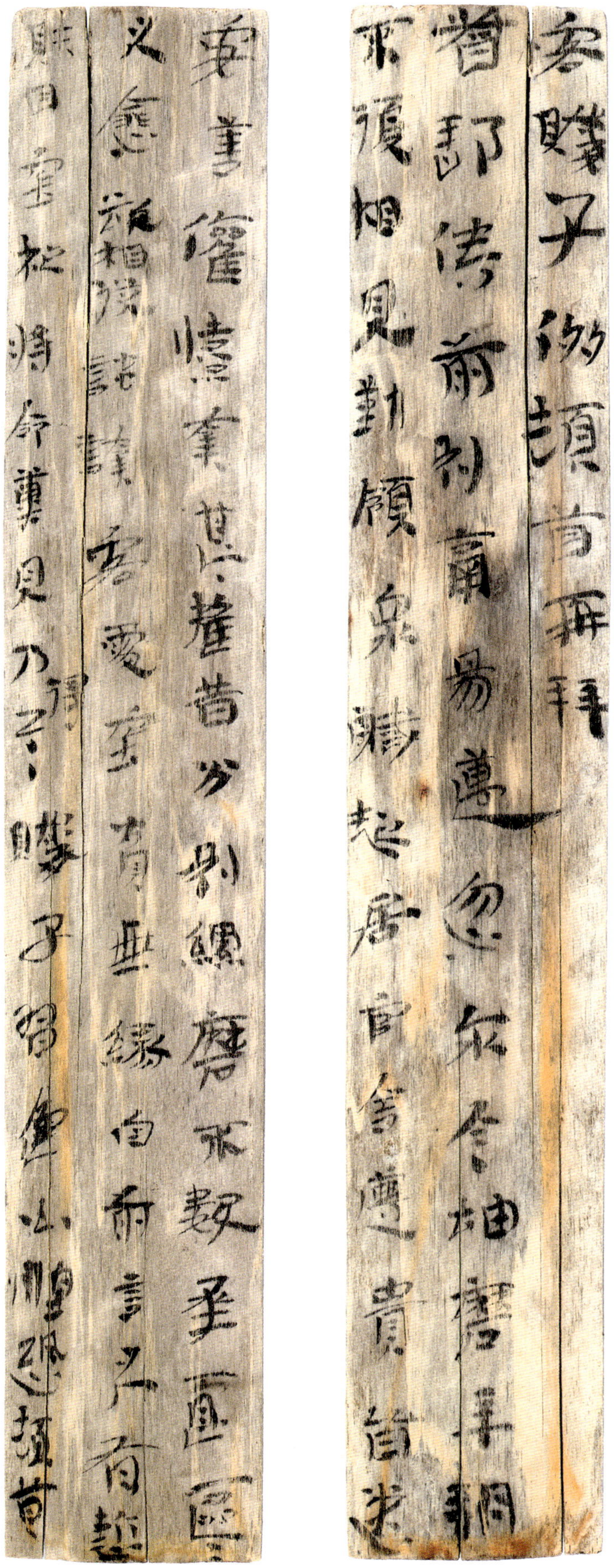

背　　　　　正

1006號

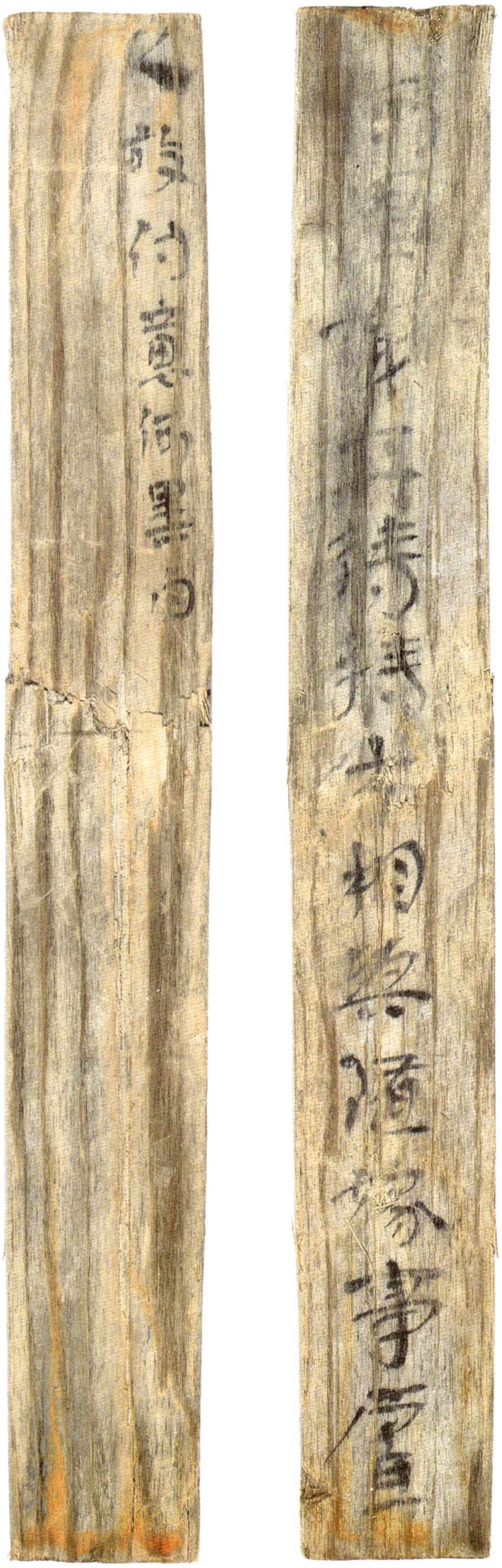

背　　　　　正

1007號

彩版五　J7第二層出土簡牘（1006、1007號）

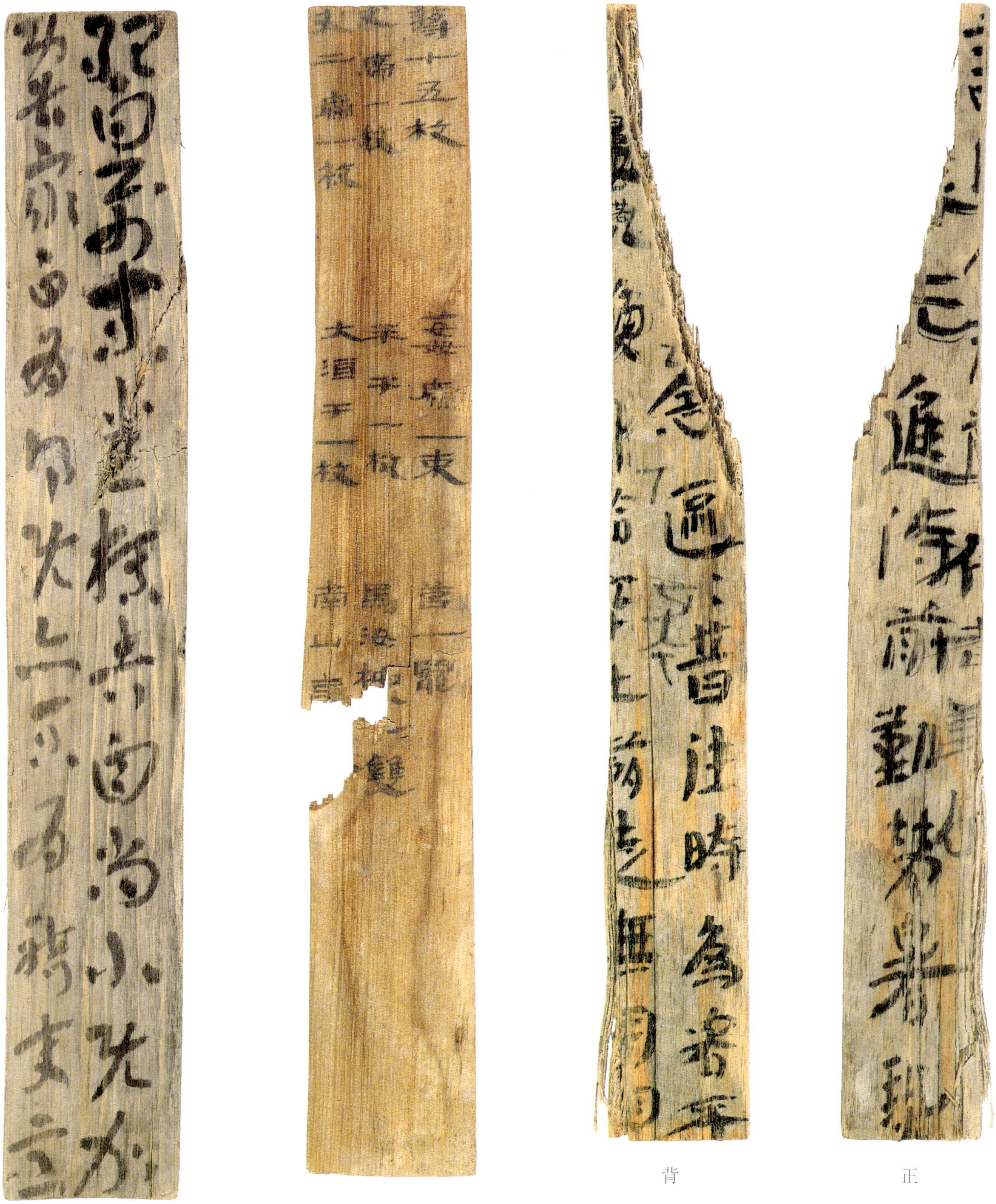

1009號　1010號　背　正　1011號

彩版六　J7第二層出土簡牘（1009、1010、1011號）

背　　正

1013號

1014號

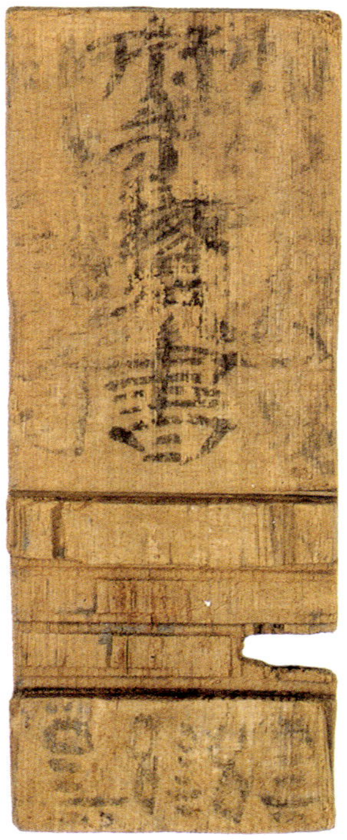

1015號

1017號

彩版七　J7第二層出土簡牘（1013、1014、1015、1017號）

1018 號

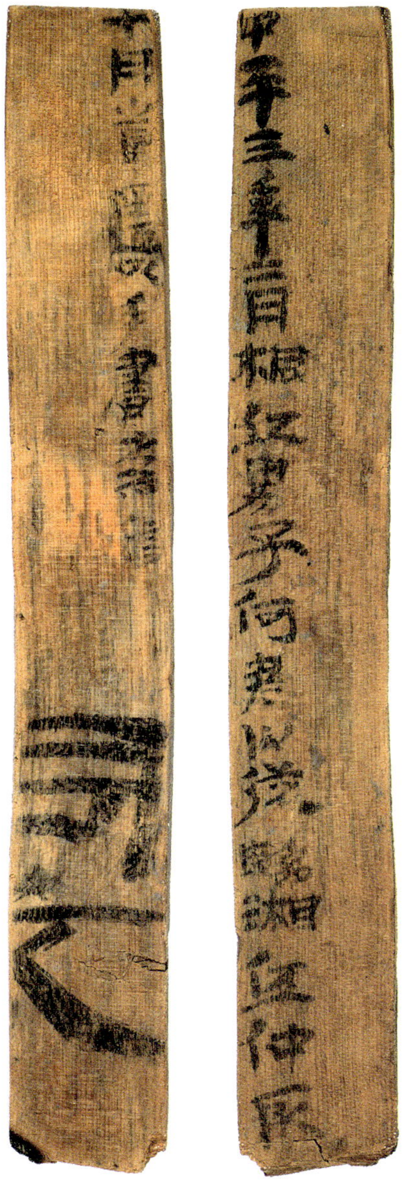

背　　正

1022 號

背　　正

1025 號

1037 號

1044 號

彩版八　J7 第二層出土簡牘（1018、1022、1025、1037、1044 號）

1051號

正

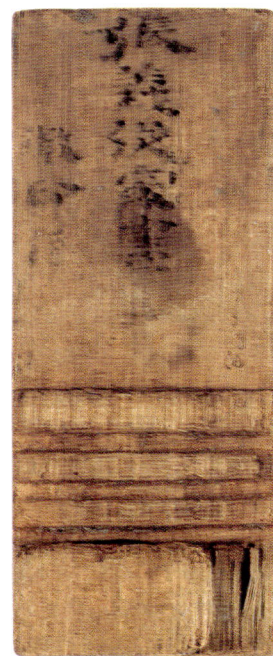

1053號

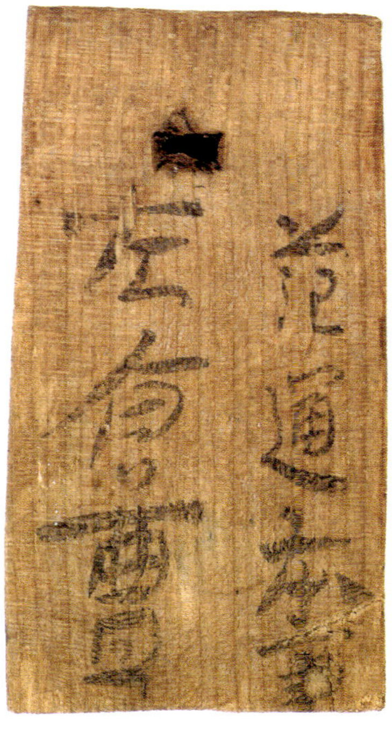

背

1055號

彩版九　J7第三層出土簡牘（1051、1053、1055號）

1056號

背

正

1057號

彩版一〇　J7第三層出土簡牘（1056、1057號）

1058號

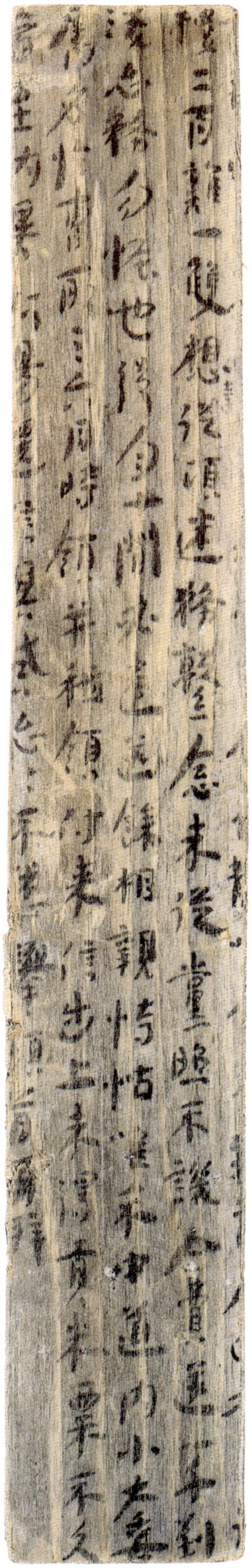

背

正

1059號

1060號

彩版一一　J7第三層出土簡牘（1058、1059、1060號）

背

正

1061 號

背

正

1063 號

彩版一二　J7 第三層出土簡牘（1061、1063 號）

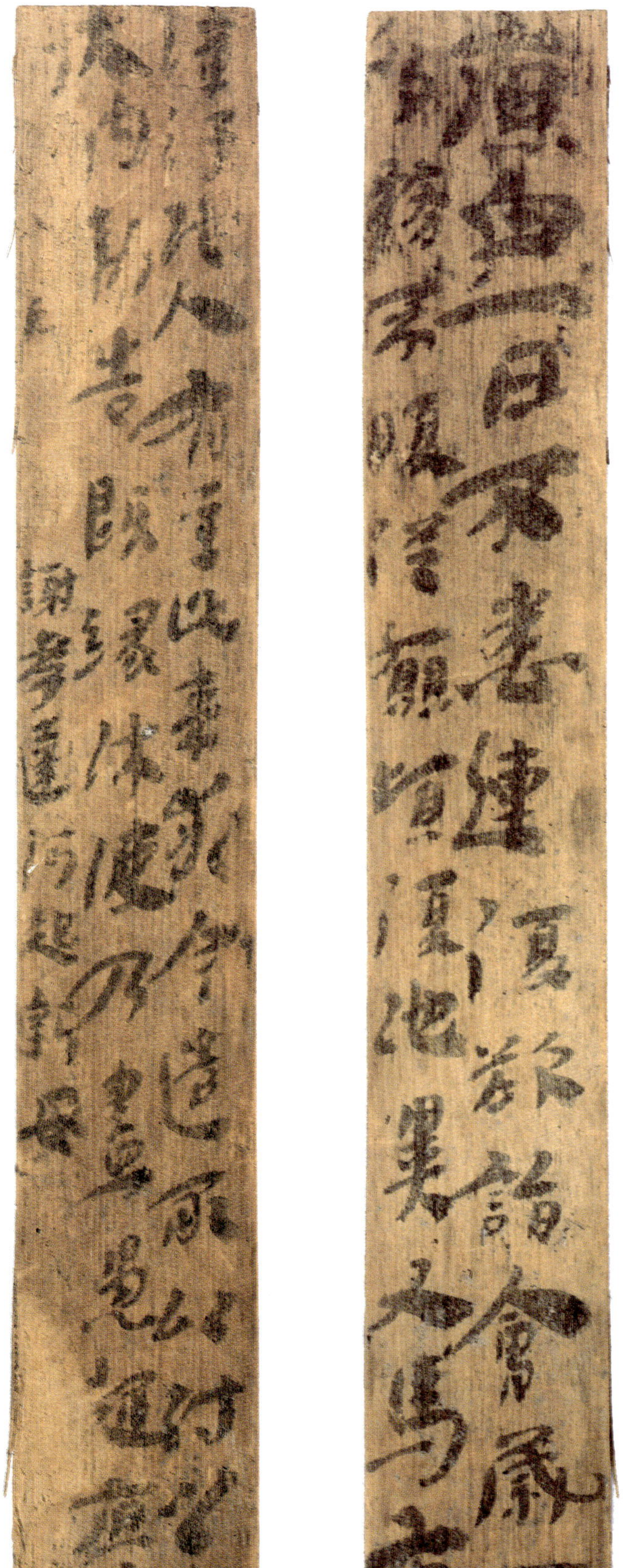

背　　正

1064 號

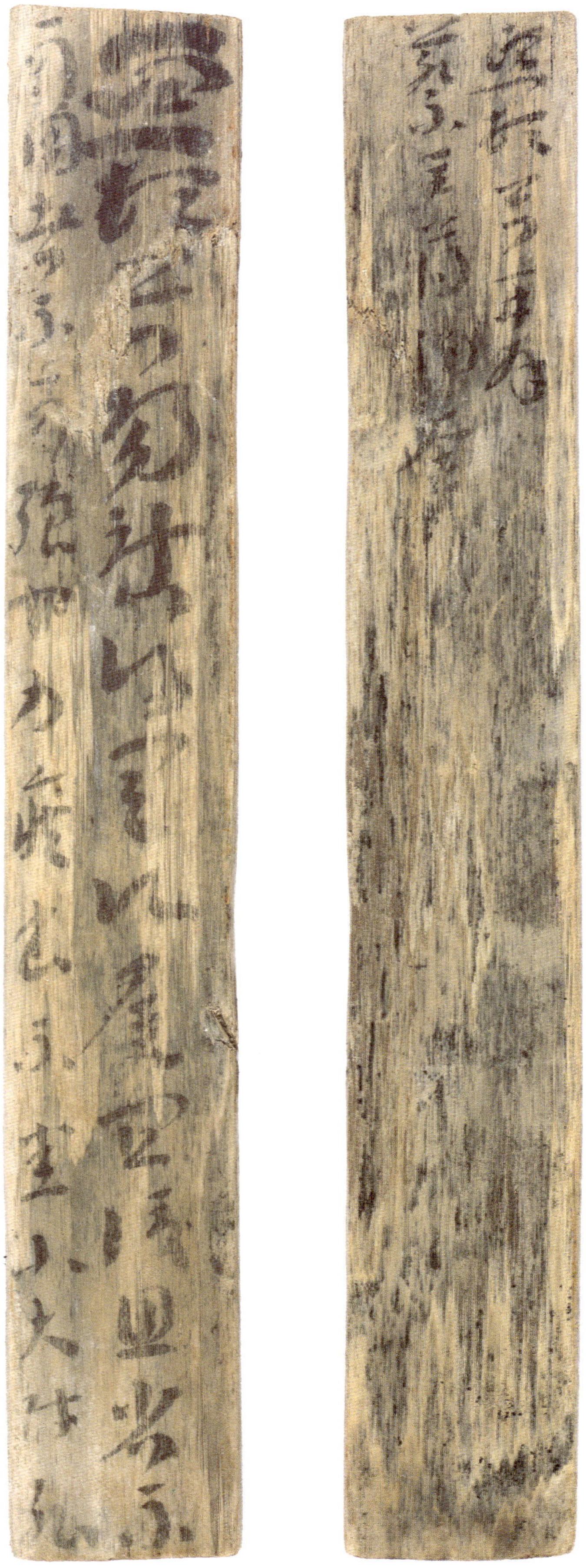

背　　正

1065 號

彩版一三　J7 第三層出土簡牘（1064、1065 號）

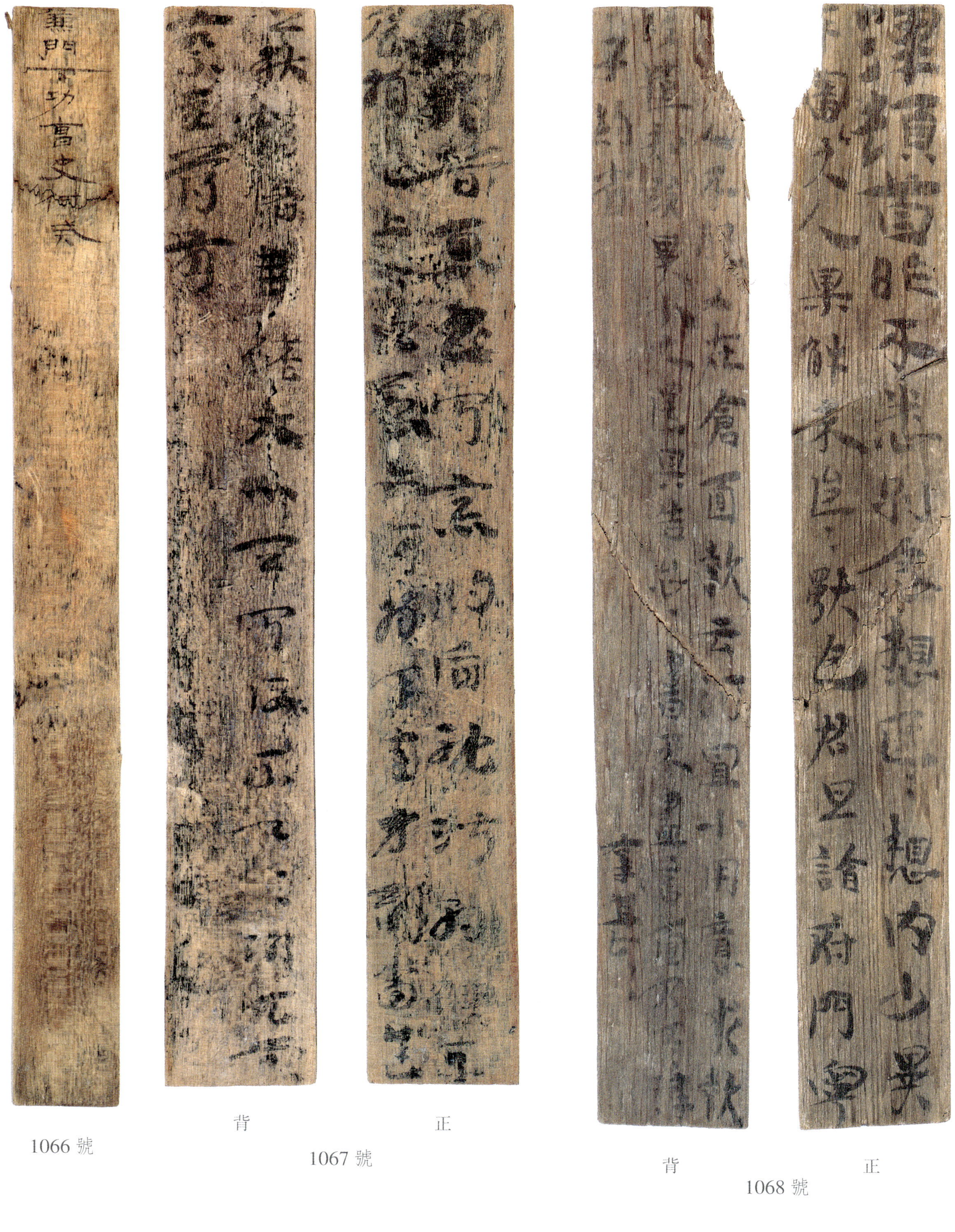


彩版一四　J7 第三層出土簡牘（1066、1067、1068 號）

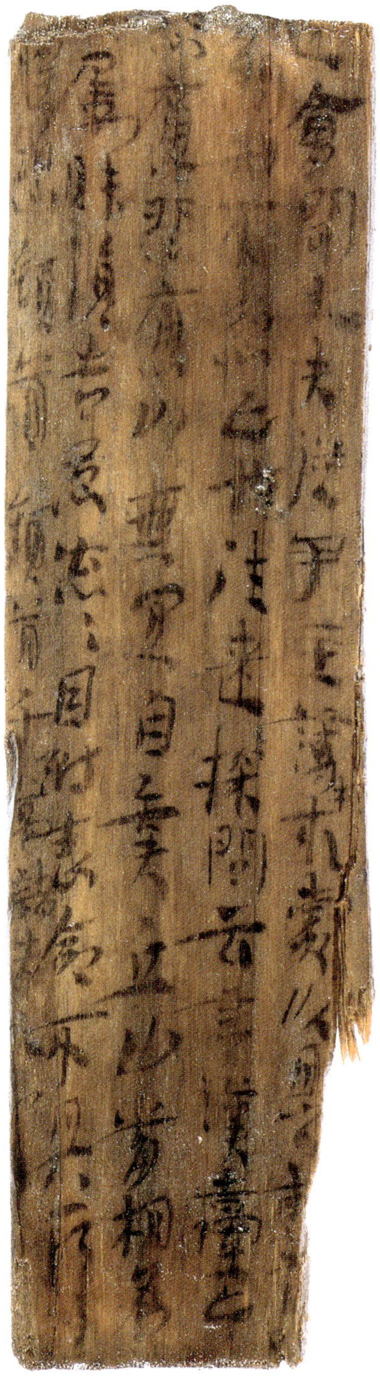

背

正

1069 號

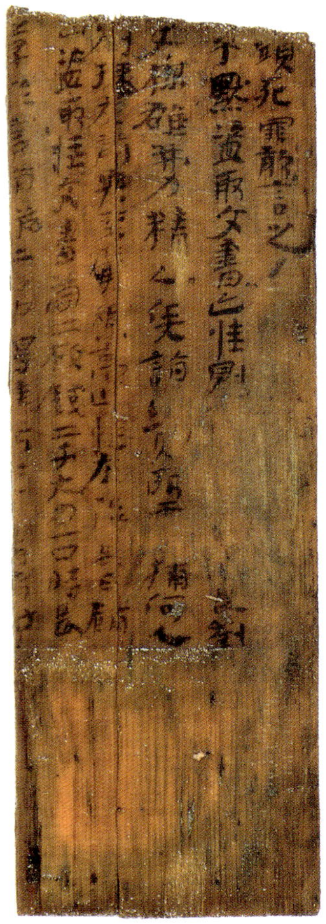

1070 號

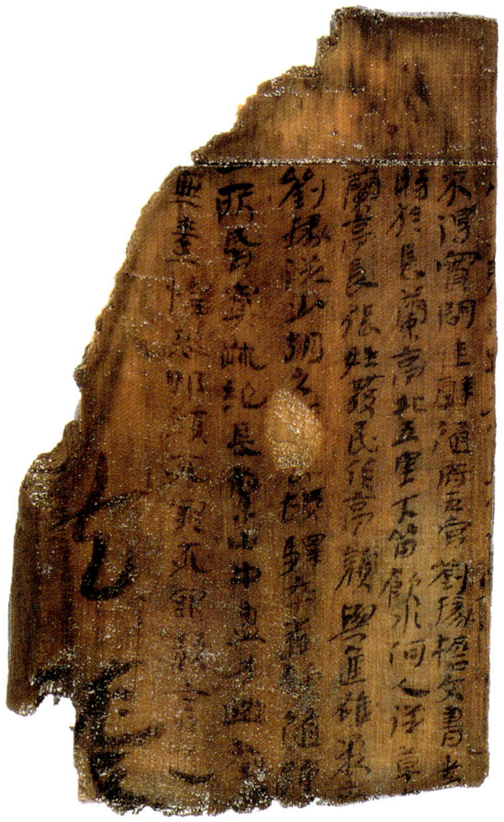

1075 號

彩版一五　J7 第三層出土簡牘（1069、1070、1075 號）

1077 號

1078 號

1085 號

背　　　　　正

1086 號

背　　　　　正

1087 號

彩版一六　J7 第三層出土簡牘（1077、1078、1085、1086、1087 號）

背　正

1091號

背　正

1092號

背　正

1093號

彩版一七　J7第四層出土簡牘（1091、1092、1093號）

1095 號

背　正

1102 號

背　正

1103 號

1104 號

彩版一八　J7 第四層出土簡牘（1095、1102、1103、1104 號）

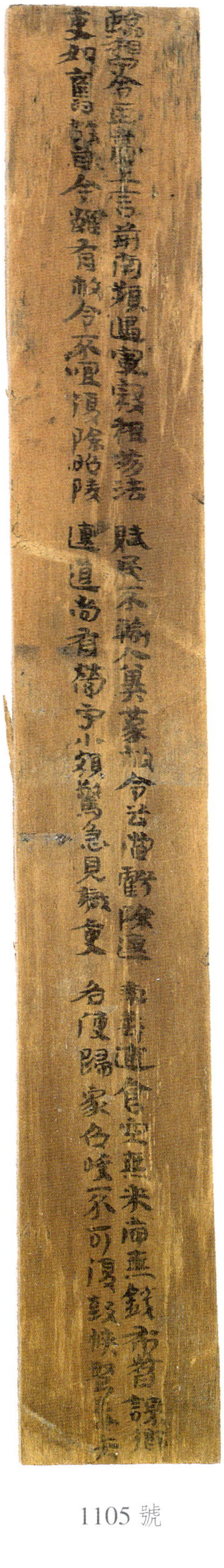

1105號

背　　正

1106號

1107號

彩版一九　J7第四層出土簡牘（1105、1106、1107號）

1113號

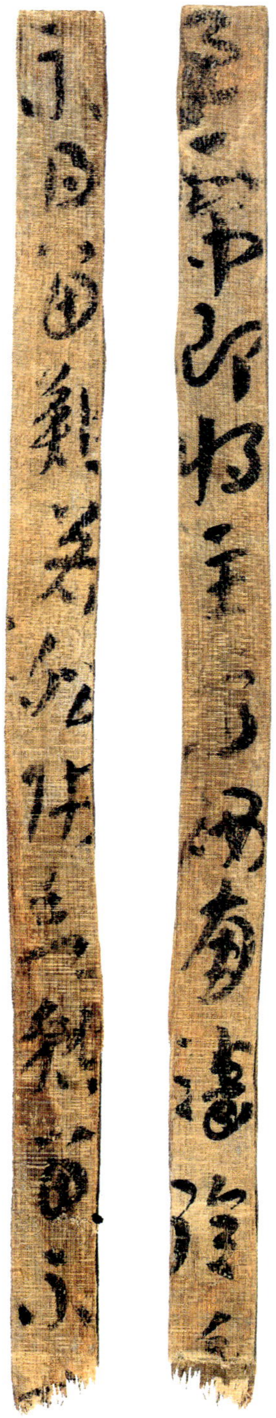

背　正

1117號

1124號

背　正

1126號

1127號

彩版二〇　J7第四層出土簡牘（1113、1117、1124、1126、1127號）

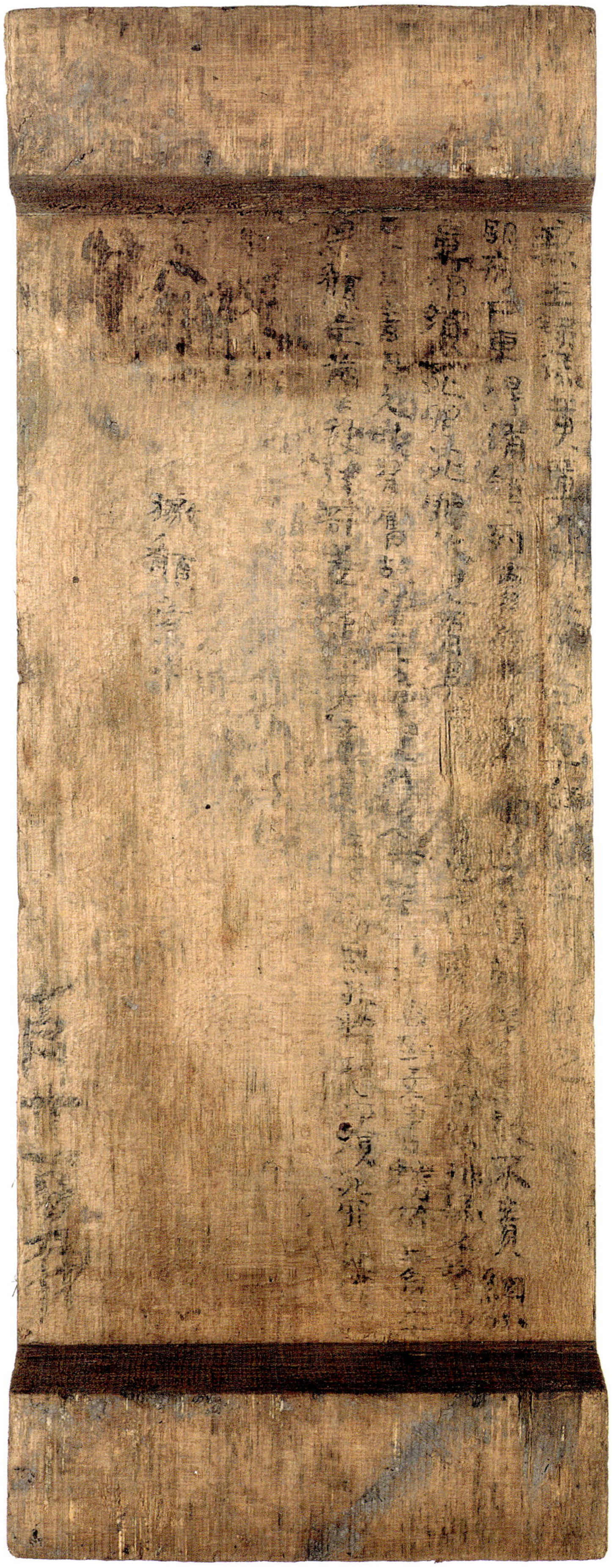

彩版二一　J7 第五層出土簡牘（1128 號）

1130號

背 正
1131號

背 正
1132號

1133號

彩版二二　J7第五層出土簡牘（1130、1131、1132、1133號）

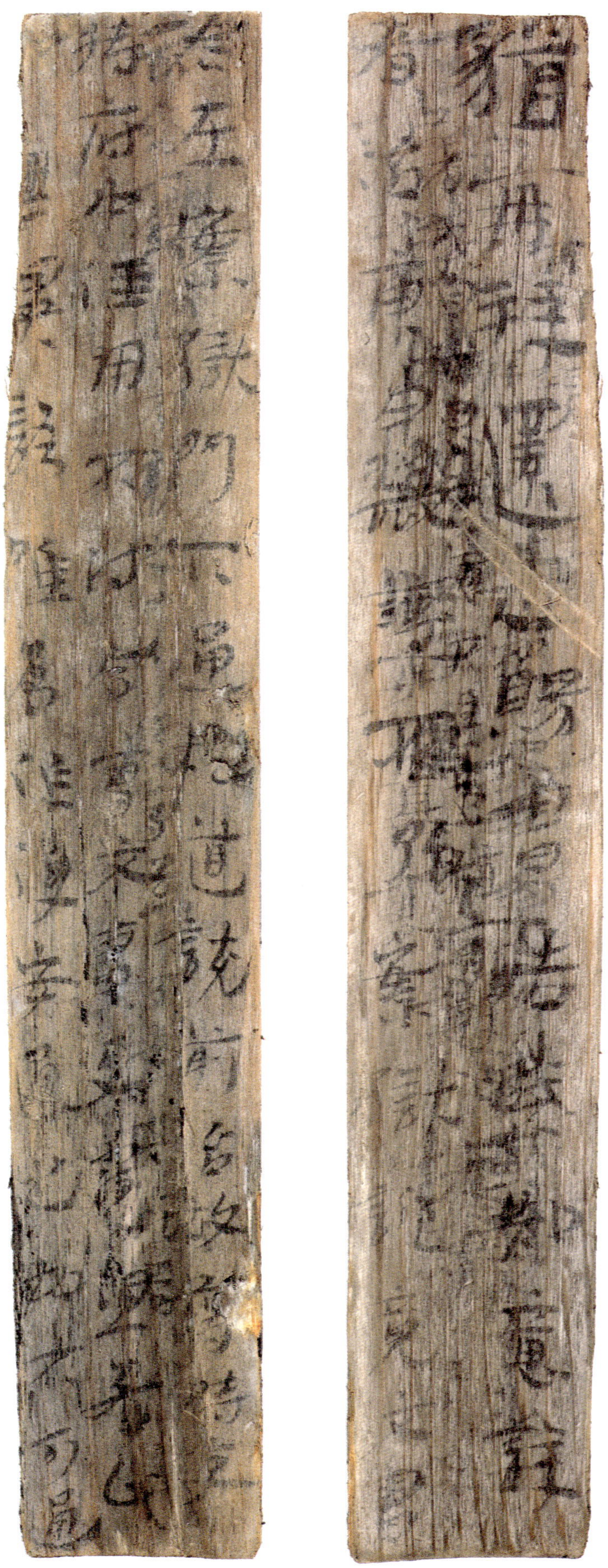

背　　　　正

1134號

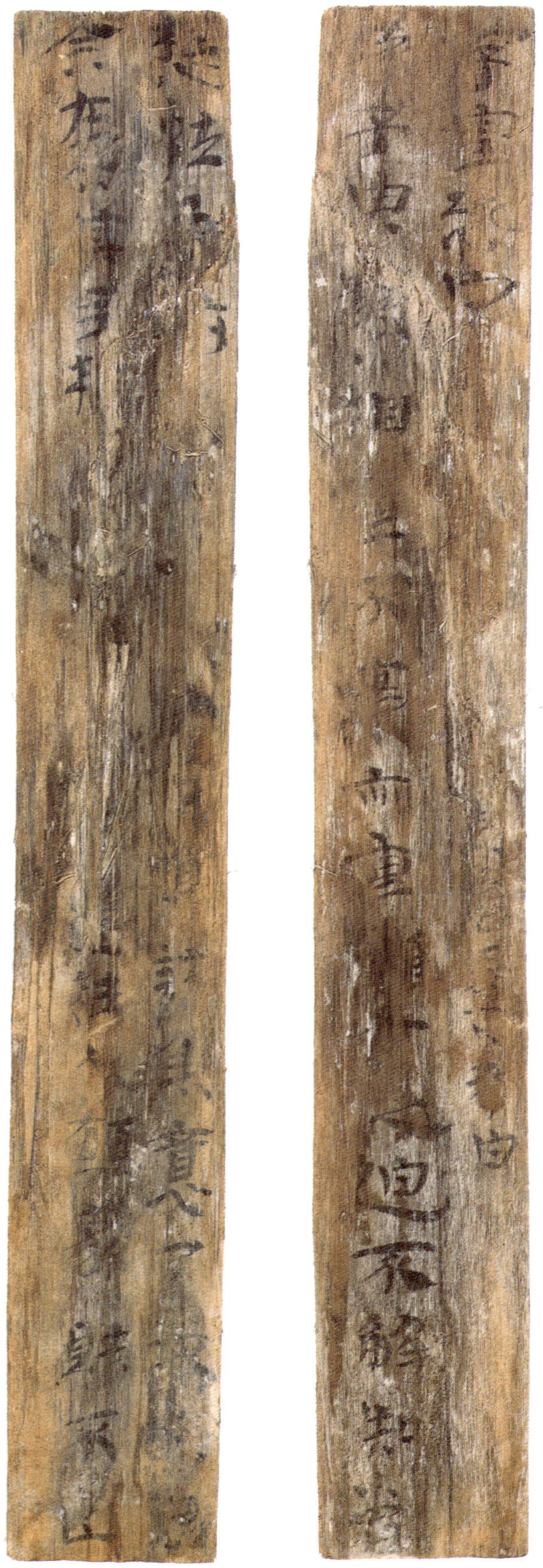

背　　　　正

1135號

彩版二三　J7第五層出土簡牘（1134、1135號）

背　　正

1136號

背　　正

1137號

彩版二四　J7第五層出土簡牘（1136、1137號）

彩版二五　J7第五層出土簡牘（1138、1139、1140號）

背　　正
1141 號

背　　正
1142 號

彩版二六　J7 第五層出土簡牘（1141、1142 號）

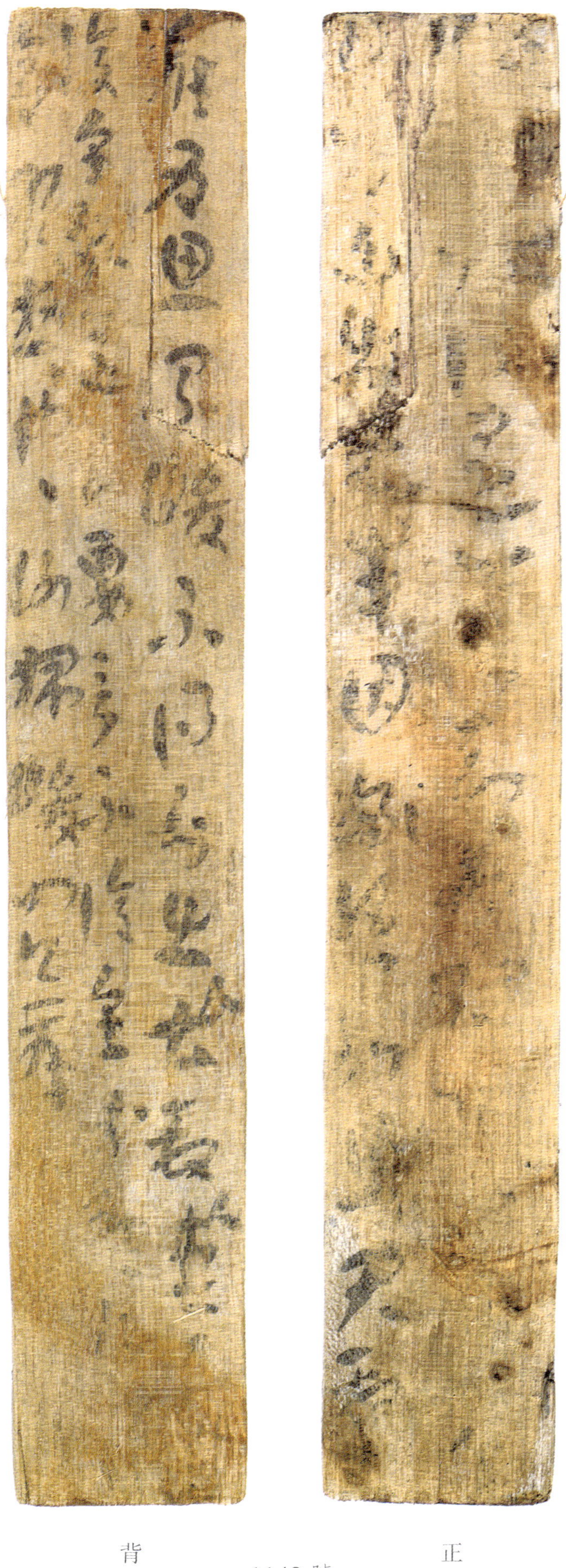

背　　正

1143號

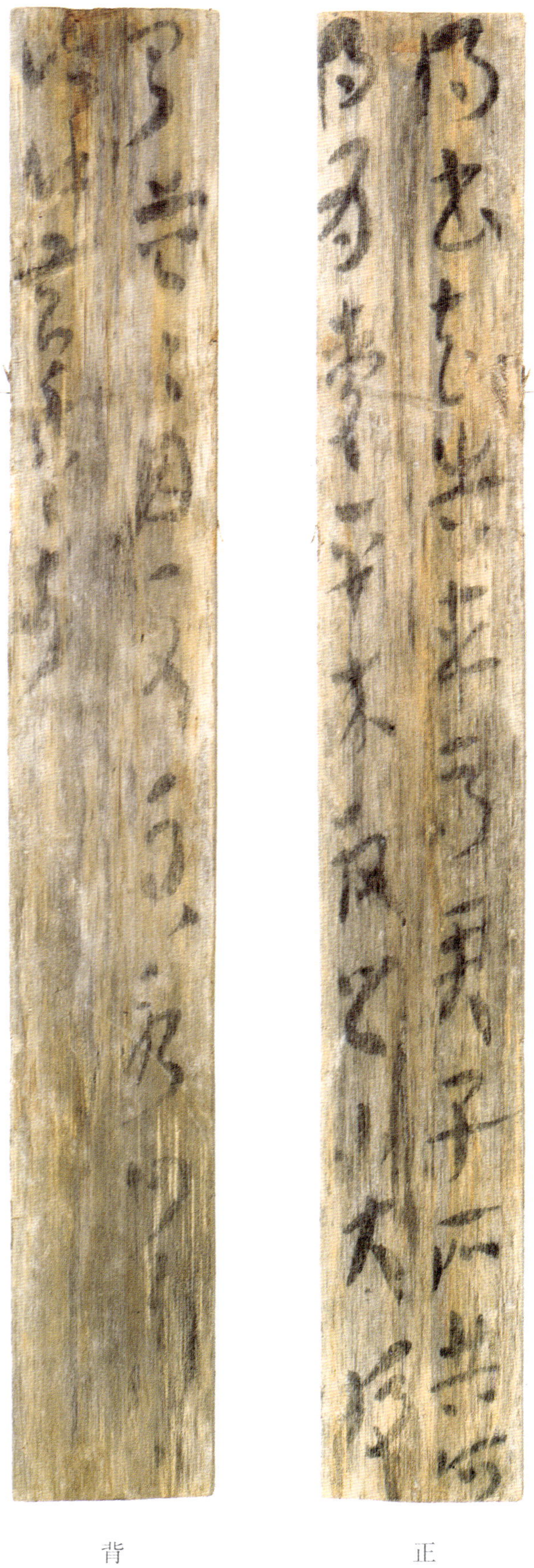

背　　正

1144號

彩版二七　J7第五層出土簡牘（1143、1144號）

背　　正

1145號

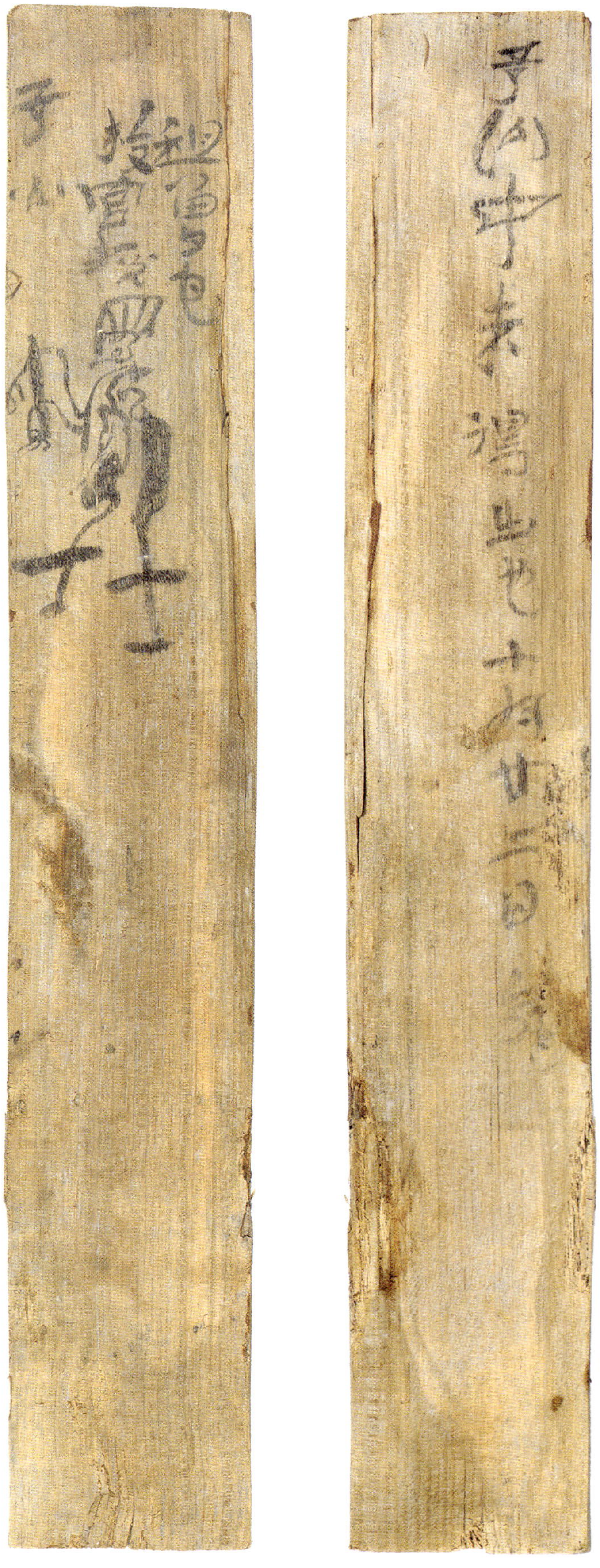

背　　正

1147號

彩版二八　J7第五層出土簡牘（1145、1147號）

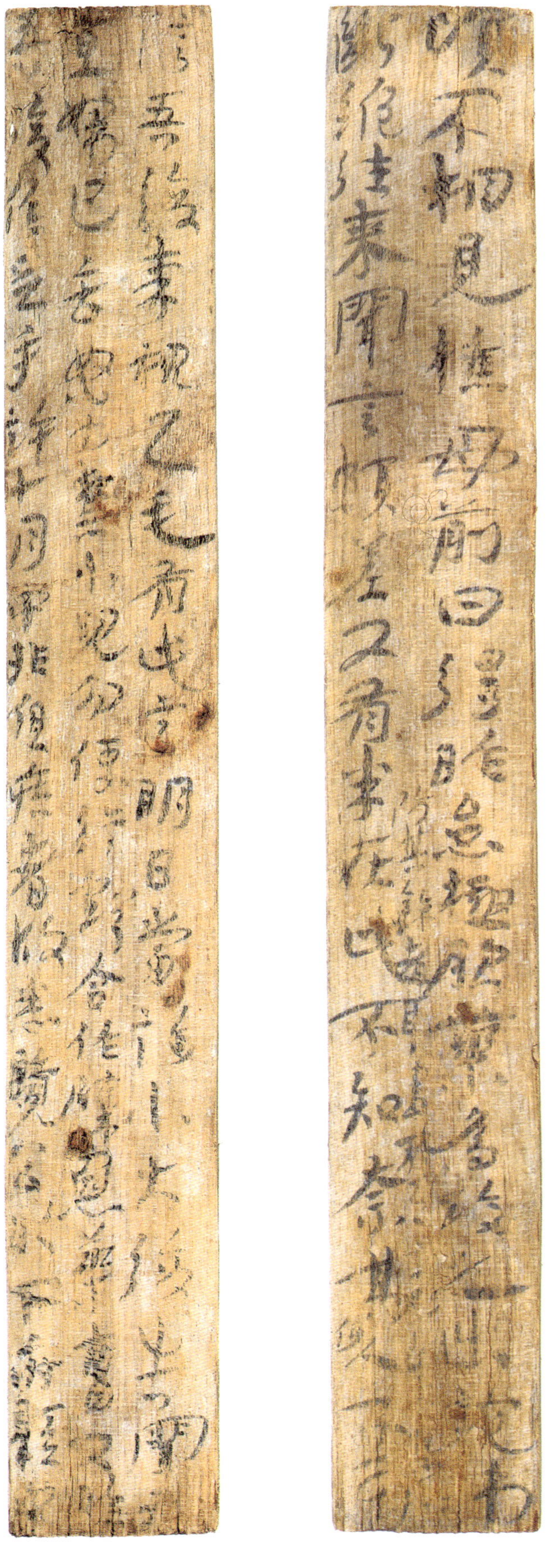

背　　1148號　　正

背　　正

1150號

彩版二九　J7第五層出土簡牘（1148、1150號）

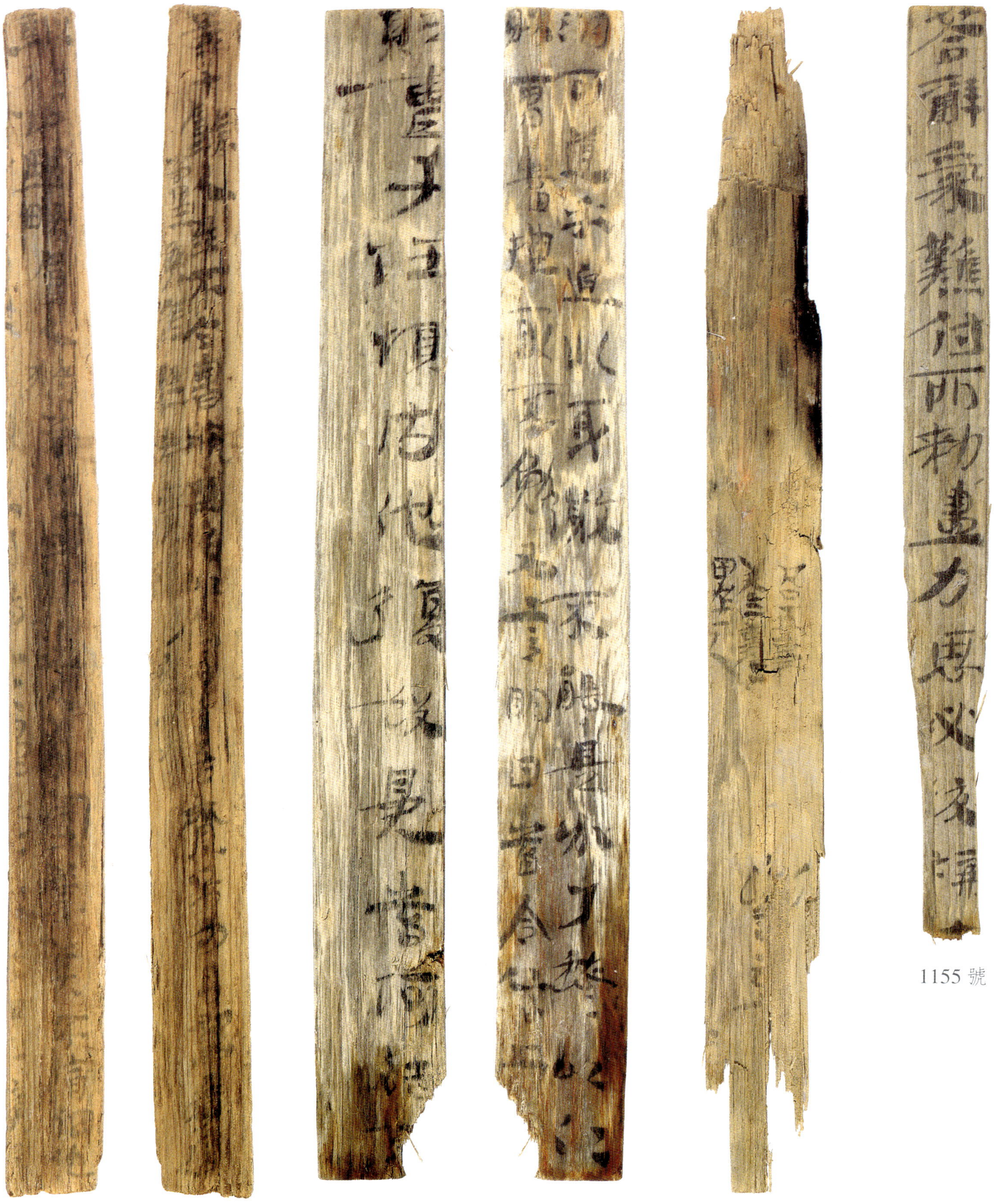

背　正
1151號

背　正
1152號

1154號

1155號

彩版三〇　J7第五層出土簡牘（1151、1152、1154、1155號）

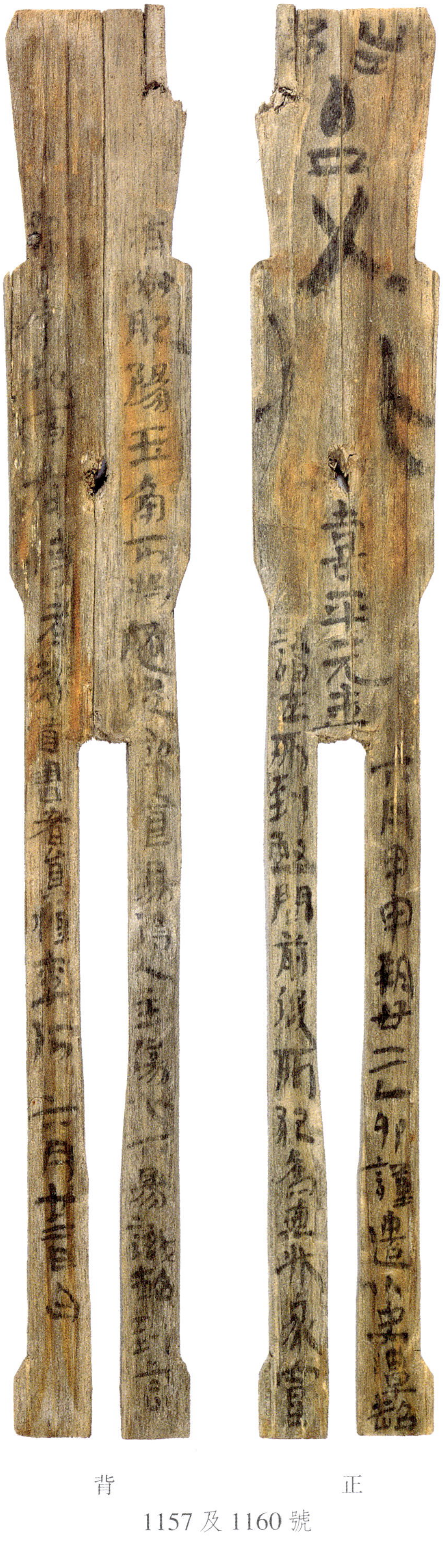

背　　正

1157及1160號

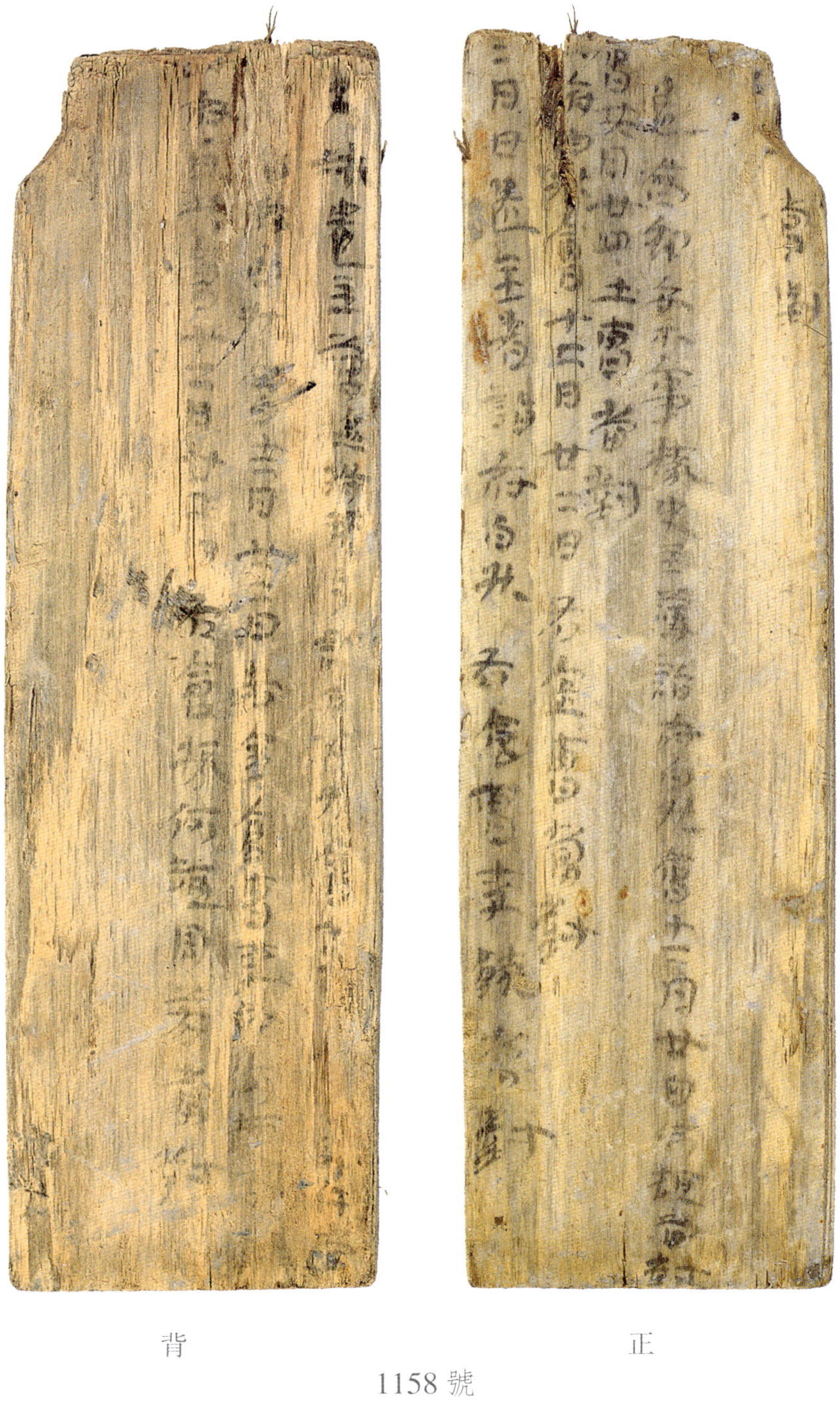

背　　正

1158號

彩版三一　J7第五層出土簡牘（1157及1160、1158號）

背　　正

1159號

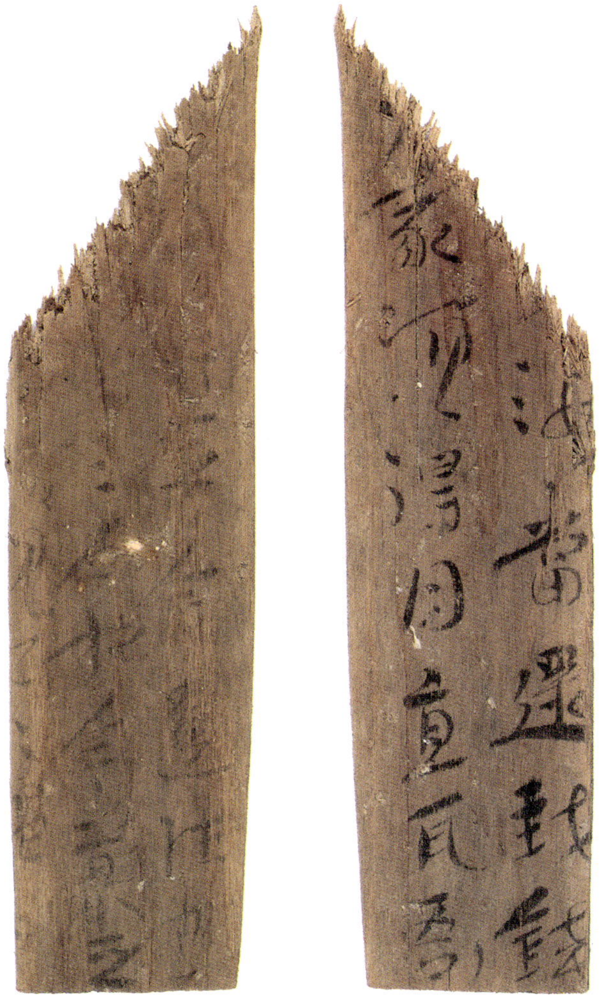

背　　正

1162號

1163號

彩版三二　J7第五層出土簡牘（1159、1162、1163號）

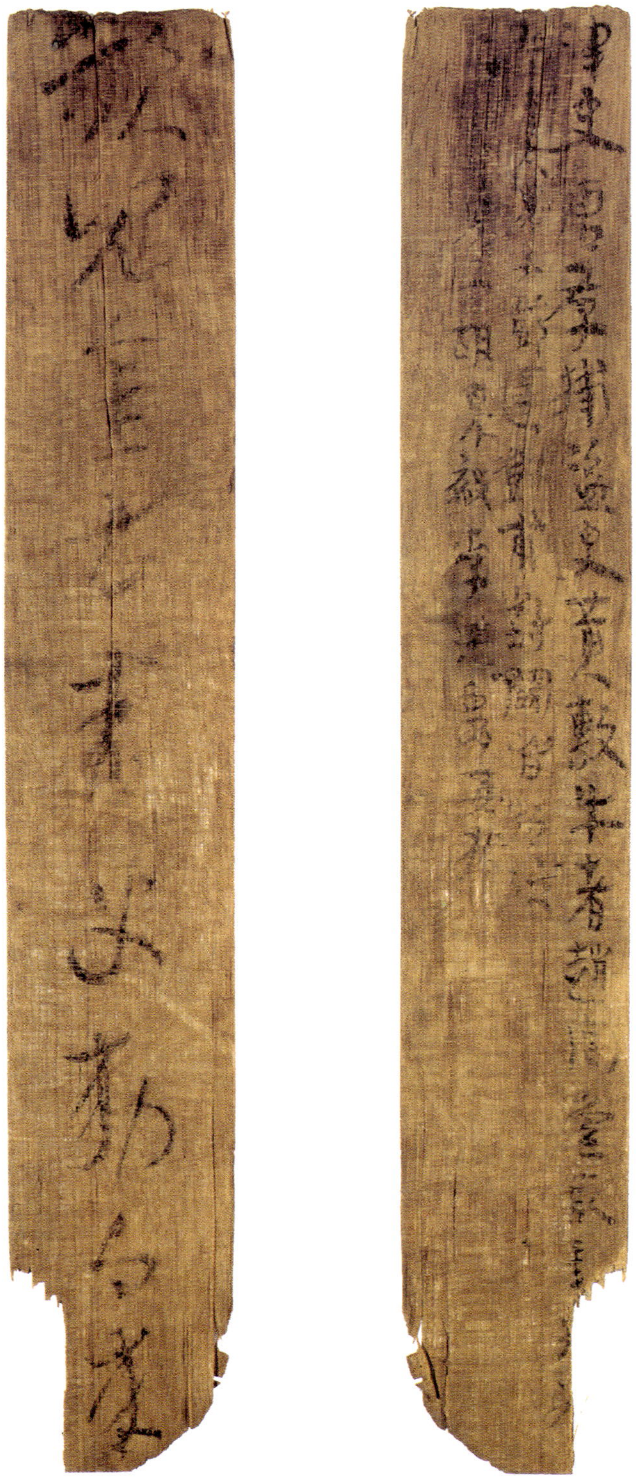

背　　正

1164 號

背　　正

1165 號

彩版三三　J7 第五層出土簡牘（1164、1165 號）

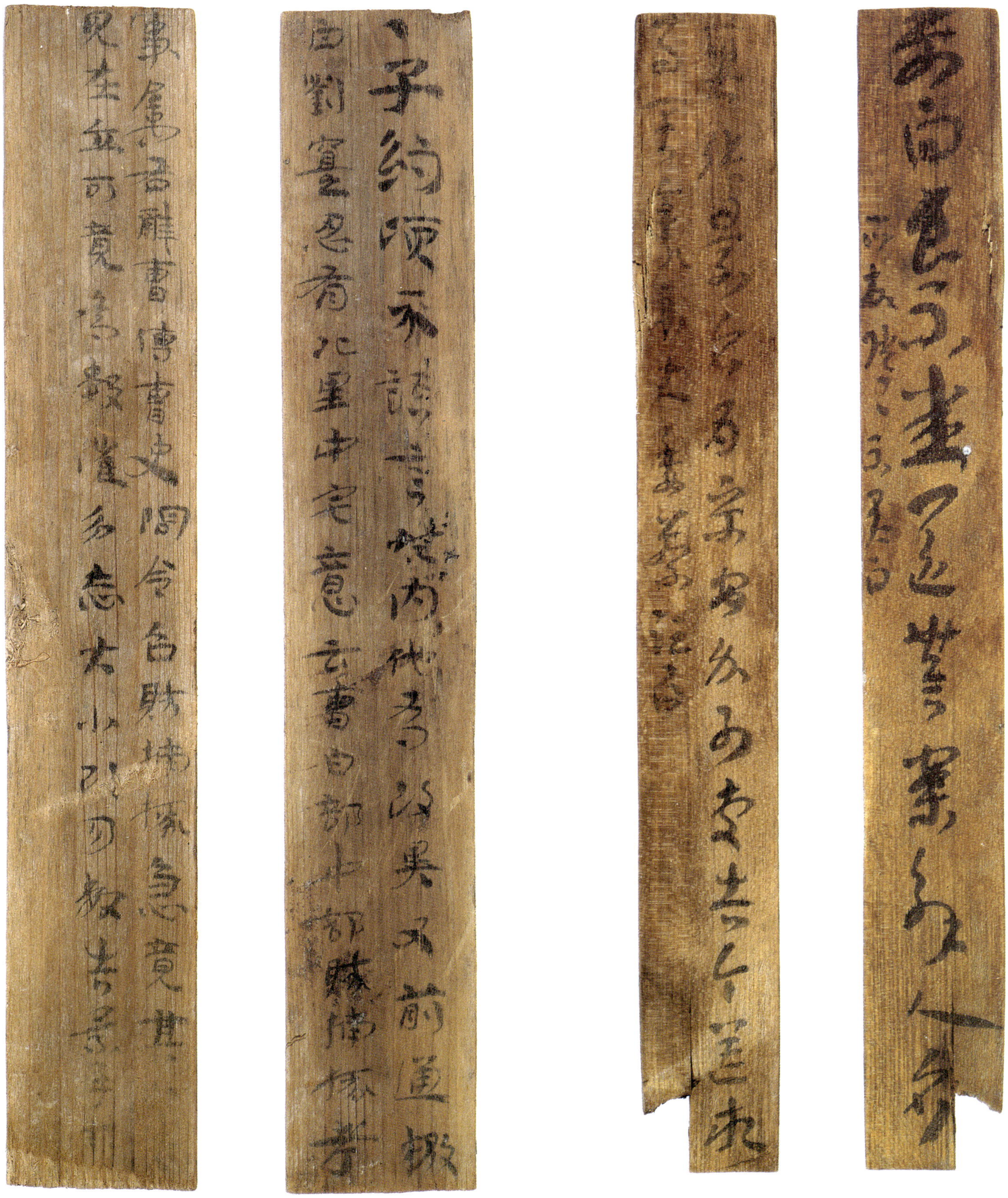

背　　正

1166 號

背　　正

1168 號

彩版三四　J7 第五層出土簡牘（1166、1168 號）

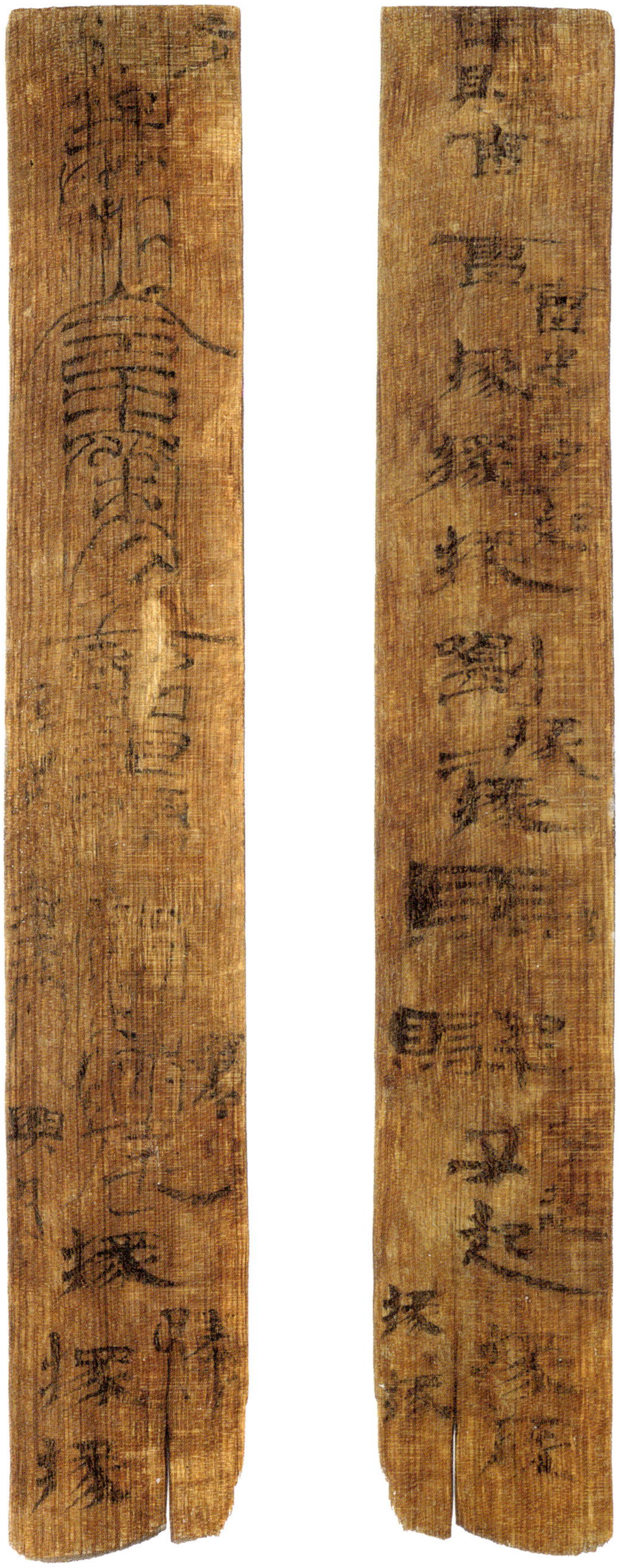

背　　正

1169號

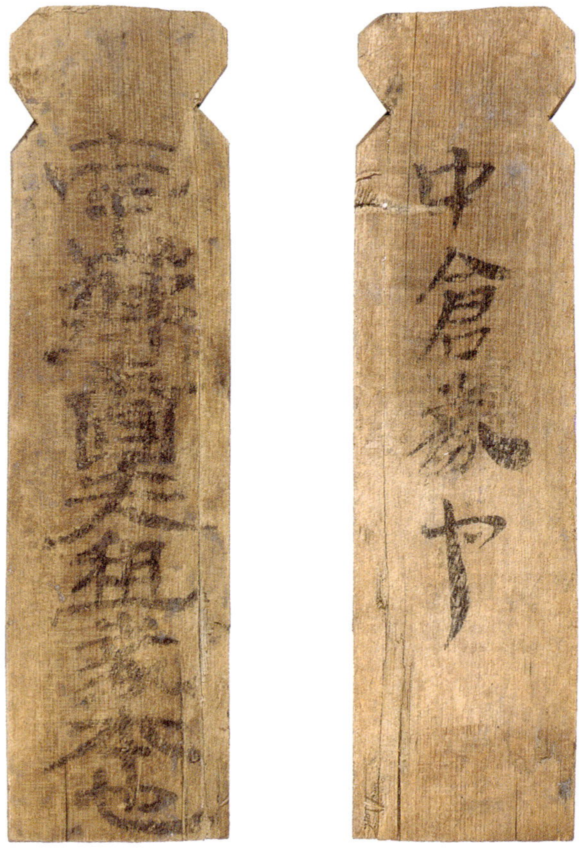

背　　正

1170號

彩版三五　J7第五層出土簡牘（1169、1170號）

背　正

1171號

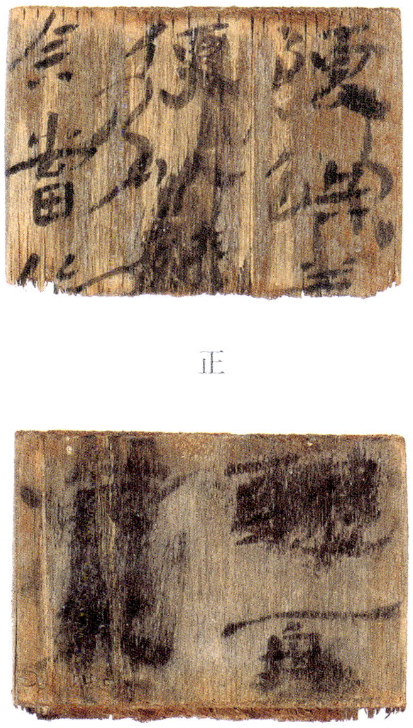

正

背

1180號

1185號

彩版三六　J7第五層出土簡牘（1171、1180、1185號）

# 長沙東牌樓東漢簡牘概述

王　素

二〇〇四年四月至六月，長沙市文物考古研究所在長沙市東牌樓建築工地第七號古井進行考古發掘，出土東漢簡牘四二六枚。經整理，從中清理出有字及有墨蹟簡牘二〇六枚。關於簡牘編號情況，參閱《長沙東牌樓七號古井發掘報告》中的《長沙東牌樓七號古井出土簡牘統計表》，以及釋文後附的《長沙東牌樓東漢簡牘整理號與出土號對照表》，這裏不多涉及。

我們的整理工作，從二〇〇五年元月正式開始。由於這批簡牘保存並不十分理想，殘斷漫漶情況相當普遍和嚴重，加上不少屬於章草，字跡清楚已很難認，字跡模糊更難識別，給我們的釋文帶來了很大的困難。經過初步整理，將所獲印象概述如下。

## 一　長沙東牌樓東漢簡牘的紀年與時代

這批簡牘不少都有紀年，但所見年號，只有建寧、熹平、光和、中平四個，均為東漢靈帝年號。靈帝在位二十二年（一六八～一八九年），共建四個年號，在這批簡牘中全部出現。具體而言是：

建寧年號正式出現五次：一是《建寧四年（一七一年）殘題署》，時間是“建寧四年十二月九日乙未”（四正）；一是《建寧四年（一七一年）殘文書》，時間是“建寧四年十二月十三日”（一一六正）；一是《建寧四年（一七一年）益成里户人公乘某户籍》，時間是“建寧四年”（七九正）。此外，前揭《建寧四年（一七一年）殘題署》背面和《建寧年間（一六八～一七二年）佚名書信》背面，還均見有“建寧”等習字。

熹平年號正式出現二次：一是《熹平元年（一七二年）覃超人形木牘》，時間是“熹平元年六月甲申朔廿二［日］乙卯（巳）”（一一七正）；一是《熹平五年（一七六年）騎吏中風文書》，時間是“熹平五年二月癸巳朔六日戊戌”（九正）。此外，還有《熹平四年（一七五年）陽舍人等習字》，寫有干支“乙卯”，推算應為熹平四年（一四二正）。

光和年號正式出現四次：一是《光和二年（一七九年）殘文書》，時間是“光和二年三月廿五日”（一〇正）；一是《光和六年（一八三年）東部勸農郵亭掾周安言事》，時間是“光和六年正月廿四日乙亥申時”（二正）；一是《光和六年（一八三年）監臨湘李永、例督盜賊殷何上言李建與精張諍田自相和從書》，時間是“光和六年九月己酉朔十日戊午”（五正）；一是《光和七年（一八四年）紀年習字》，殘存“☑子光和”等習字，推算應為光和七年甲子歲（八五背）。此外，還有二次：一是《光和三年（一八〇年）後猶書信一》，提到“庚申歲”，推算應為光和三年庚申歲（二九正）；一是《光和七年（一八四年）上言殘文書》，時間為“十月一日壬寅”，推算應為光和七年十月一日壬寅（一一正）。

中平年號正式出現二次：一是《中平三年（一八六年）左部勸農郵亭掾夏詳言事》，時間是“中平三年二月廿一日己亥（乙卯?）”（三正）；一是《中平三年（一八六年）何君□從伍仲取物券》，時間是“中平三年二月”（一〇〇正）。此外，還有三次：一是《中平元年（一八四年）佚名書信一》，提到“知中郎將至”，據研究應指中平元年右中郎將朱儁討潁川黃巾之事（三一正）[一]；一是《中平元年（一八四年）佚名書信二》，提到“今聞據宛”，據研究應指中平元年朱儁與黃巾拉鋸爭奪南陽之役（三二正）[二]；一是《中平五年（一八八年）後臨湘守令臣肅上言荊南頻遇軍寇文書》，提到“荊南頻遇軍寇”，據研究應指中平三至五年荊南地區連續發生的三次蠻賊暴亂（一二正）[三]。

根據正式出現的年號——最早為建寧四年（一七一年），最晚為中平三年（一八六年）——已可初步斷定，這批簡牘的時代主要屬於東漢靈帝時期。根據前揭簡牘的內容——最晚為中平元年（一八四年）黃巾起事和中平三至五年（一八六~一八八年）荊南地區蠻賊暴亂——又可進一步斷定，這批簡牘的時代一般不會晚於東漢靈帝末期。雖然發掘有五個層位，四個層位都出有簡牘；書法風格不太一致，有的書法似乎顯得較晚，但將這批簡牘的時代大致定為東漢靈帝時期，應該是沒有問題的。

## 二　長沙東牌樓東漢簡牘的形制與性質

這批簡牘所見形制，可以分為封緘、封匣、封檢、木牘、木簡、名刺、簽牌及異形簡等多種。其中，封緘有二枚，封匣亦有二枚，封檢有十餘枚。關於三者的區別，學者意見不盡相同，這裏不擬詳細介紹。我們認為：所謂封緘，應是單獨郵寄的公文、私信及財物的封面。封緘二枚：一為《桂陽大守行丞事南平丞印緘》，凡二行，第一行為小字“桂陽大守行丞事南平丞印”，第二行為大字“臨湘丞掾驛馬行”（一正）；一為《府卿侍閣周奴衣笥印緘》，亦二行，連寫為“府卿侍閣周奴衣笥印封完”（二四正）。前

---

［一］　“中郎將”，官名，有左、右、五官、虎賁、羽林之別，見《續漢書·百官二》光祿勳條。同條又案云：“漢末又有四中郎將，皆帥師征伐，不知何時置。董卓為東中郎將，盧植為北中郎將，獻帝以曹植為南中郎將。”《後漢書·靈帝紀》中平元年三月壬子條云：“遣北中郎將盧植討張角，左中郎將皇甫嵩、右中郎將朱儁討潁川黃巾。”據此及下件提到“今聞據宛”（另參本頁注釋［二］），此處“知中郎將至”應指中平元年右中郎將朱儁討潁川黃巾之事。

［二］　“今聞據宛”之“宛”，指南陽。《後漢書》卷七一《朱儁傳》云：“時南陽黃巾張曼成起兵，稱‘神上使’，衆數萬，殺郡守褚貢，屯宛下百餘日。後太守秦頡擊殺曼成，賊更以趙弘為帥，衆浸盛，遂十餘萬，據宛城。儁與荊州刺史徐璆及秦頡合兵萬八千人圍弘，……斬之。賊餘帥韓忠復據宛拒儁。……儁因擊，大破之。乘勝逐北數十里，斬首萬餘級。忠等遂降。而秦頡積忿忠，遂殺之。餘衆懼不自安，復以孫夏為帥，還屯宛中。儁急攻之。夏走，追至西鄂精山，又破之。復斬萬餘級，賊遂解散。”同書《靈帝紀》中平元年十一月癸巳條云：“朱儁拔宛城，斬黃巾別帥孫夏。”據此及上件提到“知中郎將至”（另參本頁注釋［一］），此處“今聞據宛”應指中平元年朱儁與黃巾拉鋸爭奪南陽之役。

［三］　東漢一代，荊南向為多事之地。究其根源，是武陵、長沙、零陵等郡蠻夷的不斷暴動及由此引發的當地賊寇的連續作亂。對此，《後漢書·南蠻傳》記載較詳，無須贅述。最大的一次，如同書卷三八《馮緄傳》所說：“時長沙蠻寇益陽，屯聚積久，至延熹（五）［三］年，衆轉盛，而零陵蠻賊復反應之，合二萬餘人，攻燒城郭，殺傷長吏。又武陵蠻夷悉反，寇掠江陵間，荊州刺史劉度、南郡太守李肅並奔走，荊南皆沒。”不僅荊南全部陷落，荊北也受到嚴重創傷。“延熹”為桓帝年號，“三年”為公元一六〇年。七年後，也就是建寧元年（一六八年），靈帝繼位，荊南形勢才似乎稍稍好轉。《後漢書·靈帝紀》僅記載兩次蠻賊暴亂：一次在中平三年（一八六年）十月，原文為：“武陵蠻叛，寇郡界，郡兵討破之。”一次在中平四年（一八七年）十月，原文為：“零陵人觀鵠，自稱‘平天將軍’，寇桂陽，長沙太守孫堅擊斬之。”值得注意的是：（一）這兩次蠻賊暴亂，都發生在中平元年（一八四年）“黃巾”起事後，有可能是受其影響所致，說明靈帝繼位後，荊南曾經維持過十多年的安寧。（二）這兩次蠻賊暴亂，第一次僅限於武陵郡，第二次波及零陵、桂陽、長沙三郡，也就是說，整個荊南地區全都受到了影響。當然，關於當時荊南地區的情況，僅僅依據《後漢書·靈帝紀》的記載是不夠的。《三國志·吳書·孫堅傳》云：“（中平四年）長沙賊區星自稱將軍，衆萬餘人，攻圍城邑，乃以堅為長沙太守。到郡親率將士，施設方略，旬月之間，克破星等。（中平五年）周朝、郭石亦帥徒衆起於零、桂，與星相應。遂越境尋討，三郡肅然。”此處所記兩次暴亂：前一次長沙賊區星暴亂，與前述零陵人觀鵠暴亂，時間相同，實際應為一次。《通鑒》記作“區星”，《考異》云：“范書作‘觀鵠’，今從陳壽《吳志》。”後一次周朝、郭石暴亂，《三國志·吳書·朱治傳》記作：“中平五年，拜司馬，從（孫堅）討長沙、零、桂等三郡賊周朝、蘇馬等，有功。”少了一個“郭石”，增加了一個“蘇馬”。什么原因？這裏暫不討論。總之，整個荊南地區，僅在靈帝晚期，也就是中平三至五年，連續發生過三次蠻賊暴亂。據此，此處“荊南頻遇軍寇”應指這三次蠻賊暴亂。至於本件的時間，則自然更應在中平五年（一八八年）後。

者為公文封緘，後者為衣笥封緘[一]。所謂封匣，也就是封泥匣，應是內附重要公文和財物的函蓋。封匣二枚：一為《光和六年（一八三年）東部勸農郵亭掾周安言事》（二正），一為《中平三年（一八六年）左部勸農郵亭掾夏詳言事》（三正）。都是重要公文的函蓋。所謂封檢，有十餘枚之多，有的類似封緘，有的是與封匣配套的公文[二]。至於數量最夥的木牘、木簡，實際也多為封緘、封匣、封檢所附的公私文書。據此，已可初步斷定：這批簡牘主要屬於郵亭文書[三]。

當然，確定這批簡牘的性質主要屬於郵亭文書，並不僅僅根據形制，還根據了這批簡牘的內容。這裏分兩方面略加介紹：

（一）屢次提到了“郵”、“亭”和“郵亭”。其中，“郵”有“督郵”（三五正、一四正、七一正）、“督郵掾”（一四一正）、督郵書掾（一五六正）、“中部督郵”（二二背）、“中部督郵掾”（五正）[四]及“郵書掾”（一二二正）等；“亭”有“諸亭”（二八背）、“平亭”（一三四正）、“都亭”（二〇正）、“仇重亭”（五正）、“廣樂亭”（六正）、“長蘭亭”（七正）、“安定亭”（三正、背）、“駟□亭”（二正）及“亭長”（三八背、六正、二八正）、“中部亭長”（三八背）等；“郵亭”有“郵亭長”（二八背）、“郵亭掾”（三正、背、一〇六正、二正）等。還有與“郵亭”有關的“馬驛”（一五四正）、“驛馬”（一正）、“驛卒”（七正）等[五]。按：漢代的郡一般都分部，少則二部，多則五部，其中郡治之縣大多為中部。可以推測，簡牘屢次提到的“中部”，應指長沙郡的中部，具體來說就是臨湘縣。此外，簡牘提到的各種不

---

［一］ 關於封緘的性質，學者意見頗有分歧。羅布淖爾出有“居盧訾倉以郵行”漢簡。黃文弼認為：“此言‘居盧訾倉以郵行’，蓋為居盧訾倉通告各驛舍之文書也。又綜合各地木簡所記，漢時傳遞簡牘法約有三種：一曰以郵行，所以傳遞普通文書，如此簡是也；一曰以亭行，如云‘居延都尉府以亭行’，則為居延都尉府通告各亭之文書；一曰以次行，如云‘大煎都候官以次行’、‘玉門官隧以次行’，則為候官或隧長通告各候官之文書。”又認為：“以郵行者，按站傳遞；以亭行者，依亭傳遞；以次行者，依所居傳遞。”見《羅布淖爾漢簡考釋》，原載《羅布淖爾考古記》，中國西北科學考察團叢刊之一，一九四八年，收入《西北史地論叢》，上海人民出版社，一九八一年，三二二、三二五~三二六頁；又收入《黃文弼歷史考古論集》，文物出版社，一九八九年，三八四、三八六頁。居延亦出有形制相同的漢簡。徐蘋芳曾有解說，參閱本頁注釋［二］，這裏暫不引録。何雙全則定名為“緘”，認為：“（緘）與封檢區別是，這種緘不帶封匣，在木板上直書名稱，這些名稱有：居延都尉府、甲渠候官、……甲渠候官亭次走行、……甲渠官吏馬馳行。標誌着不同名稱，傳送路線和方式。這種緘，僅是封面形式，必有內容附着，但我們至今還未發現完整的原封，所以此緘如何封於內書尚不清楚。”見《居延甲渠候官簡牘文書分類與文檔制度》，《簡牘學研究》第一輯，甘肅人民出版社，一九九七年，六九頁。此處從何雙全之說。

［二］ 關於封檢的形制，解釋也不盡相同。《周禮・司市》鄭注云：“璽節章如今斗檢封矣。”孔疏云：“案漢法：斗檢封，其形方，上有封檢，其內有書。”又《説文》云：“檢，書署也。”徐注云：“書函之蓋也，三刻其上，繩緘之，然後填泥題書而印之。”解釋的實際都是封匣。徐蘋芳認為：“檢，是傳遞文書信劄和財物時所用的封檢。大體上可以分為兩種：一是用‘兩行’式的寬簡題署收信者的名稱和傳遞方式，如‘肩水候以郵行’。另一種是傳遞機密書信和財物時所用的加封泥蓋印章的封檢。機密書信用上下兩片木牘作成，下牘稱函，用以書信，上牘稱檢，封蓋函牘，檢上有捆繩的刻溝和置封泥的方孔，以便繩封蓋印。傳送財物時施於囊袋上的封檢，只有一片木牘，中間凹下，以便繩封蓋印。”見《簡牘》，《中國大百科全書・考古學》，中國大百科全書出版社，一九八六年，二二七頁。解釋的第一種封檢，以及傳送財物的封檢，實際均應是封緘（參閱本頁注釋［一］）。何雙全則認為：“這種封檢，由檢、封兩部分構成，但是一個完整體，即上部或下部多半是長木牘，書寫名稱，為檢；另一端即挖空用來紮繩，填泥，加印，為封，合稱封檢。”見前引《居延甲渠候官簡牘文書分類與文檔制度》，《簡牘學研究》第一輯，甘肅人民出版社，一九九七年，六八~六九頁。解釋似乎較為全面。

［三］ “郵亭”為寄送“文書”單位。如《漢書・平帝紀》元始五年正月詔云：“考察不從教令有冤失職者，宗師（郡國所置監督宗室之官）得因郵亭書言宗伯（即宗正），請以聞。”注云：“郵，行書舍也。言為書以付郵亭，令送至宗伯也。”同書卷八九《黃霸傳》云：“（霸為潁川太守）使郵亭鄉官皆畜雞豚。”注云：“郵行書舍，謂傳送文書所止處，亦如今之驛館矣。”二〇〇四年二月湖南郴州出土西晉簡牘也有“松柏郵南到德陽亭”、“長連郵西到深浦亭”等記載。當然，郵亭也還有其他職掌，譬如“司奸盜”等。參閱李解民《〈東海郡吏員簿〉所反映的漢代官制》，《簡帛研究》二〇〇一，廣西師範大學出版社，二〇〇一年，四一二~四一四頁。

［四］ “督郵”為郡府屬吏，職掌督察糾舉所領諸縣。如《後漢書》卷四三《何敞傳》記敞為汝南太守，云：“立春日，常召督郵還府。”注云：“督郵主司察愆過，立春陽氣發生，故召歸。”但從官名看，督察郵亭亦應為其要職。如同書卷四一《鍾離意傳》云：“鍾離意字子阿，會稽山陰人也。少為郡督郵。時部縣亭長有受人酒禮者，府下記案考之。意封還記。”同書卷四六《陳寵附子忠傳》注引《謝承書》云：“山陰馮敷為督郵，到縣，（施）延（為亭父）持帚往，敷知其賢者，下車謝，使入亭，請與飲食，脫衣與之，餉餞不受。”同書卷六七《黨錮・范滂傳》云：“建寧二年，遂大誅黨人，詔下急捕滂等。督郵吳道至縣，抱詔書，閉傳舍，伏床而泣。”

［五］ 《續漢書・輿服上》導從卒條“驛馬三十里一置”臣昭案云：“東晉猶有郵驛共置，承受傍郡縣文書。有郵有驛，行傳以相付。縣置屋二區。有承驛吏，皆條所受書，每月言上州郡。《風俗通》曰：‘今吏郵書掾、府督郵，職掌此。’”按：郵亭與傳驛並置，有所分工：郵亭主管郡縣以內交通，傳驛主管郡縣以外交通。

同名稱的“亭”，推測大多也都隸屬長沙郡尤其是臨湘縣。據此，還可進一步斷定：這批簡牘主要屬於長沙郡和臨湘縣的郵亭文書。

（二）屢次提到了長沙地方的官署和官吏。其中，除一處出現“州”字（二八正），一處出現“李使君”（一八正），與州及刺史似乎有關外[一]，其餘提到的均為郡縣特别是長沙郡和臨湘縣及其所屬官吏。關於郡特别是長沙郡，屢次提到“郡”（五三背、一六五正）、“府”（二五、七五正、一〇四正、五〇正、一五一正、三八背、七一正、背）、“明府”（八正）[二]、“府丞”（二九背）、“府五官［掾］”（七正）、“長沙”（一五四背）、“長沙大守”（八八背）、“長沙大守從掾”（九四正）等；關於縣特别是臨湘縣，屢次提到“縣”（五八正）、“廷”（一七二正、一九八正、四一正）[三]、“臨湘”（一〇〇正、一二二正、二正、四七背、一二八正）、“監臨湘”（五正）、“臨湘令”（一五四背）、“臨湘長”（一二八正）、“臨湘守令”（一二正）、“臨湘丞掾”（一正）、“廷衙史”（七五背）等。還有“郡縣”（一四六正）、“府縣”（五五背）一類並稱之例。據此，還可更進一步斷定：這批簡牘主要屬於長沙郡和臨湘縣通過郵亭收發的公私文書。

餘下的問題是，這批主要屬於長沙郡和臨湘縣通過郵亭收發的公私文書，為何在東牌樓第七號古井埋藏？或以為有可能是因為動亂。因為東漢後期，長沙地區蠻賊暴亂頻繁。如《後漢書・桓帝紀》延熹五年（一六二年）八月條云：“艾縣（屬豫章郡）賊焚燒長沙郡縣，寇益陽，殺令。”注引《東觀記》云：“時賊乘刺史車，屯據臨湘，居太守舍。賊萬人以上屯益陽，殺長吏。”蠻賊不僅佔領了臨湘，還住進了長沙太守府。靈帝後期也難免發生過這種情況。當地官吏感到恐慌，在逃命之前，將這批公私文書抛棄到井裏。但這種推測恐怕難以成立。因為：（一）前面曾經談到，這批簡牘正式出現的年號，最早為建寧四年（一七一年），最晚為中平三年（一八六年），時間跨度長達將近二十年，想必在抛棄到井裏之前，其中不少就已經成為可以廢棄的文書。（二）此外，如下文所介紹，這批簡牘中，習字佔了較大比例，不僅有專門的習字簡，正式的文書中也間有習字，還有一些圖畫，也説明在抛棄到井裏之前，這批簡牘不少就已經完全廢棄。因此，正確的解釋應是：這批主要屬於長沙郡和臨湘縣通過郵亭收發的公私文書，原是一些廢棄的郵亭文書檔案。如所周知，在中國古代，官府檔案過期是要廢棄的。漢魏之制雖不可考，但《周書・高昌傳》記麴氏王國的制度是：“平章録記，事訖即除，籍書之外，無久掌文案。”即除了户籍等之外，其他文書檔案，事情辦完即予廢棄，從不長期保管。麴氏王國的制度大都脫胎中原。《唐律疏議》卷一九賊盜律盜制書及官文書條疏議引《唐令》亦稱：“文案不須常留者，每三年一揀除。”漢魏之制亦當近似。真實的情況應是：當時，臨湘縣的郵書、郵亭等單位應該就在該古井附近。這些單位的文書檔案，年久廢棄，小吏先用來習字和圖畫，後來發現再無其他利用價值，就將它們棄置到該古井了。

---

［一］“使”為州刺史舊職，故刺史亦稱“使君”，尊稱為“明使君”。《三國志・蜀書・先主傳》記劉備領徐州刺史，曹操曾從容謂備云：“今天下英雄，唯使君與操耳。本初之徒，不足數也。”同志《吴書・孫策傳》注引《江表傳》記袁術為揚州刺史，孫策到壽春見袁術，涕泣而言曰：“亡父昔從長沙入討董卓，與明使君會於南陽，同盟結好。不幸遇難，勳業不終。策感惟先人舊恩，欲自憑結，願明使君垂察其誠。”

［二］“府”為郡署專稱，故郡太守亦稱“府君”，尊稱為“明府”。如《三國志・吴書・諸葛恪傳》云：恪為丹楊太守，“到府，乃移書四郡屬城長吏，令各保其疆界。”又孫堅為長沙太守，同書《孫破虜（堅）傳》注引《吴録》記荆州刺史王叡稱堅為“孫府君”。同書《劉繇傳》注引《續漢書》記繇伯父寵先為會稽太守，有德政，及徵為將作大匠，百姓來送，稱：“自明府下車以來，狗不夜吠，吏稀至民間，年老遭值聖化，今聞當見棄去，故戮力來送。”

［三］“廷”為縣署專稱。《墨子・號令》云：“符傳疑，若無符，皆詣縣廷言，請問其所使。”《後漢書》卷六八《郭太傳》云：“早孤，母欲使給事縣廷。”同書卷三〇下《郎顗傳》記顗父宗為吴縣令，朝廷以博士徵之，宗“聞徵書到，夜縣印綬於縣廷而遁去”。郡“五官掾”在縣稱“廷掾”，也是因為這個緣故。

## 三　長沙東牌樓東漢簡牘的内容與類别

需要强調的是，斷定這批簡牘主要屬於長沙郡和臨湘縣通過郵亭收發的公私文書，並不是説這些公私文書就只是一些公文和私信。因為，還有一些其他内容的簡牘混入。所以，這批簡牘的數量雖然不多，但細分起來類别卻不少。這批簡牘共二〇六枚，經過拼合（一一七由兩枚拼合為一件）和分析（五六、八五、八六正、背各分析為二件），成為二〇八件。我們對這二〇八件簡牘文書進行整理，為了照顧各部分的平衡，根據形制和内容，先分為五大類，然後再分為若干小類。現將分類的情況及原因介紹如下。

第一大類為公文，共二三件，約佔全部簡牘的九分之一。分為封緘、封匣、封檢、文書四個小類。關於封緘、封匣、封檢的區别，本文第二部分介紹形制和性質時曾經談到，這裏不再重複。第四小類文書，既是這一大類的主體，也是整個郵亭文書的重要組成部分。文書主要包括地方各級官曹之間的行文，以及地方下級官吏對上級官吏的上言。但由於簡牘大都殘斷漫漶，釋文極少完整，文書的界定實際上並不容易。特别是一些根據片言殘句界定的文書，並不一定正確。

第二大類為私信，共五一件，約佔全部簡牘的四分之一。分為封緘、封檢、書信三個小類。關於封緘、封檢的區别，本文第二部分介紹形制和性質時也曾經談到，這裏也不再重複。第三小類書信，既是這一大類的主體，也是整個郵亭文書的重要組成部分。書信主要包括地方官吏的家書，以及地方官吏之間的書信。但由於簡牘大都殘斷漫漶，釋文極少完整，書信的界定實際上也並不容易。此外，不少書信係用章草和口語寫成，不僅難認，而且費解，也給界定增加了難度[一]。

第三大類為雜文書，共六七件，約佔全部簡牘的三分之一。分為事目、户籍、名簿、名刺、券書、簽牌、雜帳、其他八個小類。其中，有三個小類需要略作解説。首先是事目。這個小類的定名，參考了吐魯番出土的《唐永昌元年（六八九年）前事目歷》[二]、《唐開元九年（七二一年）前後館驛文書事目》[三]。其次是名刺。長期以來，一直認為現在通行的“名片”，西漢稱“謁”（或稱“名謁”），東漢稱“刺”（通稱“名刺”）。最近幾年，這種見解開始有所變化[四]。實際上，“謁”類似唐宋的“門狀”[五]、明清的“拜帖”[六]，“刺”才類似現在的“名片”，二者也確是有區别的。但由於該古井出土“謁”、“刺”數量不多，這裏不加區分，統稱為名刺。最後是其他。此小類性質與附録近似，所收主要是一些難以歸類和難以確定性質的簡牘。完整的不多，其中，《熹平元年（一七二年）覃超人形木牘》（一一七）

[一]　長沙吴簡亦有類似例證。譬如有一封書信（木牘），原文為：“方白：且往不得仁在昨所屬張阿坐賊事。仁為於左賊左決雒求其事親親故相（以上正面）歸付必義用意有上下相付也。且辭小母不得，大小佑累，萬事不憂。方白。（以上背面）”見長沙市文物工作隊、長沙市文物考古研究所《長沙走馬樓二十二號井發掘報告》，《長沙走馬樓三國吴簡・嘉禾吏民田家莂》上册，文物出版社，一九九九年，三四頁（圖四六）、三五頁（釋文）。釋文沒有問題，卻難以斷句。

[二]　國家文物局古文獻研究室、新疆維吾爾自治區博物館、武漢大學歷史系編《吐魯番出土文書》（釋文本）第五册，文物出版社，一九八三年，二六七頁；中國文物研究所、新疆維吾爾自治區博物館、武漢大學歷史系編《吐魯番出土文書》（圖文對照本）［貳］，文物出版社，一九九四年，三〇二頁。

[三]　國家文物局古文獻研究室、新疆維吾爾自治區博物館、武漢大學歷史系編《吐魯番出土文書》（釋文本）第八册，文物出版社，一九八七年，一七八～一八一頁；中國文物研究所、新疆維吾爾自治區博物館、武漢大學歷史系編《吐魯番出土文書》（圖文對照本）［肆］，文物出版社，一九九六年，八三～八四頁。

[四]　參閲劉洪石《謁・刺考述》，《尹灣漢墓簡牘綜論》，科學出版社，一九九九年，一三九～一四三頁。

[五]　關於“門狀”，參閲宋陸游《老學庵筆記》卷三、宋孔平仲《談苑》卷四、清王士禎《香祖筆記》卷八及清趙翼《陔餘叢考》卷三〇。

[六]　按：《後漢書》卷七九《儒林下・蔡玄傳》“狼狽折札之命”條注云：“札，簡也。折簡而召，言不勞重命也。”明周祈《名義考》卷六云：“折簡猶今拜帖。”明方以智《通雅》卷三一云：“折簡折而疊之也。”又云：“專以尺牘所書為帖，若今俗則呼名刺為拜帖矣。”“折札”並非“拜帖”，解釋未見妥當。

難以歸類（見下文），《何黑白為與謝立待持本相與隨嫁事》（一一八）難以確定性質。此外，也大都屬於殘斷漫漶，難以歸類和難以確定性質的簡牘。

第四大類為習字，共一九件，約佔全部簡牘的十一分之一。其下不分小類。對於習字，原來並不準備進行釋文。後來所以又進行了釋文，是因為在整理過程中發現，其中並非全屬胡亂塗鴉，有些也還是很有價值的。譬如《朝東谷等習字》（一四三正），所寫"朝東谷，息老物；朝東谷，昨何在"，似為習詩，可補漢詩之闕。又譬如《羊角哀等習字》（一四六正），有兩點值得注意：（一）所寫"羊角哀、左伯桃"，典出《後漢書》卷二九《申屠剛傳》注引《烈士傳》，應是民間長期流傳的故事。（二）所寫"羊角哀"之"羊"及"差"、"羨"、"恙"、"兼"、"美"、"義"等字，均從"羊"部，但與《説文解字》分部不同，似根據當時流行的其他字書而寫。説明即使是習字，其價值也不應忽視。

第五大類為殘簡，共四八件，約佔全部簡牘的四分之一。其下也不分小類。此大類簡牘，有的殘斷不全，有的漫漶難辨，總之都是無法進行釋文。但由於原本也屬郵亭收發的公私文書，也不能説完全沒有價值。譬如《卒以殘簡》（一〇四三），提到"▨暑，人悉▨"，大意是説天氣太熱，人都如何如何，對瞭解當時長沙的氣候提供了依據。又譬如《醴陵殘簡》（一六〇），正、背都提到"醴陵"，為長沙郡屬縣，故城在今湖南株洲市東南，為研究這批簡牘的內涵提供了新的信息。説明即使是殘簡，也不能認為沒有意義。

## 四　長沙東牌樓東漢簡牘的價值與意義

這批簡牘數量雖然不多，價值與意義卻十分重要。姑且不論作為主體的郵亭文書，宏觀上對整個漢代公私文書收發的研究，有着怎樣的價值與意義[一]。即從全部文書的內容看，也是很有價值和很有意義的。我曾對其中包括《建寧四年（一七一年）益成里户人公乘某户籍》在內的四件"户口簿籍文書"（八二、八一、八〇、七九）以及《中平五年（一八八年）後臨湘守令臣肅上言荊南頻遇軍寇文書》（一二）、《光和六年（一八三年）監臨湘李永、例督盜賊殷何上言李建與精張諍田自相和從書》（五）等簡牘進行過考釋，對其價值與意義進行過充分的肯定[二]。這裏再舉三件，進行簡略評介。

（一）某日刑案事目（七八）

本件為木牘。下部殘斷。正面存文三行，小字。背面存文一行，大字。正面為行楷，背面為草書。正、背書體不同，內容亦異，關係不明。釋文如下：

（正面）

1　津史唐存、捕盜史黃敷、牛者趙周索取錢糧□。

2　□□人男子鄧還、鄧甫對鬪，皆□從。

3　□□□□男子胡杲殺李□妻妾□。

（背面）

欲見金曹米史，勑令來

本件正面應是一件刑案事目。正面所見"津史"、"捕盜史"，雖然史籍未見，但均應為郡、縣列曹屬吏之一，前者專掌修治津梁道路，後者專掌搜捕流寇盜賊。正、背所見"唐"、"黃"、"趙"、"鄧"、"胡"、

---

［一］　參閱汪桂海《漢代文書的收發與啓封》，《簡帛研究》第三輯，廣西教育出版社，一九九八年，三二〇～三二七頁。

［二］　王素《長沙東牌樓東漢簡牘選釋》，《文物》二〇〇五年第十二期，六九～七五、四〇頁。

“李”、“米”均為長沙大姓，屢見於長沙吴簡。此刑案事目格式，與江蘇連雲港市花果山雲臺磚廠附近出土的西漢刑案簡牘大體相似。該西漢刑案簡牘存文六行，釋文如下：

1　榮成里徐譚十月十四日甲辰，□□以刀刺西長里孫宣☑

2　利□桑未宣梁里徐竪十月十七日丁未，賣刀□刃共傷衛何十八☑

3　永昌里未毋□十一月二日，人侍□□刀刃□傷衛滿里徐二☑

4　□知何人十一月六日乙丑夕，以刃傷利成里孫子游□賴頭☑

5　☑强盗所□胡母長子皂衣一莢十七，俞君孫皂衣錢五十□☑

6　鄉錢百一十並直三千四百[一]

不同的是，該西漢刑案簡牘記明月日，而本刑案事目未記時間。推測該西漢刑案簡牘所記是某年的刑案事目，而本刑案事目所記是某日的刑案事目。我們知道：漢簡所見刑法類文書，西漢較多，東漢極少。據此，本刑案事目就已具有填補空缺的價值與意義。

（二）中平三年（一八六年）何君□從伍仲取物券（一〇〇）

本件為木簡。下部殘斷。正、背各存文一行，部分漫漶。釋文如下：

（正面）

中平三年二月桐丘男子何君□從臨湘伍仲取☑

（背面）

十月當還。以手書券信。　同文☑

這應是一件中平三年二月，桐丘男子何君□從臨湘伍仲處借取某物，承諾同年十月歸還的券書。“桐丘”為長沙丘名，長沙吴簡屢見“桐丘”，以及與之相關的“桐山丘”、“桐佃丘”、“桐唐丘”等。“何”、“伍”均為長沙大姓，也屢見於長沙吴簡。最重要的是“同文”二字。此二字為濃墨粗筆，均僅存右半，顯然是作為“合同”的符信。《周禮・秋官・士師》鄭玄注云：“今時市買，為券書以別之，各得其一，訟則按券以正之。”所謂“同文”，就是説，除“同文”二字一剖為二外，“各得其一”的那部分文字完全相同。關於古代契券形制的研究，如所周知，自王國維先生以降，堪稱頗不乏人。最近，胡平生等先生對長沙三國吴簡“嘉禾吏民田家莂”所見合同符號進行研究，注意到其中也有“同文”二字符號，並指出：“我們釋出了田家莂券書上的合同符號有過去所不知的‘同文’二字形式，為證明‘同’表示券書文字相同，提供了重要的證據。”[二]而本券作為“同文”二字出現更早的例證，較“嘉禾吏民田家莂”提前了五十年，其價值之珍貴與意義之重要可想而知。

（三）熹平元年（一七二年）覃超人形木牘（一一七）

本件為木牘。原從中斷為二片，現拼合為一件。應該是先刻為人形，再在正面上部描畫眉、眼、鼻、口、胡須及軀干，最後才在下部及背面寫字。上中部有一圓孔，似為穿繩懸挂之用。正面存文三行，背面存文二行。釋文如下：

（正面）

1　　　　六月甲申朔廿二乙卯，謹遣小史覃超

2　熹平元年

---

［一］　李洪甫《江蘇連雲港市花果山出土的漢代簡牘》，《考古》一九八二年第五期，四七六（釋文）、四七七頁（摹文）。

［二］　胡平生、汪力工《走馬樓吴簡“嘉禾吏民田家莂”合同符號研究》，《出土文獻研究》第六輯，上海古籍出版社，二〇〇四年，二五〇頁。

3　　詣在所，到，敢問前後所犯為無狀。家富（?）

（背面）

1　有如肥陽、玉角。所將隨從，飲食易得。人主傷心不易識。超到言

2　如律令。故事：有陳者，教首。書者員悜、李阿。六月廿二日白。

這可能是一件死者覃超給道、巫世界的上言。先詮釋幾處小問題：正面第一行“廿二”下脫“日”字；同行“乙卯”之“卯”，據前面“甲申”順推，應為“巳”字之誤；第二行“喜平”之“喜”，應為“熹”之通假。背面第一行“肥陽”之“陽”，應為“羊”之通假；第二行“教首”上似脫一“為”字。此外，正面第一行“小史”，郡、縣門下屬吏之一；背面第二行“如律令”，慣用語，漢魏以降墓葬出土墓券文、鎮墓文、隨葬衣物疏常見。再對幾個稍大問題進行解說。

正面第二行“熹平元年”之上，為前述人形圖畫。類似例證有：（一）武威出土《前涼建興廿八年（三四〇年）王洛子松人解除簡文》，原為長方形木板，正面中間墨繪一偶人，著袍褂，作揖，題曰“松人”。正、背空白處寫解除文，多達四五百字[一]。（二）吐魯番出土《麴氏王國建國（五〇一年）前張龍勒桃人木牌》，正面上部有一圖案，已經漫漶，推測亦為人形，正、背空白處為文字，首稱“桃人一枚”，云云[二]。還有幾例，不贅舉。按：古代人死，喜用偶人陪葬，不僅有“松人”、“桃人”，還有“柏人”、“鉛人”、“錫人”等，用以解除、驅邪、代殃、守墓等。但本人形木牘作用與此似乎不盡相同。

正面第三行“在所”，即所到之處，此處似乎是指某神仙所到之處。當時天子所到之處稱“行在所”，其他人等所到之處稱“在所”。蔡邕《獨斷》卷上云：“漢天子……所在曰行在所。”又云：“天子自謂曰行在所，猶言今雖在京師，行所至耳。”《史記》卷一一一《衛將軍列傳》云：“囚（右將軍蘇）建詣行在所。”《漢書》卷九九下《王莽傳下》“留（巨無）霸在所新豐”條注云：“在所，謂其見到之處。”同書卷三九《曹參傳》云：“引兵詣漢王在所。”又卷六九《趙充國傳》云：“充國引兵至先零在所。”又卷九四下《匈奴傳下》云：“殺郅支（單于）使，持頭送（西域）都護在所。”

背面第一行“玉角”，原指玉製酒器，又常代指仙鹿或形容仙鹿之角，道教常用。唐孟郊《孟東野集》卷七《答盧仝》詩云：“獨自奮異骨，將騎玉（一作“白”）角翔。”明杭淮《雙溪集》卷八《懷黃明甫》詩云：“天上麟兒生玉角，人間王母降瑤臺。”宋佚名《錦繡萬花谷·前集》卷二六凶兆類上帝司糾條引《古今詩話》云：“朱明復渡湘，見公（呂誨）乘玉角青鹿，左右數百人。明復拜曰：‘公已仙乎?’公曰：‘吾侍上帝南游。’口佔一篇，落句云：‘我今從帝為司糾，更有何人植栢臺。’數日間謝世。”宋江少虞《事實類苑》卷四八休祥夢兆類呂端公條、宋曾慥《類說》卷五二秘閣閑談類玉帝賜清涼丹條記載略同。

背面第二行“書者員悜、李阿”：“李阿”，應為神仙名。晉葛洪《神仙傳》卷三李阿條云：“李阿者，蜀人也。蜀人傳世見之，不老如故。常乞於成都市，而所得隨復以拯貧窮者，夜去朝還，市人莫知其所宿也。或問往事，阿無所言，但佔阿顏色，若顏色欣然則事皆吉，若容貌慘戚則事皆凶，若阿含笑者則有大慶，微歎者則有深憂，如此之候，未曾不審也。有古强者，疑阿是異人，常親事之。試隨阿還所宿，乃在青城山中。强後復欲隨阿去，然身未知道，恐有虎狼，故持其父長刀以自衛。阿見之，怒曰：‘汝隨我行，何畏虎耶?’取强刀擊石，折敗。强竊憂刀敗，至旦復出隨之。阿問曰：‘汝愁刀敗耶?’强

［一］　王素、李方《魏晉南北朝敦煌文獻編年》，臺北新文豐出版公司，一九九七年，二八八～二八九頁。另參饒宗頤《記建興廿八年“松人”解除簡——漢“五龍相拘絞”說》，《簡帛研究》第二輯，法律出版社，一九九六年，三九〇～三九一頁。

［二］　柳洪亮《吐魯番阿斯塔那古墓群新發現的“桃人木牌”》，原載《考古與文物》一九八六年第一期，三九～四〇頁，收入《新出吐魯番文書及其研究》，新疆人民出版社，一九九七年，一五八～一六二頁。

言：‘實恐父怒。’阿即取刀，以左右手擊地，刀復如故，以還强。强逐阿還成都，未至，道次逢奔車，阿以腳置車下，轢其腳脛，皆折，阿即死。强驚視之，須臾，阿起，以手抑按腳，復如故。强年十八，見阿色如五十許人。至强年八十餘，而阿猶如故。後語人云：‘被昆侖山召，當去。’遂不復還耳。”按：宋編類書如《雲笈七籤》卷一〇九李阿條、《太平廣記》卷七神仙類李阿條、《太平御覽》卷三四五兵部刀條、同書卷八二七資産部市條引《神仙傳》均略同，但均未記李阿為何時人。唯明曹學佺《蜀中廣記》卷七三神仙記類川西道條引《太霄經》云：“吴大帝時，蜀中有李阿者，穴居不食，累世見之，號曰百歲翁。……”始繫於孫吴之初。但似乎並不可信。吐魯番出土高昌時期隨葬衣物疏最後常見“倩書張堅固、李定度”，或作“倩書張定度、李堅固”。此處“書者員悝、李阿”性質與此相同。馬雍先生曾經指出：“張堅固、李定度”都是“這種迷信文字上習見的神仙名字。”[一]據此，不僅“李阿”應為神仙名，前面的“員悝”亦應為神仙名。

綜合以上詮釋和解説，雖然還有一些問題，譬如背面第一行“人主”云云，第二行“故事”云云，確切含義還不太清楚，但仍可認為：這應是一件死者覃超給道、巫世界的上言。東漢末期，特别是黄巾起事前後，神仙道教與民間巫俗盛行，人們對死後世界的追尋也呈現多樣化。此前，一些關於死後世界的觀念，僅見於墓葬出土墓券文和鎮墓文[二]。本人形木牘的出土，提供了瞭解當時此類觀念的最新材料，其價值之珍貴與意義之重要也可想而知。

---

［一］ 馬雍《吐魯番的“白雀元年衣物券”》，原載《文物》一九七三年第一〇期，收入《西域史地文物叢考》，文物出版社，一九九〇年，一二五頁。

［二］ 有關成果甚多，重點可以參閲：余英時著、侯旭東等譯《東漢生死觀》，上海古籍出版社，二〇〇五年（原為英文，一九六二年出版）；原田正巳《墓券文に見られる冥界の神とその祭祀》，《東方宗教》第二九號，一九六七年，一七~三五頁；吴榮曾《鎮墓文中所見到的東漢道巫關係》，《文物》一九八一年第三期，五六~六三頁；江優子《後漢時代の鎮墓瓶における発信者について》，《佛教大學大學院紀要》第三二號，二〇〇四年，七一~八二頁；荒川正晴《トウルフアソ漢人の冥界観と佛教信仰》，《中央アジァ出土文物論叢》，京都朋友書店，二〇〇四年，一一一~一二六頁。等等。

# 長沙東牌樓東漢簡牘的書體、書法與書寫者

## —— 兼談漢朝課吏之法、“史書”與“八體六書”

劉 濤

二十世紀初以來，從西北到東南，敦煌、居延、武威、江陵、長沙、臨沂、連雲港等地出土了大量漢簡。這些漢簡的書寫年代，自西漢而新莽以至東漢中期，唯東漢後期簡牘非常罕見，形同空白。新近出土的長沙東牌樓東漢簡牘（以下簡稱“東牌樓漢簡”）填補了這個空白，使存世的漢簡在大的歷史時段上可以構成一個連續的系列。

這批漢簡寫於東漢後期的靈帝時代，靈帝使用的建寧、熹平、光和、中平四個年號都可見到，早者建寧四年（一七一年），晚者中平三年（一八六年）。其中有字簡牘約兩百餘枚，字數約在五千上下。顯示的書體非常豐富，不僅有篆、隸、草書，還能見到前出漢簡未見的早期行書、正書，且有不同的書寫樣式。

本文討論東牌樓漢簡的書體、書法與書寫者，以及這批漢簡對於研究漢晉書法史的重要價值。從書法的角度整理東牌樓漢簡，辨認書體是一項必不可少的基礎工作，也是研究東漢後期書法不可回避的問題。而辨別這批漢簡書體的難點在於行書、正書，所以本文首先辨析這兩種書體的早期形態特徵。東牌樓漢簡的書寫者主要是地方政府的掾吏，為了判斷他們的書法水準如何，本文還要討論漢朝的課吏、學吏以及“史書”等問題。

### 早期正書、行書特徵的辨析

我們説東牌樓漢簡書跡具備五種書體，是以今天習見的形態為參照，乃回溯式的“今之視昔”。具體説來，東牌樓漢簡中的篆書、草書容易辨別，有波挑的隸書也容易確認，因為這三種書體的形態與寫法在東漢後期已經定型，與後世的形態亦無多大差異。辨別東漢後期的正書、行書則非常麻煩，因為這兩種新書體都脱胎於隸書，它們的早期形態又與俗筆隸書的某些特徵糾纏在一起。我們看到，一些行書、正書都帶有連筆，都有省並的寫法；有些草率的隸書也有簡省的連筆，與正書的關係似乎是一筆之轉。

東牌樓漢簡中那些難以分辨體勢的書跡，即兼有兩種書體形態或寫法的書跡，大體可以分為以下兩種類型：

第一類，書體形態介於俗筆隸書與早期正書之間。

第二類，書體形態介於俗筆隸書與早期行書之間，或介於早期正書與早期行書之間。

造成書體特徵模糊的原因有多種，或隨便而僞略，或急迫而草率，或趨從當時便當的俗寫體勢。在東漢書寫者那裏，只要下筆寫字，其運用的書體在他是瞭然於胸，時人亦觸目即曉。而我們習見魏晉名

家筆下的正書、行書樣式，一旦面對這兩種書體的早期形態，由於演變的軌跡不詳，辨別這類漢朝俗寫書跡的書體歸屬就成了一道難題。

就筆者所見，啓功《古代字體論稿》、裘錫圭《文字學概要》對早期行書、正書有過討論或描述。他們注意到考古出土的某類漢晋俗寫書跡不同於工整的隸書，為了有所區别，便採用“新隸書”這個概念來指稱，並且審慎地推斷出早期正書、行書的一些特徵。我們可以通過他們的相關分析和論斷獲得啓發。

一、“新隸書”與早期正書

啓功先生討論“八分”時，注意到不見於漢代正式碑版上的漢隸俗寫體，其重要特點是：横畫起筆無“蠶頭”、收筆無“燕尾”，他稱這類字跡是當時的“新俗體”、“新隸書”，並認為“實是後世真書的雛形”[一]。南朝人稱楷書為真書，亦稱正書。所謂“真書的雛形”，可以理解為早期正書。

裘錫圭先生採用了“新隸書”概念，他認為，“大約在東漢中期，從日常使用的隸書裏演變出了一種跟八分有明顯區别的比較隨便的俗體。在東漢後半期，雖然士大夫們相競用工整的八分書勒石刻碑，一般人日常所用的隸書却大都已經是這種俗體了”。“為了區别正規的隸書，我們姑且把這種字體稱為新隸書”。裘先生也注意到了“這種俗體隸書”的寫法“在很大程度上拋棄了收筆時上挑的筆法，同時還接受了草書的一些影響，如較多地使用尖撇等，呈現出由八分向楷書過渡的面貌”[二]。

由此可見，“新隸書”是相對工整而有波磔的隸書而言，是對當時俗寫體勢的寬泛指稱，並非狹義的字（書）體概念。由於“新隸書”包容多種書體的“元素”，既有東漢“一般人日常所用的隸書”，也包含“後世真書的雛形”。所以存在析為不同書體形態（或某些書體的早期形態）的可能性。

欲從體態方面區分東漢時期俗筆隸書與早期正書，啓功、裘錫圭先生提到的“新隸書”的重要特徵值得注意，即横畫（主要是長横）收筆没有隸波；從書寫的角度説，就是省略了上挑的筆法。這是一個很重要的提示。如果以横畫為例來看早期正書的特徵，由於東漢許多草率的隸書都無明顯隸波，所以收筆形態有無隸波還不是區别隸書與正書的關鍵指標，筆者以為，正書與隸書的横畫最為顯著的區别在於收筆的頓按，這是早期正書的一大特點，而且後來成熟的正書發展了這種簡便實用的筆法。因此，我們區分早期正書與俗筆隸書，是將横畫收筆有無頓筆的下垂形態作為重要標準。就東牌樓漢簡而言，凡結體平正，横平竪直，横畫收筆即使没有明顯隸波，只要用筆是平出，都歸為當時日常所用的俗筆隸書。凡横畫收筆有頓按且用筆收斂，結字較為緊凑者，皆視為早期正書。為了避免誤解，這裏我們還要稍作説明：東漢後期的靈帝時代，正書還没有獨立為一種書體，但是東牌樓漢簡書跡中已經存在非常接近後世正書的形態，是比“正書之祖”鍾繇正書書跡還要早的正書形態。

二、“新隸書”與早期行書

裘錫圭先生還論及“新隸書”與早期行書的關係：“東漢後期已經出現了帶有較多草書筆意的新隸體，前面舉過的熹平九年陶瓶上的文字就是一例。早期行書應該就是以這種字體為基礎，通過在筆畫的寫法和文字的結體上進行美化而形成的”；他還指出：“早期行書是一種有獨特風格的新字體。它既不是有些字寫成新隸體有些字寫成草書的雜凑字體，也不是新隸體的草體”；有的早期行書，“由於在筆法和結體上有自己的特點，仍然很容易跟新隸體區别開來。”裘先生認為，曹魏晚期的景元四年簡（二六三年），以及時代不晚於東晋初期的署名“濟逞”及“超濟”的書信，“這種字體就是早期的行書”。按裘先生的意見，早期行書“在字形構造方面，除了採用少量草書偏旁外，跟新隸書没有多大不同；在書體上

---

[一] 啓功《古代字體論稿》，文物出版社，一九九九年，二八～二九頁。
[二] 裘錫圭《文字學概論》，商務印書館，一九八八年，八九～九〇頁，書後有附圖。

則受到草書的較大影響，比規整的新隸書活潑得多"，"稱得上是一種'風流婉約'的新體"[一]。裘先生的觀點發表於二十世紀八十年代，限於出土資料，所舉早期行書書跡偏晚。

按唐朝張懷瓘《書斷·中》記載，行書之祖"劉德升字君嗣，潁川人。桓靈之時，以造行書擅名。雖以草創，亦豐妍美，風流婉約，獨步當時。"行書當然不是劉氏一人所造，認他為歷史上第一位以行書名世的書家庶幾不差。我們推測，桓靈之世乃行書自立門户的形成期，東牌樓漢簡書跡正是寫於這一時段的書跡。令人驚異的是，三〇號簡、六九號簡所見行書樣式與古樓蘭發現的《正月廿四日》殘紙[二]非常相似，儘管時間懸隔百年，地域上一南一北。

東牌樓漢簡中的正書與行書形態也有模糊糾纏之處。形態是用筆造成的，尋繹用筆（書家喜好稱為"筆法"），有同也有異，但没有區分正書與俗筆隸書那么麻煩。前面已經提到，早期正書與俗體隸書的關鍵性差别在於横畫收筆的寫法和形態，而字的結構方面大體接近，而東牌樓漢簡中有這樣一類書跡：字體結構不同於草書，簡省草率的程度又高於早期正書。其特徵是：筆畫省略連並，横向筆畫左低右高之勢很明顯，字形偏於縱長，結構比較松散。這些特點顯然受到草書或者説草書筆勢的影響，但字的基本結構多本源隸書。筆者以為，這就是當時典型的行書。而那些容易與行書混淆的正書，連筆的程度較低，只是偶有簡省的連筆。

三、小結

這裏辨别書體的討論，受到啓功、裘錫圭先生有關"新隸書"論述的啓發。上文已經指出，他們提出這個概念，本是為了指稱東漢隸書俗寫體，細加分辨，實際包容的書寫體勢並非一種，涉及俗體隸書、早期正書和早期行書。當我們面對某一具體書跡來判斷書體的歸屬時，情况更為複雜。如果從書寫筆勢與字畫形態兩個方面分析，歸為"新隸書"這一家族的書跡雖然都帶有隸書母體的特徵，但是草率省並的程度有所不同，若依次分為三個層次的話，大體與俗體隸書、早期正書、早期行書相對應。

我們劃分早期正書與行書，主要是依據字畫形態，以及産生形態的書寫動作，即用筆與筆勢。然而實際的情况又是錯綜複雜，如果以"歷史同情"的立場來看，一些現在看似早期正書的書跡，或許當初書寫者本是作為隸書來寫的，由於草率簡省、書寫水平、個人習慣等原因，寫出的形態却像早期的正書。我們還看到，東牌樓漢簡中某些文書的前後筆調就不一致，有的前段為正書，後段近於行書；有的前段書跡寫作隸書，後段接近正書或者因潦草而類行書。這類書跡的書體如何判斷，還是一個棘手的問題。所以還須結合該簡書跡的主要筆調、突出的形態特徵來判斷。利用文本類型與内容，瞭解是下行文書還是上行文書，也是輔助分辨的一種手段。

我們對靈帝時期的書寫情况還缺乏瞭解和研究，當時有無行書、正書這兩個書體概念還是個問題，所以這裏給出這樣的劃分標準，只是一個初步的工作，還有待大家共同探討。

## 東牌樓漢簡各體書法述要

東牌樓漢簡出自多人之手，同類書體又有不同面貌，書寫形態非常豐富。由於當時書吏會寫幾種書體，一些不同書體的簡書很有可能出自一人手筆，但是缺乏署名的依據，現在難以確認。有些同類書體的

---

[一]　《文字學概論》，商務印書館，一九八八年，九〇～九一頁，書後有附圖。

[二]　圖見日本書道教育會議編《樓蘭發現——殘紙·木牘》〈スウエソ·ヘデイソヒ樓蘭王國展〉（一九八八～八九）紀念出版，一九八八年十月，一一頁。亦見侯燦、楊代欣編《樓蘭漢文簡紙文書集成》（第一册），天地出版社，一九九九年，一五二頁。

簡書，根據筆跡可以判斷為一人手筆：例如九三號簡與九四號簡背面，六號簡與七號簡。

這批簡書，字形有大有小。字徑最大者為一號簡，字高約二點三厘米，寬約五厘米，與漢碑字徑相若，乃當時的大字。字徑最小者為五號封檢，約在零點五厘米之內，當屬“細書”之類；而且單面字數最多，凡十行，三百七十餘字。下面按書體類型（以形成時間為序）簡略介紹東牌樓漢簡中的一些典型書跡。

一、篆書

僅一例，見一五四號木牘背面，約有九字，前四字“臨湘令㊣”較為清晰，餘字漫漶難辨。木牘下方約有十字，大小不等，應是習字。此牘篆書富有裝飾性，字字頂接，而且上下字之間筆畫相連。筆畫細勁盤曲，横向筆畫寫作俯勢的弧狀；有些筆畫的頭尾兩端帶有上翹的尖鋒。這種篆書樣式，與武威漢墓出土的東漢前期《壺子梁柩銘》（“姑臧西鄉閹導里壺子梁之柩”）[一]相似，當是鳥篆之類的書體。

《後漢書》記載，光和元年（一七八年）二月，“好學”且好作辭賦的靈帝“始置鴻都門學生”，“敕州郡、三公舉召能為尺牘辭賦及工書鳥篆者相課試，至千人焉”。當時“或獻賦一篇，或鳥書盈簡，而位至郎中，形圖丹青”[二]，工書者有了一條向上超升的途徑，激起了人們習寫鳥篆的熱情。靈帝時代盛行的鳥篆樣式，現在可以通過東牌樓漢簡看到，雖然字數很少，畢竟提供了印證文獻記載的實物。鳥篆的習寫者乃荆南長沙郡治所在的臨湘縣書吏，如果是趨應“鴻都門學”的召引而為之，其書寫時間當在光和元年二月之後。

啓功先生曾經以《壺子梁柩銘》鳥篆書跡為例，指出“秦漢所謂的蟲書鳥蟲書，衹是篆書手寫體的一種諢稱，與帶有小曲綫裝飾或鳥形裝飾及接近鳥狀的花體字似非同類。”[三]按東牌樓漢簡所見鳥篆形態，與先秦時代南方流行的“象形以為字”的鳥蟲一類篆書確有不同，但並非没有關聯。大概淵源先秦某種鳥篆，經過秦漢時代的流變，已經簡省繁復描狀的鳥形，衹是繼承了古代鳥篆的某些特徵，演化為一種顯示鳥形意味的手寫體篆書。

二、隸書

靈帝時期曾經發生一個與隸書有關的大事件：在設立“鴻都門學”前三年的熹平四年（一七五年），靈帝批準蔡邕等人正定《六經》文字的建議，刻立《熹平石經》於太學門外，“本碑凡四十六枚”，由大書家蔡邕書丹，採用的書體是通行的正體隸書。此舉震動海内，“後儒晚學，咸取正焉”，“觀視及摹寫者，車乘日百餘兩，填塞街陌”[四]。《熹平石經》魏晋時已經闕壞，今天惟見殘片，字畫方廣厚峻，具有“折刀頭”形態，是當時最為莊重的隸書，也是當時隸書的標準形態。

東牌樓漢簡中，隸書簡牘數量較多，而且形態非常豐富。將東漢這些日常文書與碑刻書跡結合起來看，構成簡書與碑刻、南方與北方、地方與中央的對比關係，便於我們瞭解當時隸書書法的種種狀態。由於書寫的文件類型有所不同，或是上行的公文及名刺，或是登録的簿記與簽牌，也有私信及封檢，還有書寫者個人的因素，所以有的寫得嚴謹正規，有的寫得草率隨便，這裏大體分為三種類型。

（一）標準隸書

此類隸書波挑分明、結字周正。以九四號簡為典型。該簡正面書“長沙大守從掾文□”，背面書“門下功曹史邵弘”，結體平正，字形横扁，横筆、捺筆伸展，波挑分明。尤其是背面的書跡，全用筆鋒寫出，筆畫格外細勁。“下”字横畫細長，一掠而過，起筆處猶能寫出“折刀頭”狀；收筆處不按筆，作平

---

[一] 圖見《武威漢簡》，中華書局，二〇〇五年，圖版貳拾叁柩銘。
[二] 分見《後漢書》卷八《孝靈帝紀》並李賢注、卷六〇下《蔡邕傳》、卷七七《陽球傳》。
[三] 《古代字體論稿》，文物出版社，一九九九年，二三頁。
[四] 《後漢書》卷六〇下《蔡邕傳》及李賢注引《洛陽記》。

波狀。“曹”字長横的收筆則是另一種處理方式，只是向上方輕輕提筆，狀若一挑。這兩種隸波，我們不妨稱之為“平波”與“竪波”。

字數多達三百餘字的五號簡所見隸波形態更為豐富，“平波”與“竪波”皆能見到，還有“蠶頭燕尾”式的隸波。僅半厘米見方的小隸書，能寫出“蠶頭燕尾”的形態，可見書寫者書法功力之深。值得注意的是，比起九四號簡背面的“竪波”，此簡的寫法和形態更為顯著：不少長横往往露鋒起筆，順勢横過，前細後粗，收筆處上挑。作者不僅如此寫横畫（如第四行“重”），也這樣寫捺畫（如第三行“建”）。第十行“與”字的長横，幸有挑起的“竪波”，不然，此字與早期正書幾無區别。這位書吏是用筆鋒寫小字，書寫技巧嫻熟而運筆速度較快，由於是上行文書，還須保持隸書的樣式，才出現了那樣的“竪波”。

過去出土的漢簡隸書中，“平波”是常見的形態，而“竪波”很少見到。居延漢簡中偶於小字隸書中見到短促的隸波，形態接近“竪波”，但仍有斜度，不像東牌樓漢簡這樣向正上方挑出。這種“竪波”形態，西漢草書簡中已經存在，如《尹灣漢簡·神烏傅（賦）》[一]“祔”、“聖”兩字的横畫，“隨”、“之”兩字的捺筆。東牌樓漢簡這類正規隸書中存在的“竪波”，當然不是模仿草書的寫法，而是書寫速度迅捷造成的形態。

（二）裝飾性隸書

見一號木牘居中大字“臨湘丞掾驛馬行”。這是當時官府簽署的封緘，隸書樣式非常特别。書寫者將這七個字緊緊相叠，每個字的結構又是“密不透風”的嚴實。書寫者着意減少字内的空白，將竪畫寫得粗短，横畫緊叠。為了壓縮空白，對於字中那些撇捺之類的筆畫，書寫者採用了兩種處理方法：一種是平横化的方法，例如“丞”字，第一筆改作長横，又將“了”形兩側的撇捺改為横向筆畫排列起來。一種是縮短筆畫的手法，例如“掾”字，將右下方撇捺集中的“豕”部縮小。書寫者處理“點”畫也别有用心，例如兩個“馬”的四點，“驛”字“罒”中的短竪，“罒”下的兩點，皆作横向的連筆。這樣處理，既填充了空白，又富有書寫的意趣。最後“行”字横向舒張的兩筆盡邊，仿佛“畫刺”，也是一種裝飾手法。

這種别具一格的隸書樣式，當有預先的設計，或有其固定的程式。作者用筆活潑爽利，波挑分明，一揮而就，其書寫水平在當地書吏中應屬上乘。

（三）俗筆隸書

以“俗筆”稱這類隸書，是因為波磔翻挑之筆或隱或無，不如標準隸書那樣顯著，甚至有些横畫的收筆是自然地駐筆而止。筆畫的簡直化也是俗筆隸書的一大特徵，如“彳”旁的竪畫，正規隸書寫作彎鈎狀，而俗筆隸書省略為下垂的竪筆。還有長撇（如“人”、“月”、“鄉”的撇畫）的寫法，都弱化了弧度，大多直接引筆而下，寫成上粗下鋭的直撇。我們在漢碑中偶見直撇，如《劉君殘碑》[二]“歲”、“人”、“哀”的撇筆即是，然而漢碑中這樣的例子並不多，而且《劉君殘碑》的隸書水平不高，也近於“俗”。

俗筆隸書仍然保持着隸書“平劃寬結”的骨架。公文類的一八號簡最具特色。此簡兩面書寫，字形較大，横畫無“蠶頭”形態，結構端正方闊。但正、背兩面的用筆各有不同：正面“李使君所怨□狀曹比被幕府”十二字，筆畫匀稱，很少按筆；背面“掾前被書考故”六字則是横畫細，竪筆捺畫皆粗，提按

---

[一] 圖見《尹灣漢簡·神烏傅》，中華書局，二〇〇〇年，一一一～一五頁。

[二] 圖見《中國美術全集·書法篆刻編1·商周至秦漢書法》，人民美術出版社，一九八七年，一七八頁。

分明，更顯筆姿，與二二號簡背面“兼中部督郵”五字的筆跡特徵非常相似。

三、草書

東牌樓漢簡所見草書簡基本上是公文、私信之類的文書。七八號簡背面所書“欲見金曹米史勑令來”九字是大字草書，一行直下，筆畫瘦勁；“欲見”兩字結構寬展，而“令來”兩字收束，各顯姿態。“史”、“來”兩字的末筆都寫作長點，而無章草那樣的隸波。四三號簡正面所書“屬白書不悉送☐案解人名”，也是大字草書，筆畫較粗，筆勢依然流利；此簡背面是小字草書，草法結構比較規範，有些字畫近似王羲之的草書。就文字内容看，這兩簡皆屬下行文書。而一些上行文書的草書則拘泥草法，尚能見到一些章草書的筆意，如結字寬展，有些字最末一筆的收筆取平勢，以四八號簡最具代表性。

就東牌樓漢簡草書看，下行文書的書寫比上行文書隨意。這一現象大概與吏員的地位有關。上一級吏員作下行文書，不憚“書或不正，輒舉劾之”的制約，心態較為放鬆，而且他們慣用草書批文或者畫諾，熟悉草法。而低級書吏經常性的書寫體勢是隸書，當然有時也用草書作簿記，東漢《永元兵器簿》[一]即是，但畢竟不多。故多數書吏更熟悉隸書以及隸書的簡率寫法，即使寫草書，或出於“禮”的規約而拘泥草書法度；或因地位的緣故而心存求好之意，難免拘謹。我們由三三號簡草書看到一個有趣的書寫現象：此簡正、背兩面書跡，背面字大，筆畫敦厚，講究草法的一招一式，接近草書“楷則”，比較拘謹；正面字稍小，則寫得隨意一些，筆劃靈動，可謂“放手流便”。

總體説來，東漢後期臨湘地區書吏日常書寫的草書，有的規矩，接近“楷則”一類的草書。有的隨意，草書結構（草法）已經相當簡化，而且許多字中末筆有下引的映帶之勢，是一種有别於正規草書的俗寫形態。東漢後期還没有“今草”這個概念，但是東牌樓漢簡草書表明，“今草”的雛形在東漢後期已經出現。聯繫西晉衛瓘尺牘《州民帖》[二]所顯示的“草稿”書來看，有别於舊體章草的“今草”其來有自。過去皆稱東晉書家王羲之創制“今草”，現在看來，羲之的貢獻主要是完成了今草的改制，樹立了“今草”的典則。

四、行書

行書的形態比正書活潑生動，結構上又不像寫草書那樣受制於草法，是一種形態簡率、書寫便捷的書體。寫得規矩的行書接近楷書，稱為真行或行楷；帶有草法的行書，寫得放縱，稱為行草。從字體結構與筆畫特徵而言，即使成熟的行書，也是一種没有嚴格規則的書體。單從書寫的角度而言，寫行書比寫草書還要自由。

早期行書與早期正書一樣，也是草率一類俗筆隸書的近親，但是當時的行書已經吸收了一些草書的寫法。從東牌樓漢簡行書書跡來看，早期行書的大致特徵是：省並的連筆較多，結構比較鬆散，字形縱長。當時行書的簡率寫法有以下四種方式：

其一，省並筆畫。例如“亻”旁，兩筆並為一筆，寫為一斜竪，或者彎折的一筆；“心”寫作相連的三點，或者乾脆用一横替代；“為”字下面的四點，省並為一横。

其二，縮短筆畫。例如“言”字中間兩横、“命”字末筆長竪，寫如“點”狀；“人”、“今”、“愛”字的捺畫，寫作長點狀；寫“彳”旁，狀若縱向而下的三點。

其三，多用轉筆。例如“曰”、“卩”的横折或横折鈎之筆，多是圓轉而下。

其四，搭筆鬆散。例如“口”、“月”、“具”等包圍結構的“吻部”，即左上角先竪後横的接筆處，常

[一] 圖見《漢簡帛行草書》，上海書畫出版社，二〇〇三年，一～六頁。
[二] 圖見《中國美術全集·書法篆刻編2·魏晉南北朝書法》，人民美術出版社，一九八六年，四五頁。

常不相搭接，狀若缺口。

東牌樓漢簡行書，三〇號簡背面的書跡較為典型，筆畫瘦勁，横畫多順鋒一搨而下，呈前鋭後頓之狀，而且大多是左低右高的斜勢；竪畫大多右傾，收筆出鋒，很少駐筆；撇畫勁利，幾乎是一律的上鈍下鋭的直撇。其書寫的筆調與樣態，與古樓蘭遺址出土的魏晋行書《正月廿四日》殘紙十分相似；其中“悲痛”二字的“心”部，“為”、“無”二字的“灬”部，皆用草法，比古樓蘭魏晋行書更為簡率。

四九號簡為私信，正、背兩面書跡皆筆畫豐肥，正面多正書筆意，捺筆尤為粗厚，第一行結字皆作横張之勢，第二行結字變為縱長；背面字形趨小，更加簡率，“緣”之“糸”與今天簡寫法一致，“求”字逆行起筆，“休”、“使”之“亻”旁一筆而下，皆是採用草法；“乃”字竟是一筆書。

七號木牘所見六行小字，用筆爽利，但體態較為混雜。前四行是行書筆調，其中兩個“五”字，兩個“長”字，以及“文”字、“衮”字，筆畫姿態多變，可與後世的今體行書媲美。後兩行省並之筆減少，書寫者力顯翻挑之勢，又有正書的意味。由此可見，早期行書與早期正書或草率隸書有時如同一筆之轉，省並連屬之筆多，則為行書。也許這就是早期行書的“生存狀態”。

五、正書

公文類文書的一二號木牘是比較規整的早期正書，小字兩行，用筆沉着，提按分明，結構端正。其中，“遇”之“辶”省為一筆，作“乚”狀，刻石隸書時有這種簡省的寫法；竪鈎猶是平挑，亦是隸書寫法。聯繫傳世的鍾繇（一五二~二三〇年）正書來看，《薦季直表》[一]結字平穩，而《賀捷表》[二]字勢“横斜”，翻挑之筆顯著。東牌樓漢簡一二號木牘的書寫年代早於鍾繇兩表，而書法狀態居於鍾繇兩表之間。

一三〇號簡上的“雇東津卒五人四月直”九字也是小字正書，結體比一二號木牘更為嚴整周正。五〇號簡牘正面的正書字形較大，撇畫很少翻挑，竪鈎是上挑，偶有連筆，結構相對鬆散。八八號簡正面所見“度上丘”三字，字形更大，筆調樣式與三國吴簡正書相似，而東牌樓漢簡與走馬樓三國吴簡的出土地點很近，也許這種樣式的正書有着地域書風的聯繫。

## 東牌樓漢簡書寫者的推測

漢簡的書寫者主要是各地官府、屯戍機構的低級掾吏。在《居延新簡（甲渠侯官）》中，時見一些吏員的署名：“掾陽、守屬恭、書佐參”（EPF 二二・四六二 B）；“☐報唯毋留，如律令。/掾忠、佐定”（EPT 五一・四六三）。還有涉及除補“書佐”的文書：“……里大夫蘇誼以修行除為□□□佐三日。神爵三年三月甲辰，以□□書佐為酒泉太守書佐一歲，八月廿六日，其十二月”（EPT 五〇・一五五）。東牌樓漢簡中也可見到“書佐”稱謂，見一〇一號簡正面：“☐□書佐新忠僦□□田佃……☐”。

考察漢簡的書寫者，並且結合漢簡文書的署名來清理書跡，不唯可由書寫者區分書跡，瞭解書吏的書法水準（包括書吏能寫幾種書體），以及當時文字書寫的常態，對於探究漢朝的文書制度也大有裨益，並且有助於綴合漢簡，整理漢簡文書。

漢朝地方政府的書佐員額，我們在一九九三年江蘇連雲港市東海縣尹灣出土的二號木牘《東海郡屬縣鄉吏員定簿》上見到詳細的記載，知道西漢時期郡守府設“書佐九人”，都尉下設“書佐四人”，縣設

[一] 圖見《中國美術全集・書法篆刻編 2・魏晋南北朝書法》，人民美術出版社，一九八六年，一八~一九頁。
[二] 圖見《中國美術全集・書法篆刻編 2・魏晋南北朝書法》，人民美術出版社，一九八六年，一七頁。

“令史”、“獄史”、“尉史”之類秩位較低的吏各有數員。他們具體辦理日常文案事務，如傳抄官府命令，起草和書寫上傳下達的公文，登録簿籍檔案之類。

一、秦漢文書格式與書寫者

古代寫録文書自有一套嚴密的制度，無論公文還是私信都有固定的格式，往往在文書前段、末尾見到署名。例如《流沙墜簡·屯戍叢殘》：“十一月壬子，玉門都尉陽丞□敢言之，謹寫移，敢言之。/掾安、守屬賀、書佐通成”。這件公文，正文部分由時間、發書人和報告内容組成，用兩個“敢言之”的習語標示報告内容的起止，正文後面所署“安”、“賀”、“通成”，即王國維所謂“主文書”的吏員。漢簡中常於文尾見數人聯署，按古代文書署名例有尊卑順序的規則，書寫者當是列名最後的一位吏員。

漢朝文書制度沿襲秦朝。二〇〇二年出土的里耶秦簡，已經發表三十餘枚，多是公文文書，例如J1⑨4 正面的三段文字[一]：

(甲）卅三年四月辛丑朔丙午，司空騰敢言之：陽陵孝里士五（伍）衷有貲錢千三百卌四，衷戍洞庭郡，不智（知）何縣署・今為錢校券一，上謁言洞庭尉，令衷署所縣責以受（授）陽陵司空，（司空）不名計問何縣官，計付署計年為報，已訾責其家。（家）貧弗能入，乃依戍所，報署主責發。敢言之。

（乙）四月己酉，陽陵守丞厨敢言之：寫上謁報，（報）金部發。敢言之。/儋手

（丙）卅四年八月癸巳朔甲午，陽陵守丞欣敢言之：至今未報謁，追。敢言之。/堪手

此簡文書所述某“衷”貲錢事，越一年餘。文書正文中具名的“司空騰”、“陽陵守丞厨”、“陽陵守丞欣”，是三位報書人；（乙）（丙）兩段正文後都有“/”的分隔符號，其下分別署有“儋手”、“堪手”。在發表的其他秦簡上，屢見“某手”，J1⑨12 背面的四行文字，竟寫有“儋手”、“堪手”、“嘉手”、“敬手”四種。李學勤先生通過文書格式的分析，指出“某手”的前一字是人名，“某手”即某人簽署；認為“文書中簽寫‘某手’的人是具體負責抄寫、收發文書等事的吏員”[二]。

我們注意到有一名“欣”者，J1⑧157 背面中作“欣發”，即“欣”開看文書，簽署者為“壬手”；J1⑧158 背面也是“欣發”，簽署者為“處手”。在 J1⑧158 背面，又見到“欣手”，則是由“欣”簽署。勘對三簡，筆跡不一樣，則署有“欣手”的簡牘當是“欣”的書跡。里耶秦簡中，正文中具名者與該簡的書寫没有關係，就是“某發”的署名似乎也與書寫關係不大，書寫者當是署名的“某手”。

秦朝文書分隔正文與收發、書寫者署名的方法，不僅用“/”符號，還有另外兩種格式用作分隔，一是留出大段空白再署名，一是另起一行簽署，署於簡牘左邊下端，似有謙恭的意味。秦朝這三種分隔正文與佐史署名的文書格式，漢代沿襲下來。如居延漢簡 EPT 五七・四八簡：“九月戊寅甲渠侯以私印行事，告塞尉，寫移書，書吏功毋失期，它如府書律令。/令史勝之、尉史充國”，是用“/”符號分隔；EPT 五一・三四八簡所見“視事如律令（中空）尉史多”，則是留空的格式；EPT 五九・八七簡既留空，亦有分隔符號：“使者到，不辨，如律令。（中空）/掾譚”。這三例漢簡文書的書寫者，即簡文末尾的署名人。

漢朝文書也有不同於秦朝的變化。漢簡中見不到“某手”的簽署，一些公文書經辦人的署名不再如秦簡那樣寫明“某發”與“某手”，往往要前綴職司或身份。

二、東牌樓漢簡書寫者的推測

對於公文之類的文書，可以由簡牘的行文格式大體推斷出書寫者，條件是文書首尾要完整。東牌樓漢

[一] 見《湖南龍山里耶戰國—秦代古城一號井發掘簡報》，《文物》二〇〇三年第一期，二〇頁（釋文），二一頁（圖版）。

[二] 李學勤《初讀里耶秦簡》，《文物》二〇〇三年第一期。

簡大多殘斷，難以探究書寫者；而一些比較完整的公文類文書雖然具銜署名，却無經辦者的署名，也難確定書寫者。判斷私信家書的書寫者不像公文那樣複雜，可以説，這類書信所見具名應該就是書寫者本人。所以，區分文書的公私性質也是判别書寫者的必要作業。

東牌樓漢簡所見公私文書的各種慣用語有："叩頭死罪敢言之"、"叩頭死罪死罪"、"叩頭死罪白"、"死罪白"、"再拜白"、"惶恐白"、"惶恐言"、"頓首言"、"白"、"頓首再拜"、"頓首"、"再拜"，等等。這些習語是别上下、明貴賤的禮儀制度規約文書的體現，成為一種格式後，還具有標示文書正文的作用[一]。借助古代文書制度的知識，我們也可以利用這類習語來區别古代文書的公私性質，瞭解致書人與受書人是上下關係還是平行關係。當然，文書内容也是判别公私書信的重要指標。

這裏，結合具名與習語、書體兩項，我們將初步統計的東牌樓漢簡公文、名刺與私信（包括封檢上的題名）列為一表。

**表一　長沙東牌樓漢簡具名公私文書一覽表**

| | 具名與習語（所在正文的位置） | 文書類型 | 書體 | 整理號 |
|---|---|---|---|---|
| 一 | 監臨湘李永、例督盜賊殷何叩頭死罪敢言之（首尾） | 公文 | 隸書 | 五正 |
| 二 | 左部勸農郵亭掾夏詳死罪白（首尾） | 公文 | 隸書 | 三背 |
| 三 | 兼主録掾黄章叩頭死罪白（首尾） | 公文 | 隸書 | 八 |
| 四 | 臨湘守令臣肅上言（首） | 公文 | 早期正書 | 一二 |
| 五 | 故吏鄧邞再拜賀 | 名刺 | 標準隸書 | 九五 |
| 六 | 兼門下功曹史何戒 | 名刺 | 標準隸書 | 九三 |
| 七 | 長沙大守從掾文□ | 名刺 | 標準隸書 | 九四正 |
| 八 | 門下功曹史邵弘 | 名刺 | 標準隸書 | 九四背 |
| 九 | 紀白（首） | 私信 | 草書 | 四四 |
| 一〇 | 叩頭死罪，君……君誠惶誠恐叩頭死罪（首尾） | 私信 | 草書 | 四八正、背 |
| 一一 | 熙頓首再拜（首） | 私信 | 草書 | 三三正 |
| 一二 | 熙頓首（首） | 私信 | 草書 | 三三背 |
| 一三 | 原白（首） | 私信 | 早期行書 | 四九正 |
| 一四 | 津頓首（首尾） | 私信 | 早期行書 | 五〇正 |
| 一五 | 下書猶頓首言（首） | 私信 | 早期行書 | 三〇正 |
| 一六 | 猶再拜（首） | 私信 | 早期行書 | 二九正 |
| 一七 | 張頌叩頭再拜（尾） | 私信 | 早期行書 | 四一背 |
| 一八 | 緣白（首） | 私信 | 早期行書 | 五四正 |
| 一九 | 堂再拜白……堂再拜（首尾） | 私信 | 早期行書 | 三四正 |
| 二〇 | 客賤子侈頓首再拜（首） | 私信 | 早期正書 | 三五正 |
| 二一 | 五月八日卿具書羌叩頭（首） | 私信 | 早期正書 | 四五 |
| 二二 | 月廿五日舉頓首言……舉頓首再拜（首尾） | 私信 | 早期正書 | 三六正、背 |
| 附 | 東部勸農郵亭掾周安言事 | 公文（封匣） | 隸書 | 二 |
| | 府朱掾家書 | 私信（封檢） | 隸書 | 二五 |
| | 張義從家書 | 私信（封檢） | 隸書 | 二六 |

[一]　李學勤《初讀里耶秦簡》，《文物》二〇〇三年第一期。

表一所示名單，具名方式有兩類：一類署名有姓，臣肅、夏詳、鄧邴、周安、何戒、張頌、文□、邵弘、黄章、張從義皆是；一類署名無姓，侈、紀、羌、舉、君、原、熙、津、猶、緣、堂皆是。而寫在封檢上的“府朱掾家書”中的“朱”，僅見姓氏。我們還注意到，公文一類的具名，皆按行文規則寫明自己的身份，如“夏詳”前署“左部勸農郵亭掾”，“黄章”前署“兼主録掾”，“臣肅”前署“臨湘守令”，以及“監臨湘李永、例督盜賊殷何”。

如果以表一所列私信為例，前段可見者十三例，有一例為“叩頭死罪死罪，君才炎粗鹵……”，較為特殊，其他十二例大體可以分為兩類，見下表：

**表二　長沙東牌樓漢簡私信所見前段書式分類表**

| | 前段書式各項 | | | 數　量 |
|---|---|---|---|---|
| 第一類 | 日期 | 署名 | 習語 | 二 |
| 第二類 | | 署名 | 習語 | 十 |

（一）公文書的書寫者

由公文書所見具名探討書寫者，需要注意具名者的身份地位。一般來説，公文書的辦理當有兩類情況：第一類是職位較高者，例有掾吏為其辦理文書，不必躬親其事，故正文具名者並非文書的書寫者；第二類是署為“掾”、“史”、“尉史”、“書佐”的具名者，他們職司文書，具名者當是書寫者本人。

東牌樓漢簡中，表一所列五號簡、一二號簡、八號簡當屬第一類文書。

五號簡是一件首尾完整的文書。值得注意的是，此簡正文首行是聯署：“光和六年九月己酉朔十日戊午，監臨湘李永、例督盜賊殷何叩頭死罪敢言之”，而正文末為“何誠惶誠恐，叩頭死罪死罪敢言之”，僅署殷何一人；正文後空一行，另題“監臨湘李永、例督盜賊殷何言實核大男李建與精張諍田自相和從書（中空）詣在所”，無書佐一類吏員的署名。此簡正文部分末尾僅署殷何一人，可見此件“諍田自相和從書”所言之事，是由“例督盜賊”的殷何具體經辦。王素先生説，《續漢書·百官五》郡條云：“其監屬縣，有五部督郵”，臨湘縣正屬長沙郡中部督郵監管，進而推考“監臨湘”可能就是正文中所説的“中部督郵”，同行“例督盜賊”，可能就是臨湘縣尉[一]。若殷何為縣尉，自有屬吏為其操辦文書，不必由其本人書寫文書。

一二號簡是通過郵亭上報荆南局勢的公文。具名者是“臣肅”，居“臨湘守令”之位，自有“斗食令史”之類的屬吏助辦文書，所以這件具名的公文書恐非“臣肅”所寫。

八號簡正文具名人是“兼主録掾黄章”，而且“主録掾”的身份是“兼”職，身份不同於一般的掾屬。正文後單寫一行，當是書吏簽署，惜僅見兩三字，其餘漫漶。既然正文後另有掾吏簽署，這件文書的書寫者不一定是正文具名的“黄章”。

第二類文書，為表一所列的三號簡（正、背）與二號簡兩件，具名者分别是“左部勸農郵亭掾夏詳”和“東部勸農郵亭掾周安”，發書地點為“安定亭”和“駟□亭”。夏詳、周安的身份是郡縣郵亭系統的掾吏，估計他們就是本件文書的書寫者。還有一點值得注意，三號簡正面所題文字與背面所寫文書的筆跡一致，當是一人所寫，一次完成。

［一］　王素《長沙東牌樓東漢簡牘選釋》，《文物》二〇〇五年第十二期。

（二）名刺的書寫者

漢晋時期，人們社交活動中通名所用之物有“謁”和“刺”兩種。一九八五年在連雲港陶灣村西漢墓出土兩件木謁，我們才看到漢朝名謁實物。其寬度是名刺簡的數倍，單面書，三行，居中頂端書一“謁”字，右側自頂端貼邊書“東海太守寶再拜”，左側下方貼邊書“西郭子筆”。一九九三年尹灣漢墓出土了十件西漢木謁，多數正背兩面書寫，一般正面寫受謁者的官職、姓或字與“君”、“卿”之類的敬稱；背面書進謁人的官職姓名及進謁原因。一九八〇年代馬鞍山東吴朱然墓出土過三枚木質名謁，可見三國時期仍在使用名謁。

古代名刺實物，自一九五〇年代以來江南陸續出土了三國、西晋時期名刺，以東吴朱然墓、西晋吴應墓出土者為多，而且墨書刺文格式不一[一]。常見的一種是單面書，單行，所寫文字間隔為三段：上段書（前綴“弟子”或籍貫）姓名與敬語“再拜”；[中空] 中段書“問起居”的敬語；[中空] 下段偏於簡邊，字稍小，書籍貫（或身份）表字。吴應墓所見名刺還有一種，具書官職、籍貫、姓名、年齡、表字五項：“中郎豫章南昌都鄉吉陽里吴應年七十三字子遠”，這種格式一行直下，無中空。

東牌樓漢簡中，初步斷為名刺的簡牘有數件，較為完整者三件，其行文、格式與西漢的“謁”和東吴西晋的“刺”皆顯不同。九五號簡寬度如謁，三行皆頂上端書：居中為“故吏鄧邔再拜”六字，右“正月”，左“賀”。其格式接近西漢的謁，但是行文既不同於西漢的名謁，又不同於三國、西晋的名刺。我們在樓蘭出土的魏晋文書中見到一件形如簡的紙條[二]，上端“賀－大蠟”三字寫作兩行，中空，下半截單行寫“弟子宋政再拜”六字，字形大於上端，另有一枚木簡，亦為當時的賀蠟拜帖，但行文、格式都異於東吴、西晋名刺。樓蘭所見拜帖的行文與東牌樓九五號簡接近，大約因為寬窄不一，導致署名一行的格式有所不同。我們暫將九五號簡歸於名刺一類。

另兩件，九三號簡單面書“兼門下功曹史何戒”，九四號簡正、背兩面分别書“長沙大守從掾文□”、“門下功曹史邵弘”，未見三國西晋名刺常見的“再拜”、“問起居”及寫於下端的籍貫、署名之類。兩簡的簡面有舊墨痕，恐是使用舊簡。

這三件名刺，所具職位或“長沙大守從掾”，或“門下功曹史”，或“故吏”，當為郡縣吏員所用名刺，所書小字，皆標準的隸書，寫得甚為精細，書法水準當屬上乘，與具名者地位相副。具名“何戒”的九三號簡與具名“邵弘”的九四號簡背面，皆有“門下功曹史”五字，其中“史”字稍異，而“門下功曹”四字筆跡相似，估計出於一人手筆。再看九四號簡正面與背面的具名，分别為“文□”和“邵弘”，字跡不同，如此看來，此簡兩面的字跡恐非一人所書，且不是同時所寫。九五號簡的書法風格與九三號簡、九四號簡背面非常接近，但難以斷定書寫者為同一人。

（三）私信的書寫者

東牌樓漢簡中有不少掾吏間的私信，估計還有一些掾吏的“家書”。家書與公文類的文書同在一處，大概掾吏家書的傳送是借助官方郵亭系統的方便。這些私信家書為我們研究古代書儀與尺牘演變提供了一宗非常難得的新資料，也顯示了這樣的信息：東漢後期私人間尺牘交往已經非常頻繁。

這些私信皆寫於寬度在三至四厘米的木牘上，雙面書寫，每面以兩三行為多，甚至一面五行，字跡大

[一] 楊泓《我國古代的名片》，《尋常的精致》，遼寧教育出版社，一九九六年，一八～二二頁。有關古代名刺的出土情况，可見該文附注。

[二] 圖見日本書道教育會議編《樓蘭發現——殘紙・木牘》〈スウエソ・ヘデイソヒ樓蘭王國展〉（一九八八～八九）紀念出版，一九八八年十月，七三頁；另一賀蠟木簡見該書一二六頁。

小不一，書法水準參差不齊。由於私信的隱秘性質，即使那些有低級掾吏可供遣用的“長吏”，恐怕不會交付他人代寫。所以這類文書中的署名者應是書寫者。我們還注意到，這類文書中，有的署名不具職位，内容又是存問之類，而且書跡較為拙劣，可能有些信件是掾吏親屬所寫。

## 漢朝的課吏之法、“史書”與“八體六書”以及書吏的書寫水準

漢朝掾吏是以舞筆弄墨、辦理具體事務見長。《漢書·賈誼傳》引西漢鄙諺云：“不習為吏，視已成事”，這是較早説到“吏”與“事”關係的記載。東漢王充《論衡·程材》稱“文吏以事勝”，則是一種概括的表達。

古文字中的“史”是會意字，為手執筆的書寫狀，而吏、事二字皆“從史”。《説文》解釋：史為“記事者”，而事君的史在官府；吏，治人也，從一，從史；事，職也，從史。閻步克先生指出：“漢代許多官署設有‘學事’、‘守學事’、‘解事’若干人，當即學童、史子一類，亦即學徒吏員。史、吏、事如上之密切關聯，是極富暗示意味的”[一]。在漢朝，吏、史二字相通，官府各曹吏員猶稱“史”，我們在東牌樓漢簡中見到曹史、功曹史、捕盜史、獄史、五兵史、廷衙史、津史等，顯示了基層縣廷所設部門與分司所在，可與尹灣六號漢墓所出《東海郡屬縣鄉吏員簿》的記載互參。

這些稱“史”的吏因為職司不同，未必都是文案高手，書法水平亦有優劣之分。我們在敦煌、居延漢簡中看到，許多文書是草率的隸書，還有一些簿籍和公文書也作簡率僞略的草書，估計這類書寫不工的文書有些是文書的副本。若論他們的書法水準，自不能與當時的名書家相提並論。就一般規範而言，寫録文書，須以字跡端正、文字不誤、便於識讀為基本準則，這應該是掾吏書寫能力的基準。欲評判他們的文字書寫能力，還須瞭解漢朝課吏之法。

一、漢朝課吏之法

漢朝選試吏員，有一套課吏（史）之法，一九八三年湖北江陵張家山二四七號墓所出西漢《史律》簡記録頗詳[二]，這裏移録有關“試史學童”的内容（第四七四簡~四七六簡）：

> 史、卜子年十七歲學。史、卜、祝學童學三歲，學佴將詣大史、大卜、大祝，郡史學童詣其守，皆會八月朔日試之。
>
> 試史學童以十五篇，能風（諷）書五千字以上，乃得為史。有（又）以八體試之，郡移其八體課大史，大史誦課，取最一人以為其縣令史，殿者勿以為史。三歲壹並課，取最一人以為尚書卒史。

傳世的東漢文獻中，《説文解字叙》也有課吏（史）的記載，許慎引《尉律》曰：“學僮十七以上始試，諷籀書九千字乃得為吏；又以八體試之，郡移太史並課，最者以為尚書史。書或不正，輒舉劾之。”班固《漢書·藝文志》亦有類似記載：“漢興，蕭何草律，亦著其法：‘太史試學童，能諷書九千字以上，乃得為史。又以六體試之，課最者以為尚書御史史書令史。吏民上書，字或不正，輒舉劾。’六體者，古文、奇字、篆書、隸書、繆篆、蟲書，皆所以通古今文字”。與《史律》簡合而觀之，西漢課吏情況大體可曉。

張家山漢簡《史律》簡中，所試學童分為史學童、卜學童、祝學童，課試内容與要求也有所不同，但學習時間皆有三年之限。“年十七歲學”的史學童，其課試内容大體可以分為兩個方面：

---

［一］ 閻步克《樂師與史官》，生活·讀書·新知三聯書店，二〇〇一年，一〇七~一一四頁。

［二］ 張家山二四七號漢墓竹簡整理小組《張家山漢墓竹簡（二四七號墓）》，文物出版社，二〇〇一年，四六~四七頁（圖版），二〇三~二〇五頁（釋文）。

其一，課試識讀文字的能力，所謂“試史學童以十五篇，諷書五千字以上”，此乃“為史”最基本的條件。這裏説的“十五篇”是《漢書》卷三十《藝文志》著録的“《史籀》十五篇”，其下注云：“周宣王太史作大篆十五篇，（東漢）建武時亡六篇矣”。推測西漢時《史籀》十五篇猶存全篇。至於“諷書五千字以上”之“書”，結合許慎“諷籀書九千字乃得為吏”的記載看，當是《史籀》這部書。既然《史籀》十五篇是篆書，可知做史須識古文字。

其二，試以“八體”，這是考察書寫能力。所謂“八體”，即許慎所説的“秦書八體”：一曰大篆，二曰小篆，三曰刻符，四曰蟲書，五曰摹印，六曰署書，七曰殳書，八曰隸書。名目雖多，若按文字組織結構劃分，不外篆、隸兩大類。這是西漢的情況，至於東漢如何，未見記載。推測東漢當仍有課吏之制，而且我們知道，經新莽復古，東漢時小學漸興。許慎説及東漢通行的古今文字是“新莽六書”，即古文、奇字、篆書、隸書、繆篆、蟲書六種書體，估計所試書體當是“六書”[一]。

二、“史書”與“八體六書”

漢朝的課吏内容，張家山漢簡《史律》簡中提到“史書”一詞：“卜學童能風（諷）書史書三千字，徵卜書三千字……”（四七七簡），這裏的“史書”當指“《史籀》十五篇”。在兩漢書中，時見某人“善史書”或“能史書”的記載。例如《漢書》：

“元帝多材藝，善史書。鼓琴瑟，吹洞簫，自度曲”（卷九《元帝紀》）；

王尊“竊學問，能史書。年十三，求為獄小吏。數歲，給事太守府，問詔書行事，尊無不對。太守奇之，除補書佐，署守屬監獄。久之，尊稱病去，事師郡文學官，治《尚書》、《論語》，略通大義。”（卷七六《王尊傳》）

嚴延年“尤巧為獄文，善史書，所欲誅殺，奏成於手，中主簿親近史不得聞知。奏可論死，奄忽如神”，號為“屠伯”（卷九〇《酷吏傳·嚴延年》）；

“楚主侍者馮嫽，能史書”（卷九六下《西域傳》）。

又《後漢書》：

安帝“年十歲，好學史書”（卷五《安帝紀》）；

和熹鄧皇后“六歲能史書，十二通《詩》、《論語》”（卷一〇上《皇后紀》）；

順烈梁皇后“少善女工，好史書，九歲能誦《論語》，治《韓詩》，大義略舉。常以列女圖畫置於左右，以自監戒”（卷一〇下《皇后紀》）；

北海靖王劉睦“少好學，博通書傳，光武愛之，……善史書，當世以為楷則。及寝病，帝驛馬令作草書尺牘十首”（卷一四《宗室四王傳》）。

上引各條所見“史書”，由所在上下文可知，或指《史籀》十五篇，或别有所指。以“史”命名的“史書”究竟是什么意思呢？古今學者的解釋頗有分歧。

（一）關於“史書”的三種解釋

文獻所見，最早解釋“史書”的學者乃東漢末年學者應劭，指為“周宣王太史史籀所為大篆”，見唐朝顔師古注《漢書》所引，而且顔氏採納了這個意見[二]。值得注意的是，《後漢書》記載漢安帝“年十歲，好學史書”，和帝鄧皇后“六歲能史書”，都在學童階段，唐朝李賢對“史書”的解釋正在這兩個傳記

---

［一］ 啓功認為，學童受太史考試始得為史，這是自蕭何以來的漢律。而所試内容，却前後不同。西漢承秦之後，試以“八體”；東漢承莽之後，試以“六體”。《漢志》是以劉歆《七略》為藍本，叙述没有《説文叙》詳細，好似蕭何之律即試“六體”。這可知《漢志》所説的“六體”即是“新莽六書”。見《古代字體論稿》，文物出版社，一九九九年，二六頁。

［二］ 見《漢書》卷九《元帝紀》卷末顔師古注引。

中，所以他説“史書”是“周宣王太史籀所作大篆十五篇”，“可以教童幼”，是“教學童之書”[一]。唐朝書學家張懷瓘《書斷·上》“大篆”條云：“史書”乃“以史官制之，用以教授，謂之史書，凡九千字”，是採許慎之說。綜合漢唐學者的意見，“史書”意義雙關：其一，指大篆書體，其二，指古代教授學童的字書。這是第一種解釋，也是最早的解釋。

“史書”的第二種解釋出於清朝學者。段玉裁《説文解字注》稱：漢朝“善史書”者，“皆謂便習隸書，適於時用，猶今人之工楷書耳”；錢大昕《二十二史考異》對“史書”有詳細分析，認為“史書”即為當時的隸書。當代學界，勞幹先生對“史書”也有分析，認為“錢氏的分析是不可動搖的，不過從另一方面來説，不指元帝當時所寫史書的類别，而是要追究史書的來源，却也可以作一種另外的看法。假如應劭的原注為‘史書出於大篆之史籀篇，漢世以指隸書’，那就比較無大誤了”[二]。啓功先生論“史書”乃承隸書之説，認為“古代的史，實是天子諸侯的文化奴僕”，“史書”的得名與史的這種“身份”有關[三]。

第三種解釋比較寬泛。唐長孺先生二十世紀五十年代著文討論魏晉時期南北學風之異同，論及新書體的行書。他注意到《三國志》卷一一《管寧傳附胡昭》稱“昭善史書”，而胡昭是以行書見長，與鍾繇同學於劉德昇，行書到了鍾胡才形成風氣。所以他認為當時“行押書亦稱史書”，“史書之意恐是指令史之書。因為行書簡便，適合於令史所用之故。”[四]唐先生還注意到，魏晉之際行書、楷書都提高了地位，成為合法的書體。例如，《晋書·荀勖傳》記載，荀勖領秘書監時立書博士，“以鍾、胡為法”教習行書；王僧虔《論書》記載，“章程書，世傳秘書，教小學者也”；衛恒《四體書勢》提到西晋秘書省教習書法有毛弘的八分書。因此唐先生作出這樣一個推測：當時“秘書所授必備四體”。

上述三種解釋，或明或暗都與周朝字書《史籀》十五篇有關。此書是太史籀所編，當初是用大篆書寫，故漢朝人解釋“史書”含有兩個義項。唐朝學者注釋兩漢書所見“史書”也是如此。清朝文字學家是從字體的角度解釋兩漢書所見“史書”，認為“史書”是“適於時用”的隸書。啓功先生對此一見解作了補充，他從“史”的身份出發，聯係“新莽六書”中稱隸書為“佐書”，故將“史的書”與“佐的書”視為“同一性質”，認為“史書”就是隸書。勞幹先生還特别指出“史書”的書寫特點：講究工整與正確。而唐長孺先生並未否定古人釋“史書”為大篆的觀點，只是説魏晋時“行押書亦稱史書”，大概考慮到“史書”是令史所習之書，他又推測“史書之意恐是指令史之書”。雖然前人關於“史書”的解釋互有不同，但是都指認“史書”為某種書體。各家先後的解釋，竟有一個演變的軌跡：由《史籀篇》之“史書”轉移到令史之“史書”，書體則由大篆而隸書而行書。

（二）“史書”與“八體六書”

《史籀篇》的篇名與作者，都與“史”密切相關，且《史籀篇》本用大篆書寫，所以東漢學者以大篆解釋“史書”，具有接通“史書”淵源的意味。“秦書八體”中有大篆，是“八體”中最古的書體[五]，即出於《史籀篇》而不同於小篆的“籀文”。

《史籀》大篆自西周晚期至秦朝，當在秦國一脉相傳。兩漢之交的新朝，“新莽六書”裏没有“大篆”，

---

［一］ 見《後漢書》卷五《安帝紀》、《後漢書》卷一〇上《皇后紀》李賢注。

［二］ 見勞幹《漢代的“史書”與“尺牘”》，刊臺灣《大陸雜志》第二十一卷，第一、二期合刊（一九六〇年），六九~七二頁。

［三］ 《古代字體論稿》，文物出版社，一九九九年，二七頁。

［四］ 唐長孺《魏晋南北朝史論叢》，生活·讀書·新知三聯書店，一九五五年，三五五頁頁下注。

［五］ “秦書八體”中有大篆，“新莽六書”中無“大篆”而增有“古文”、“奇字”。許慎解釋：古文，“孔子壁中書也”；奇字，“即古文而異者”。《漢書·藝文志》記載，“《史籀篇》者，周時史官教學童書也，與孔氏壁中古文異體。”古文、奇字這兩種書體當是春秋戰國文字，年代當晚於大篆。

以大篆之古老，大概東漢時已經不為常人所知，而是文字學家的專長。《説文》中列籀文二百有餘，按《漢書·藝文志》記載，《史籀》十五篇在東漢初年建武（二五~五七年）時已經亡六篇，推測許慎所見《史籀篇》已非全本，且東漢所傳大篆已經變形走様，不過是頂着大篆的名分。問題是，若“史書”僅指大篆，那些出身低下的“善史書”者何以能够見到《史籀》大篆？他們又是根據什么範本學習大篆？

清儒釋“史書”為隸書似乎更近情理，因為“八體”、“六書”裏都有隸書一體，更是西漢武帝以後通行的字體。但是隸書之説也有局限，出土的漢朝磚文中有草率隸書《急就》片段，敦煌漢簡中有篆、隸《倉頡篇》，有篆書《習字觚》，且《急就篇》與《倉頡篇》都是漢朝通行的字書。如果將“史書”限定為隸書，吏員習寫篆書的現象又如何解釋？

我們知道，“史書”是由官名的“史”或者字書《史籀篇》而得名，“史書”是兩漢通用的概念，兼指字書與書體。而漢朝課“史”的書體前有“八體”後有“六書”，雖然書體名目有變更，但都是一組書體，這一點兩漢也是相通的。既然史學童學習的書體有多種，主持課試的太史通曉各種書體也不言而喻，那么我們可以認為，漢朝課“史”的書體具有“系統”的特徵。如果我們將“史書”作為一個書體系統看待，大篆、隸書都可以包括在“史書”之内。

若將漢朝的“史書”視為一個系統，則所指的書體範圍比較寬泛。那些擅長“史書”的刀筆吏，如西漢的王尊、嚴延年，可能以某些書體見長，但是他們應該兼能多種書體。東牌樓漢簡中，一號封緘為一人所書，小字為隸書，而大字却是裝飾性隸書，而且有的字參有篆法；一五四號木牘背面的習字有篆書、有隸書。由此可知書吏所習所能的書體不止一種。

（三）具體語境裏的“史書”

具體語境裏的“史書”，意義是多向的。當古代史家用“能史書”、“善史書”記述某人時，大多是稱道他們擅長“八體六書”之類書體的識寫，或某種書體的書寫技能，是個寬泛模糊的説法。《漢書》卷七二《貢禹傳》：“郡國恐伏其誅，則擇便巧史書、習於計簿能欺上府者，……故亡義而有財者顯於位，欺謾而善書者尊於朝，悖逆而勇猛者貴於官。故俗皆曰：‘何以孝悌為？財多而光榮。何以禮義為？史書而仕宦。何以謹慎為？勇猛而臨官。’”此“便巧史書”顯然是指擅長文字書寫的“善書者”。

《漢書》所記的王尊，曾經“求為獄小吏”，而《漢書·路温舒傳》記載，温舒“為（縣）獄小吏，因學律令，轉為獄史，縣中疑事皆問焉”，而不及他的“史書”寫得如何，可見以“能史書”稱王尊，也指擅長文字書寫的技藝。嚴延年的“善史書”亦是如此。

這種用法，東晋依然存在。葛洪（二八三~三六三年）《抱朴子·内篇卷十二·辨問》：“世人以人所尤長，衆所不及者，便謂之聖。故善圍棋之無比者，則謂之棋聖，故嚴子卿、馬綏明於今有棋聖之名焉。善史書之絶時者，則謂之書聖，故皇象、胡昭於今有書聖之名焉。善圖畫之過人者，則謂之畫聖，故衛協、張墨於今有畫聖之名焉。善刻削之尤巧者，則謂之木聖，故張衡、馬鈞於今有木聖之名焉。”

三、漢朝的學史與書吏的“工具性”

秦漢時代，“欲進入吏途，則都是必先有一個學史的過程，不論通過官學或私學，或向正式吏員去做學徒，總是必須先取得做吏的業務能力與資格”[一]。由《漢書》記載可以知道，漢朝人學吏有兩種渠道。嚴延年因了父親“丞相掾”職務的便利，“少學法律丞相府”，而後“歸為郡吏”，又“以選出補御史掾，舉侍御史”，累官河南太守。那位後來官至州牧的王尊“少孤，歸諸父，使牧羊澤中。尊竊學問，能史書，

[一] 張金光《論秦漢的學史制度》（《文史哲》一九八四年第一期），轉引自閻步克《樂師與史官》，生活·讀書·新知三聯書店，二〇〇一年，一〇八頁。

數歲，給事太守府”，他“牧羊澤中”時如何“竊學問”，從何人學“史書”，都没有具體的記載。但大體可以推知，王尊學吏不在官學，且有“數歲”之久。

從文獻記載來看，漢朝課吏制度也為吏的升遷提拔設置了程序。王尊後來是棄吏事而從儒學，而後官至州牧，暫可不論。而嚴延年則是學吏出身，“以選出補御史掾，舉侍御史”，可見經過選拔的程序。基層縣廷選拔文吏的具體情況，尚無明確記載。但是居延漢簡有一條材料值得注意，編號EPT五〇·一五五簡寫有：“……里大夫蘇誼，以修行除為□□□佐三日。神爵三年三月甲辰以□□書佐為酒泉太守書佐一歲八月廿六日，其十二月”[一]。蘇誼是“以修行除為”低級書佐，進而為“為酒泉太守書佐”，他做書吏似乎没有經過正規的考試，這樣的情況，恐怕各地應有不少。有關漢朝學吏的一般情況，東漢王充《論衡》卷第十二《程材篇》有所記載：

> 同趨學史書，讀律諷令，治作請奏，習對向，滑跪拜，家成室就，召署輒能。徇今不顧古，趨仇不存志，競進不按禮，廢經不念學。

《程材篇》專論“材能操行”，所以對文吏的“材能”多有描述，却是對比“儒生”而言，且以貶斥的口吻道出，摘録如次：

> 五曹自有高品，簿書自有故事，勤於玩習，成為巧吏。
>
> 文吏、儒生皆有所志，然而儒生務忠良，文吏趨理事。法令比例，吏斷决也。文吏治事，必問家法。縣官事務，莫大法令。必以吏職程高，是則法令之家宜為最上。
>
> 儒生所學者，道也；文吏所學者，事也。儒生能為文吏之事，文吏不能立儒生之學。文吏之能，誠劣不及，儒生之不習，實優而不為。禹决江河，不秉钁鍤；周公築洛，不把築杖。夫筆墨簿書，钁鍤築杖之類也。
>
> 文吏摇筆，考跡民事。文吏所知，不過辦解簿書。文吏幼而則筆墨，手習而行，無篇章之誦，不聞仁義之語。長大成吏，舞文巧法，徇私為己，勉赴權利。考事則受賂，臨民則采漁，處右則弄權，幸上則賣將。一旦在位，鮮冠利劍。一歲典職，田宅並兼。性非皆惡，所習為者違聖教也。

文吏有摇筆之能，“治定簿書，考理煩事”是他們的本領，也是他們的常務。因為文吏所學在“事”，“胸無仁義之學”，更貪圖爵禄，“一旦居位，輒欲圖利以當資用，侵漁徇身，不為將官顯義”。

王充生當東漢前期，説到“古經廢而不修，舊學暗而不明，儒者寂於空室，文吏嘩於朝堂”，大概是針對當時狀況而言。這類情狀，西漢武帝時期業已存在。值武帝實行“壹切之變”之際，“使犯法者贖罪，入穀者補吏，是以天下奢侈，官亂民貧，盗賊並起，亡命者衆。郡國恐伏其誅，擇便巧史書、習於計簿、能欺上府者，以為右職”，以致出現“欺謾而善書者尊於朝”的局面[二]。東漢後期，靈帝設“鴻都門學”，竟以文藝相召，看重文字書寫技能，“為尺牘及工書鳥篆者”皆待以不次之位，引發蔡邕的批評：“臣聞古者取士，必使諸侯歲貢。孝武之世，郡舉孝廉，又有賢良、文學之選，於是名臣輩出，文武並興。漢之得人，數路而已。夫書畫辭賦，才之小者，匡國理政，未有其能。陛下即位之初，先涉經術，聽政餘日，觀省篇章，聊以游意，當代博弈，非以教化取士之本。而諸生競利，作者鼎沸。其高者頗引經訓風喻之言；下則連偶俗語，有類俳優；或竊成文，虚冒名士。”[三]蔡邕上書所言，已經超出王充關於儒生與文吏的優劣之辨，上升到匡國理政的選官理念與原則。

漢朝的輿論為士大夫所操控，他們重視儒學之道，鄙夷碌碌於事務的文吏。早在西漢前期，“頗通諸

---

[一]　見《居延新簡（甲渠候官）》（上册），中華書局，一九九四年，六九頁。
[二]　《漢書》卷七二《貢禹傳》。
[三]　《後漢書》卷六〇下《蔡邕傳》。

家之書”的文學家賈誼就批評道：“俗吏之所務，在於刀筆筐篋，而不知大體”[一]。東漢時期，士人以秀孝之察舉為正途，更以名士品題為榮耀。早年為獄小吏、書佐的王尊更志儒學做“諸生”，即是一例。東漢名士也有初為掾吏者，《後漢書》載：符融“少為都官吏，耻之，委去。後遊太學，師事少府李膺”。郭林宗“家世貧賤，早孤，母欲使給事縣廷”，而他的態度是：“大丈夫焉能處斗筲之役?”士大夫視文吏為“俗吏”，而且對他們的行徑頗有批評，蓋以儒學為高尚，不能容忍“學事”者凌駕“學志”者之上。

但是王充也清醒地認識到：“文吏以事勝，以忠負；儒生以節優，以職劣”，承認“二者長短，各有所宜；世之將相，各有所取。取儒生者，必軌德立化者也；取文吏者，必優事理亂者也”。漢末蔡邕反對設“鴻都門學”，也不過為了分明“經”與“藝”的本末關係。

從不問道義學問的掾吏一面說，他們不僅有着諸如“能書會計，治官民，頗知律令”之類的能力[二]，更有畏罰不直言的乖巧。他們的“能力”是由“學吏”和“為吏”而獲得；他們的“乖巧”是必須照章辦事而養成。龐大的漢朝帝國官僚體制裏，各級吏員構成一個訓練有素的職業化群體，中央的各項政令、地方的各種事務，皆由吏員經辦承擔，他們的作業維繫着國家機器的正常運轉，最有“工具”的性格。所以，學吏之途在漢朝一直暢通，是當時學童的一條進身之路。

四、由漢朝文吏“能書”之專長推論其書法水準

漢朝帝國的行政管理體系，上傳下達的溝通依靠文書，地方官年終的“上計”也是通過文書檔案來呈現。我們由漢簡實物知道，當時的文書類型繁多，各有程式習語。儘管為吏的“全稱”能力在於“能書會計，治官民，頗知律令”，但是他們的這些能力最終要通過“文書”表現出來。所以王充稱：“文吏之學，學治文書也”[三]。

“能書”是為吏的基本條件，也是一種資格。漢朝課吏内容就是為了保證吏員具備這樣的能力而設立。我們今天所見漢簡文書是主文書的掾、令史、書佐、尉史之類的吏員所寫，他們沉滯下位，故不為史家所載。因此，漢朝書法資料（傳世文獻和出土實物）呈現出一個有趣的現象：文獻所記的漢朝書家和那些善史書者，並無書跡傳世，而那些不名之輩的小吏書跡却借漢簡的存世而為今人所知。

我們看到，各地考古發現的漢簡書跡率為書吏所寫，書技嫻熟，書法精美，體態多樣，一些漢簡隸書足與漢碑隸書媲美。以書吏經過文字書寫訓練，通過太史課試或地方長吏除補，又長期從事書寫的背景判斷，他們能有那樣的書寫水準不足為怪。雖然我們還不能稱長於文字書寫的文吏為書法家，但是，將他們視為當時當地的善書者或者能書者並不過譽。

東漢中後期的大量隸書碑刻，也有一些出自地方善書的書吏筆下。勞幹《漢代的“史書”與“尺牘”》曾經談到漢碑書寫者的地位[四]：

> 《西岳華山碑》有“郭香察書”四字，所謂察書，就是對於書體的糾正，也就是“書有不正輒舉劾之”是屬於同一的性質。因此書碑人的地位還並不高。就中如《張遷碑》，其書法在漢碑中確屬造詣很高的，但書碑人却是一個文理不通的人，甚至於把“爰暨於君”寫成“爰既且於君”！此碑的文章本就不太高明，但書碑的人連這一點小常識也没有。當然這個書碑的人在蕩陰縣（原碑所在地）

---

［一］《漢書》卷四八《賈誼傳》，見賈誼上文帝疏。

［二］見《居延新簡（甲渠侯官）》（上册，中華書局，一九九四年）六五頁，EPT 五〇・一四簡（竹簡）：“張掖居延甲渠塞，有秩，侯長公乘淳於湖，中功二勞一歲，四月十三日，能書會計，治官民，頗知律令。文年卅六歲，長七尺五寸，觻得□□里”。九八頁，EPT 五二・三六簡（竹簡）：“居延甲渠第四燧長公乘陳不識，中勞二歲，九月七日，能書會計，治官民，頗知律令。文年廿六歲［下殘］”。

［三］《論衡》卷第十二《量知篇》。

［四］刊臺灣《大陸雜志》第二十一卷，第一、二期合刊（一九六〇年），七一頁。

的地位也不會怎樣高了。

《華山碑》書刻於桓帝延熹八年（一六五年），《張遷碑》書刻於靈帝中平三年（一八六年），與東牌樓漢簡書寫的年代相近或同時。我們同意勞榦先生所舉兩碑書碑人地位不高的意見，還要補充的是，《華山碑》是京兆尹敕立，碑末記有立碑事務的經辦人："京兆尹敕監都水掾霸陵杜遷市石，遣書佐新豐郭香書察書，刻者潁川邯鄲公修、蘇張，工郭君遷"，將市石、察書、刻者一一署名，唯不見書碑者，此固漢朝習慣，但既由郡府的書佐"察書"，則《華山碑》書寫者的地位恐怕不會高於郡府書佐。

誠如勞榦先生所説，工整的隸書是文吏擅長的書體；而且"漢代書寫正楷（此指楷範的隸書——筆者注）的人還是書匠一流，不是被重視的"[一]。但是，書吏所寫的這些碑刻足以讓後人領略漢朝隸書的風采，可見當時書吏書法水準之一斑。東牌樓漢簡名刺類簡牘所見隸書，亦當如是觀。

## 東牌樓漢簡所見文字書寫的"體—用"關係

西漢時期就有"書有不正輒舉劾之"的科律來保證書寫的正確性和準確性，這是朝綱禮儀在文書事務方面的體現。不僅如此，採用何種書體書寫還要視書寫的場合與對象來決定，所謂"其用不同，體即有別"。西漢課吏"又以八體試之"的設置，大約也與當時文書存在一個"體—用"對應關係相繫。這種關係的形成，當以同類字體因實用而出現多種書寫樣式為開端，以字（書）體繁衍漸多為前提，而後才會有對應的規約。當然，視覺的審美也在發生作用，但是古代特别是魏晋以前的審美觀念多受制於禮儀，所以，文字書寫的"體—用"關係主要是禮制的某種體現。

文字書寫的"體—用"關係確立於何朝何代，不得而知。就殷商西周時期的文字書寫遺跡看，以大宗的甲骨文、金文與墨書陶片、硃書玉片比較，結構基本一致。當時文字書寫的"體—用"關係大約比較簡單，主要體現為正體字與俗體字之别。原因在於，當時掌握文字的人很少，文字的使用範圍尚窄，形態亦無多大變化。《史籀》大篆的出現，只是對正體字的强調，更有正字的作用。春秋時期的文字發展存在縱向的變化，但各國文字書寫的"體—用"關係依然比較簡單。

到了戰國時代，文字書寫體式的區别隨着應用場合的擴大而出現明顯的區别，例如秦國已經存在接近後來小篆體的篆書，是用於正規場合的正體字，又有"趣約易"的俗寫體古隸，用於抄文書、作簿記。至於人們常説的各國"文字異形"則是從文字書寫的角度説明分裂的狀態，並非"體—用"關係的表達[二]。

### 一、"秦書八體"所見"體—用"關係

秦始皇帝兼併天下後，文字書寫的"體—用"關係已經複雜起來。許慎《説文解字叙》説到的"秦書八體"，不明秦朝實行"書同文"的字體是否包括這八種書體。既然"同文"是以秦朝文字為宗，漢朝人又稱為"秦書"，想必存在於當時的實際書寫之中，為官方所認可，則"秦書八體"應是秦朝文字書寫的實情。按文字發展的規律看，在秦始皇帝兼併天下之前，"秦書八體"理應存在。從這八體的名稱來看，"可知當時曾對於字體的書寫風格在用途上各劃出它們的範圍，不得混淆，所以規定字體名稱，實是有其客觀需要的。"[三]關於"秦書八體"的區分以及應用的範圍，我們列出下表予以顯示（表三）。

---

[一] 見勞榦《漢代的"史書"與"尺牘"》，《大陸雜志》第二十一卷第一、二期合刊（一九六〇年），七一頁。

[二] 古代的文字學家、書法史論家常常以"諸侯力政"和"文字異形"來形容戰國時期的分裂狀態，即把文字的異形現象也作為分裂的顯著標志。戰國時期的"文字異形"，也顯示了當時改變文字結構的狀態，以及體式演變發展的多種可能性。

[三] 啓功《古代字體論稿》，文物出版社，一九九九年，九頁。

表三 “秦書八體”所見“體 — 用”關係表

| 字體類屬與地位 | | 書體名稱 | 應用範圍 |
| --- | --- | --- | --- |
| 篆書 | 古體 | 大篆 | 周代與秦國時期的正體，見於字書 |
| | 正體 | 小篆 | 秦朝的正體，用於鄭重的場合，如銅器銘文、貨幣文字、石刻等 |
| 隸書 | 裝飾體 | 刻符、蟲書、摹印、署書、殳書 | 分别用於不同的器物，屬於正規的場合 |
| | 俗體 | 隸書 | 用於簿籍、文書、抄寫書籍文篇 |

表中列有“字體類屬”與“書體名稱”兩項，“字體”是從文字學的角度而言，强調社會公認的固定標準；“書體”是從書寫的角度而言，帶有書寫者個人的習慣或指某種風格樣式。這是從區别的一面說。在文字的演進史上，新字體的形成都是由個人草率書寫某種既有的字體為發端，所以“字體”與“書體”具有重合點。從“秦書八體”的名目、各自所處的地位以及用途來觀察，“字體”的涵蓋面更大一些。魏晋以來任何一種名家風格意義上的書體，以及各種變態的銘石書，包括各種名目的雜體，都可歸屬某種“字體”的結構類型。

秦朝確立的“八體”為漢朝所繼承，大體反映了秦朝、西漢時期文字書寫的“體 — 用”關係。許慎還提到“漢興有草書”。上個世紀出土的漢簡中，我們見到了數量不多的西漢草書。較為確定的西漢簡牘草書，是東海縣尹灣西漢中晚期家族墓中出土的一册《神烏傅（賦）》，用比較規則的草書抄寫，可見西漢人抄寫文章書籍已用草書。

二、“新莽六書”所見“體 — 用”關係

據文獻記載推測，東漢課吏的科目改為王莽時期制定的“新莽六書”。許慎《説文解字叙》解釋，古文是“孔子壁中書”，奇字“即古文而異者”，篆書“即小篆”，繆篆“所以摹印也”，鳥蟲書“所以書幡信也”，佐書“即秦隸書”。按許慎的解釋，有三體是“體 — 用”對應，其他三體未直接道明用途。

在漢簡中，我們還見到草書録寫的簿籍，最著名的一件是寫於東漢和帝時代的《永元兵器簿》，雖然我們還不知道這樣的簿籍是上呈的正本或者是自留的副本，但是大體可以確定，草書是可以用來録寫簿籍的。

關於草書的應用，還有兩個故事需要提及。《後漢書》卷一四《宗室四王三侯列傳》記載：“（劉）睦能屬文，作《春秋旨意終始論》及賦頌數十篇。又善史書，當世以為楷則。及病寢，帝驛馬令作草書尺牘十首。”此在明帝時期（五八~七五年）。另一事件發生在章帝建初（七六~八三年）年間，杜度草書，“見稱章帝，上貴其跡，詔使草書上事”[一]。這兩個故事流傳很廣，歷代書學著作屢屢稱引。按照當時文字書寫的禮儀，下屬向上司寫報告，臣子上書帝王，皆不能用草書，即使貴為王侯也須遵守。所以，劉睦為明帝寫草書尺牘、杜度用草書上事都須經過特許。明帝、章帝父子的異常舉動，在他們也許是一件偶然的小事，但是，皇帝愛好草書的舉動一旦傳播開來，則具有認可草書價值、提升草書地位（書體的合法性）的象徵“意義”。能草書的劉睦是宗室王，擅長草書的杜度是齊國相，可見草書在東漢前期已經是士人所習之藝。劉睦用草書作尺牘與明帝雖屬特例，恐怕當時士人間已經存在這樣的風氣，亦見“體 — 用”關係。

---

[一] 見張懷瓘《書斷·上》“章草”條，《法書要録》卷七。

依據許慎的解釋以及文獻記載，結合各種東漢書跡，我們將“新莽六書”所見“體 — 用”關係列為一表。

**表四　“新莽六書”所見“體 — 用”關係表（附草書）**

| 字體類屬與地位 | | 書體名稱 | 應用範圍 |
| --- | --- | --- | --- |
| 篆書 | 古體 | 古文、奇字、篆書 | 古文、奇字見於古書。亦用於作字書；篆書（小篆）用於鄭重的場合，如銅器銘文、貨幣文字、碑額等 |
| | 裝飾體 | 繆篆、鳥蟲書 | 比秦朝篆類裝飾體的名目少，分别用於“摹印”和“書幡信” |
| 隸書 | 正體 | 佐書 | 主要用於文書的書寫，更是銘刻碑文的常規書體（稱“銘石書”） |
| 草書 | 俗體 | 草書 | 用於鈔寫文篇、作尺牘、録簿籍 |

許慎生活的年代去新莽未遠，他只提到草書而没有提到行書、正書，可見這兩種書體在公元二世紀初尚未形成。所以，表四顯示的文字書寫的“體 — 用”關係衹能反映東漢桓靈之前的狀況。

三、東牌樓漢簡所見書體與文書類型的對應關係

過去，我們由文獻的記載知道行書、正書興起於東漢後期。筆者曾以傳世的鍾繇書跡如《賀捷表》、《薦季直表》、《宣示表》之類的奏表推測正書用於公文的書寫，或由古樓蘭魏晋文書推測行書用於尺牘。由於所見書跡不是東漢後期第一手實物資料，所以衹能作“推測”。

東牌樓漢簡的出土，展現了文字書寫的新情況。上文“東牌樓漢簡書寫者的推測”一節中，我們列有“長沙東牌樓漢簡具名公私文書一覽表”（即表一），其中設置“文書類型”與“書體”兩項即有顯示“體 — 用”關係的意圖。經過書體與文書類型兩個方面的初步辨認，我們將東牌樓漢簡所見書體與文書類型的對應關係列為一表。

**表五　東牌樓漢簡所見書體與文書類型對應表**

| 字體類屬與地位 | | 文書類型 |
| --- | --- | --- |
| 篆書 | 古體 | 習字類 |
| 隸書 | 正體 | 公文類（封檢、名刺、簿籍、簽牌等）、習字類 |
| 草書 | 俗體 | 公文類、私信類、習字類 |
| 行書 | 俗體 | 私信類 |
| 正書 | 俗體 | 私信類、公文類 |

東牌樓漢簡顯示的書體與文書類型對應關係，補充了表四的不足。將表五與表四合觀，東漢時期文字書寫的“體 — 用”關係之全貌大體如此。

## 東牌樓漢簡的書法史料價值

我們知道，東漢後期書法是漢朝書法史上非常輝煌的一章，在中國書法史上佔有非常重要的地位。

歷代金石家艷稱的“漢碑”名品，如《乙瑛》、《禮器》、《孔宙》、《華山》、《史晨》、《曹全》、《張遷》、《熹平石經》諸碑，《石門》、《西狹》、《郙閣》等摩崖，皆書刻於東漢後期的桓靈之世，是後世書家學習隸書的範本。據文獻記載，“草聖”張芝和“行書之祖”劉德昇都活躍於桓靈之際。“正書之祖”的鍾繇向來被稱為曹魏書家，而他生於桓帝朝，書法學成於靈帝朝，八十年的人生有七十年生活在東漢後期，嚴格説，鍾繇也是東漢後期書家。但是，張芝、劉德昇的書跡早已失傳，鍾繇的書跡雖有少數刻本傳世，相對可靠者不過三四件。所以古代書論家、書法家衹能以所見碑刻書跡敘説東漢後期書法，至於當時的草、行、正書如何，則無從論列。

上世紀考古發現的《永壽二年陶瓶》（一五六年）、《熹平元年陶瓶》（一七二年）、《熹平二年陶瓶》（一七三年）之類的鎮墓文墨跡，和林格爾發現的護烏桓校尉墓的題字，以及亳縣曹氏墓磚文，雖屬東漢後期書跡，但書體較為單一，數量也少。東牌樓漢簡的出土，使我們看到了張芝時代的草書樣式，劉德昇傳授行書之際的行書形態，鍾繇青年時代存在的正書雛形，還有不同於當時正規碑刻隸書的種種隸書墨跡，甚至字形極小的“細書”隸字。儘管東牌樓漢簡屬於日常的書跡，在地域上限於南方的長沙郡，但是我們憑此“一角”可窺“冰山”。可以説，桓靈時期既是隸書書法鼎盛的時代，也是草書熾盛的時代，還是行書和正書興起的時代。

顯示東漢後期文字書寫實情的東牌樓漢簡擴大了我們的視野，可以改變過去那種僅以“漢碑”述説東漢後期書法的單一方式，借助這宗反映當時日常書寫的漢簡墨跡，我們既可以展開隸書的研究，又可以推動草、行、正書演變的研究和行書與正書關係的研究。如果我們充分利用這批漢簡書跡，其史料價值當不限於此。結合各個時期的大量漢簡，我們可以漢簡為一個系統，清理漢朝四百餘年的日常書寫狀態及書法流變。結合碑刻摩崖書跡，可以探討碑版隸書與漢簡隸書的關係，進而全面研究漢朝隸書的演進過程。新書體的草書、行書、正書先後形成於漢朝不同時期，雖然東漢後期還是或舊或新的俗體，但是憑借漢簡墨跡系列，特别是東牌樓漢簡提供的新資料，也可以開展這類新書體發生與演進的研究。

如果我們再順着書法歷史的發展方向放開眼界，東牌樓漢簡書跡又可與近年新出土且數量鉅大的長沙三國吴簡、上世紀初古樓蘭遺址發現的魏晋簡牘殘紙文書銜接起來，探尋東漢後期書法與魏晋書法的關係。過去，我們衹能由漢晋碑刻瞭解這兩個時期隸書的繼承關係，由古代書學文獻瞭解這兩個時代名家書法譜系的關聯。在東漢名家書跡不可復得的情況下，東牌樓漢簡書跡也是我們研究這些問題的重要史料。

東牌樓漢簡告訴我們：當時隸書仍是文字書寫的當家書體，結合當時碑刻書跡看，隸書仍是桓靈時期的主導書體。我們也看到，行世已久的草書和當時新興的行書、正書已用於公私文書，且佔有相當的比例，後來的魏晋新書風正是以草、行、正書為主流，所以東牌樓漢簡可以支持我們得出這樣的認識：桓靈時期的書風不僅“包前”，而且“孕後”，它在漢朝書法史上是一個轉折時代，也是魏晋新書風的源頭所在。

長沙東牌樓東漢簡牘

# 凡例

一　本書收録的是長沙東牌樓七號古井出土的東漢簡牘，主要包括圖版、釋文、解題及注釋。

二　圖版按整理號編排。釋文標題為整理者擬加，下空兩格注整理號。後附《整理號與出土號對照表》。

三　簡文為單行的，釋文頂格排；簡文兩行以上的，釋文每行上加阿拉伯數字，以醒眉目。

四　簡文缺字釋文用□表示，缺文用……表示，殘斷用☐表示。補字外加□，疑字下括問號。殘缺一半的字，為保留線索，出注説明。

五　簡文原有意空格處，釋文盡量保留原格式，但不論原空多少格，釋文都只空一格。不是齊字缺文、殘斷，缺文、殘斷符號與字間亦空一格。

六　俗別、異體等字，一般均改為通行繁體字，酌情出注説明。假借、簡體等字，則均維持原樣，出注説明。草書徑釋，不另出注。

圖版

釋文

## 貳　私信

二

一

背

正

三

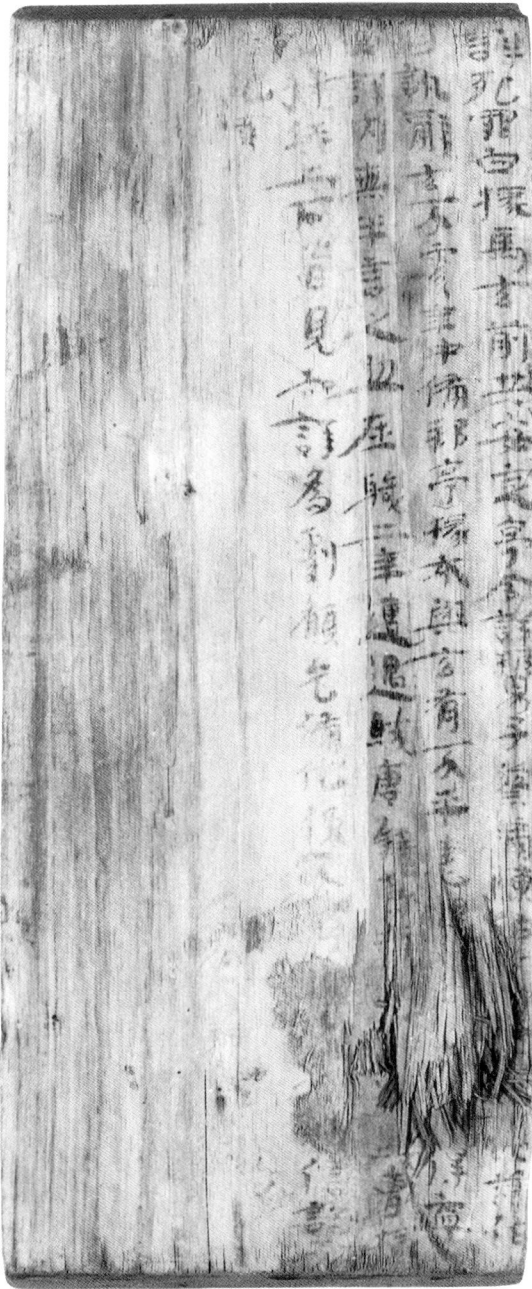

背

正

四

背

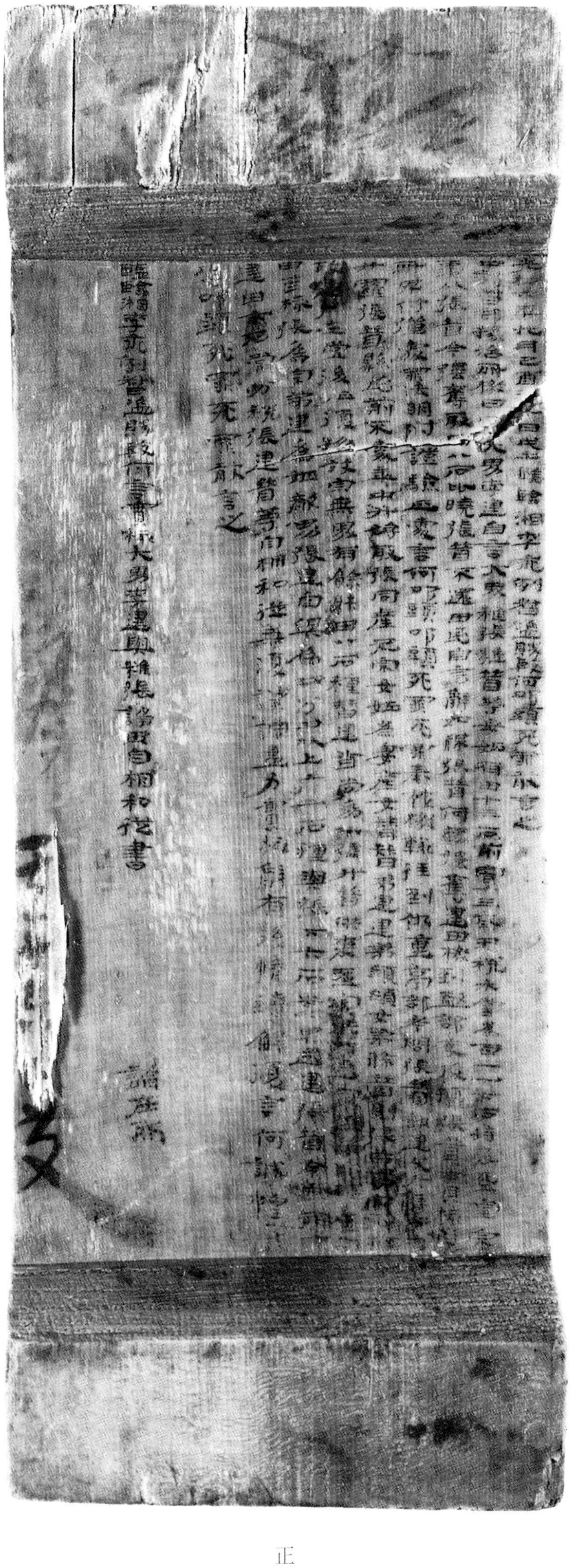

正

五

六

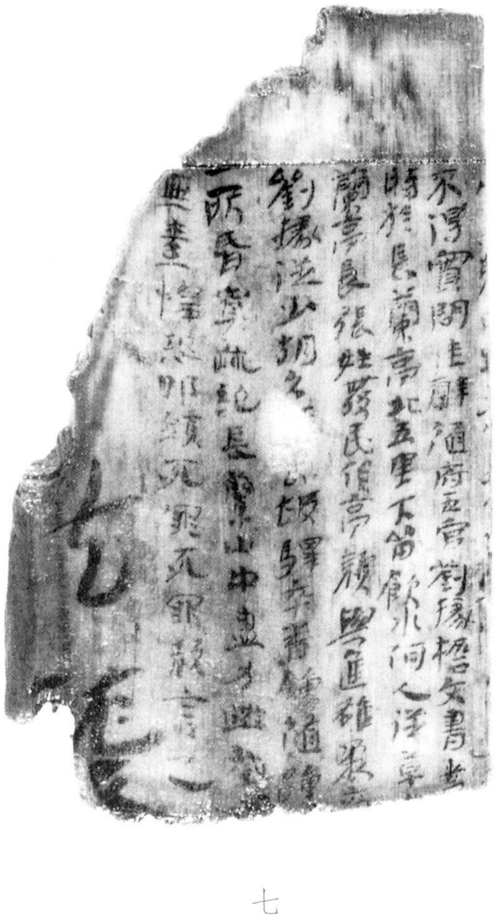

七

八

一一

背　正

一〇

背　正

九

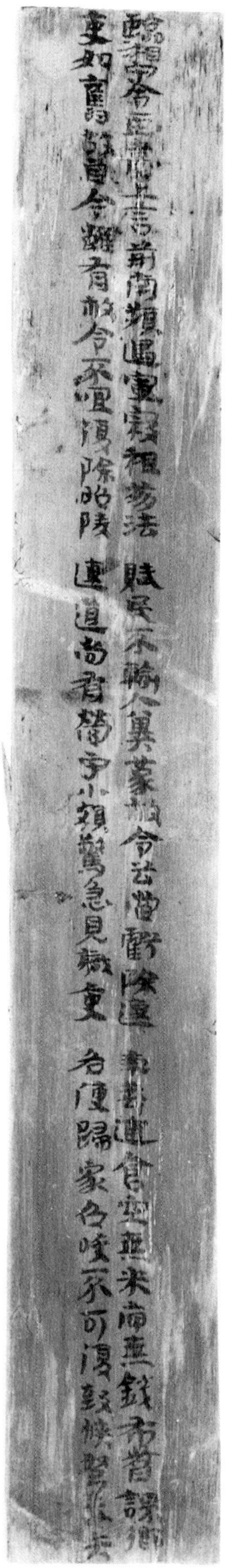

一二

正

背

一三

一四

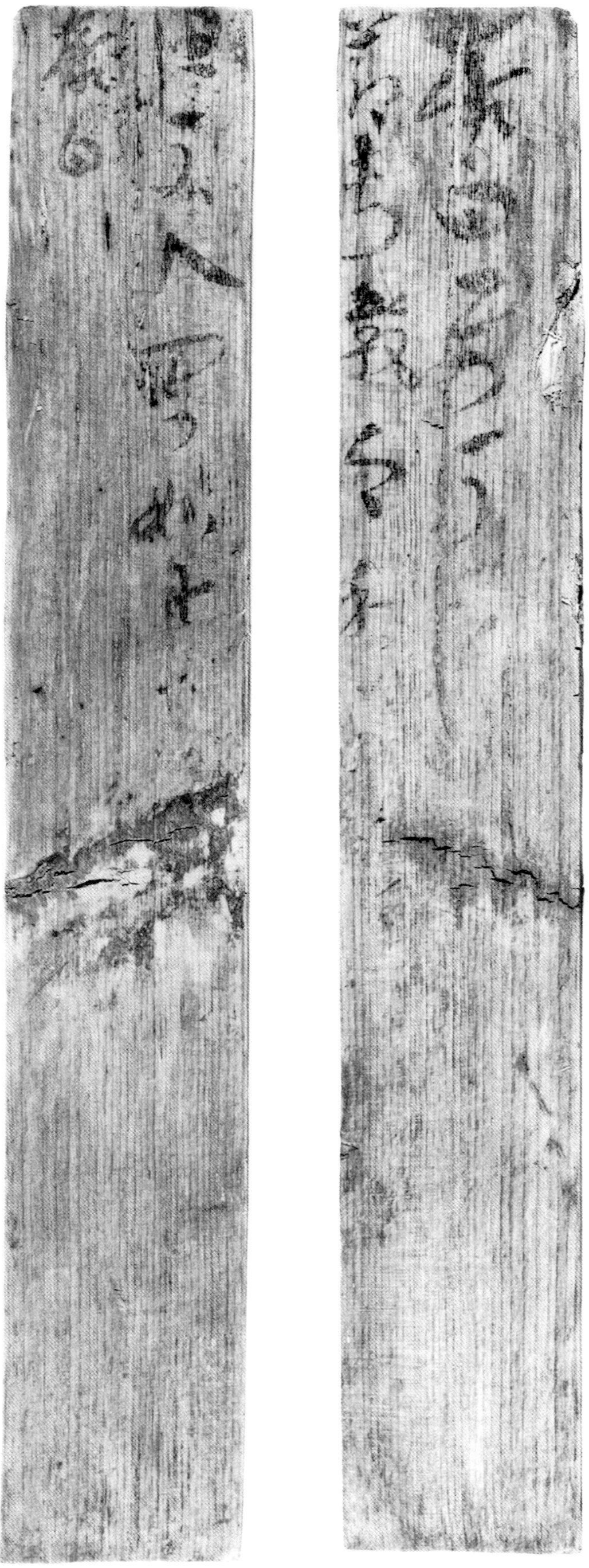
背　正

一六

背　正

一五

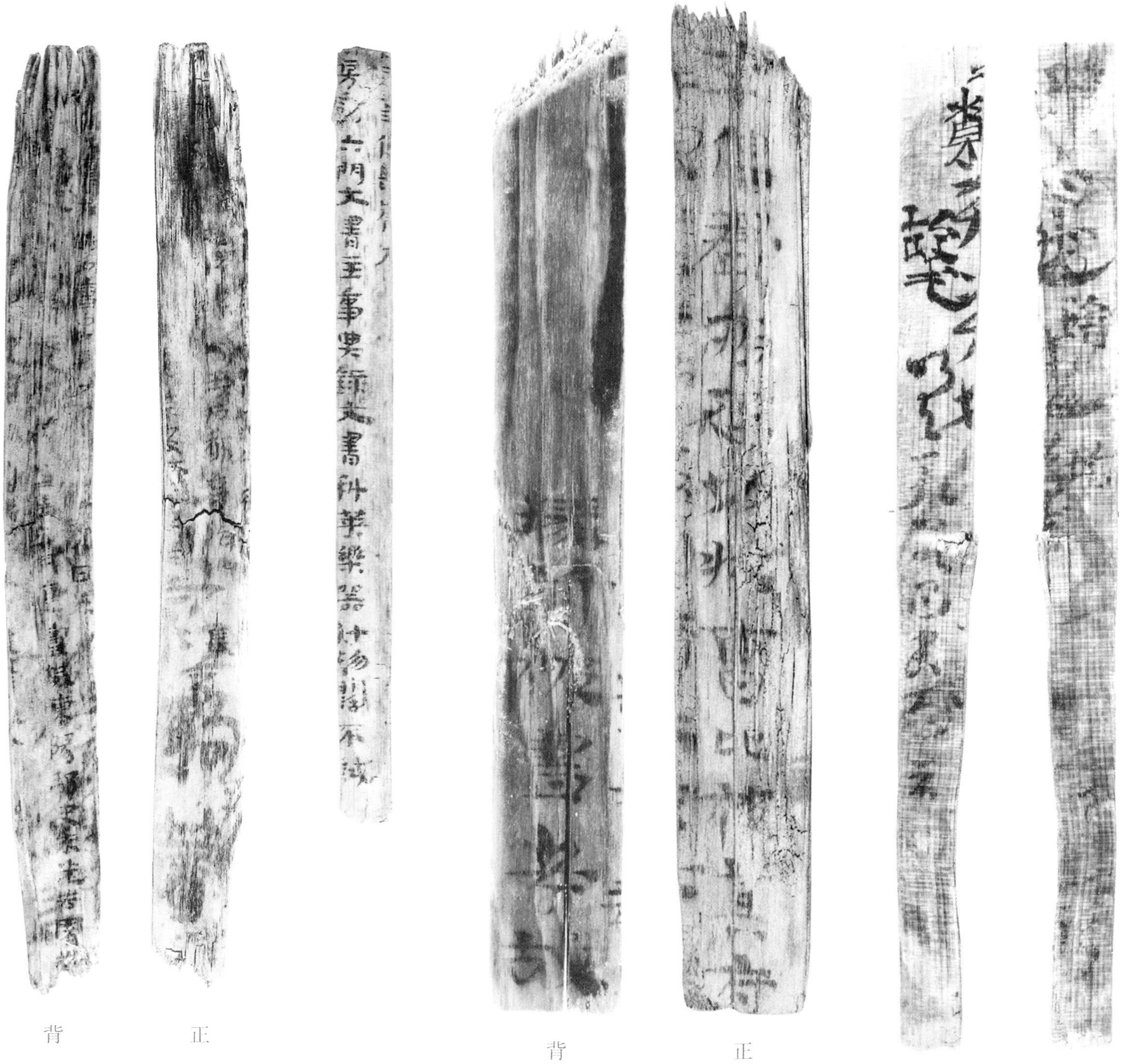

背 正 背 正 背 正

二〇 一九 一八 一七

背　　正

二一

背　　正

二二

背　　正

二三

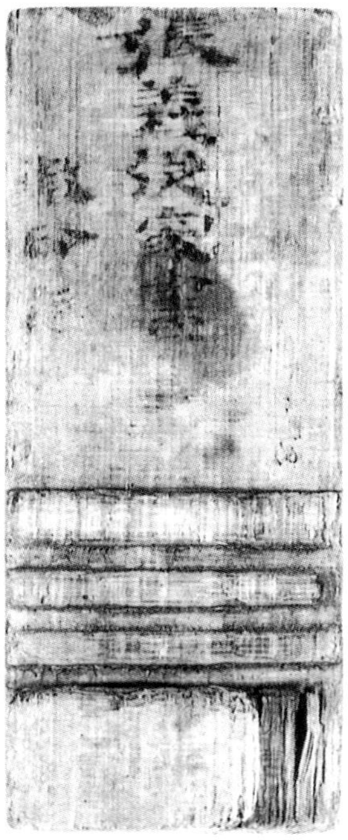

二六

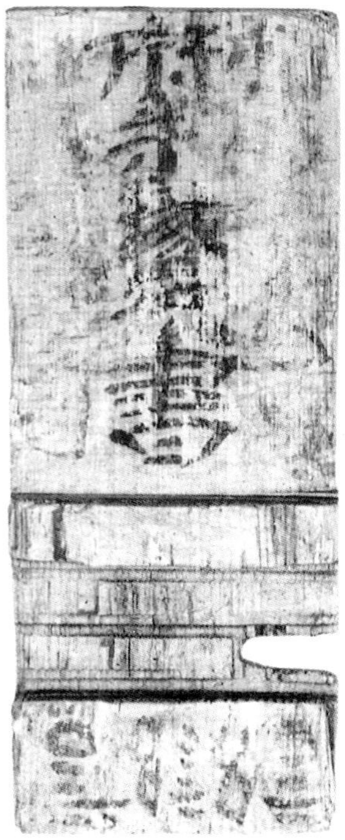

二五

二四

二七

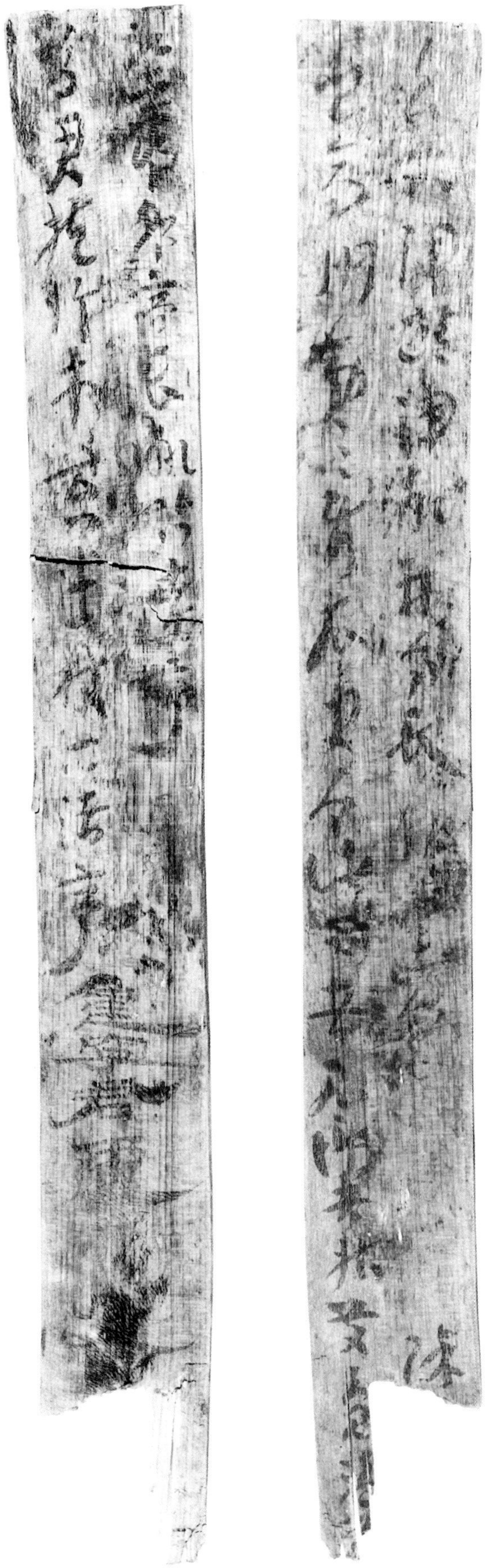

正　背

二八

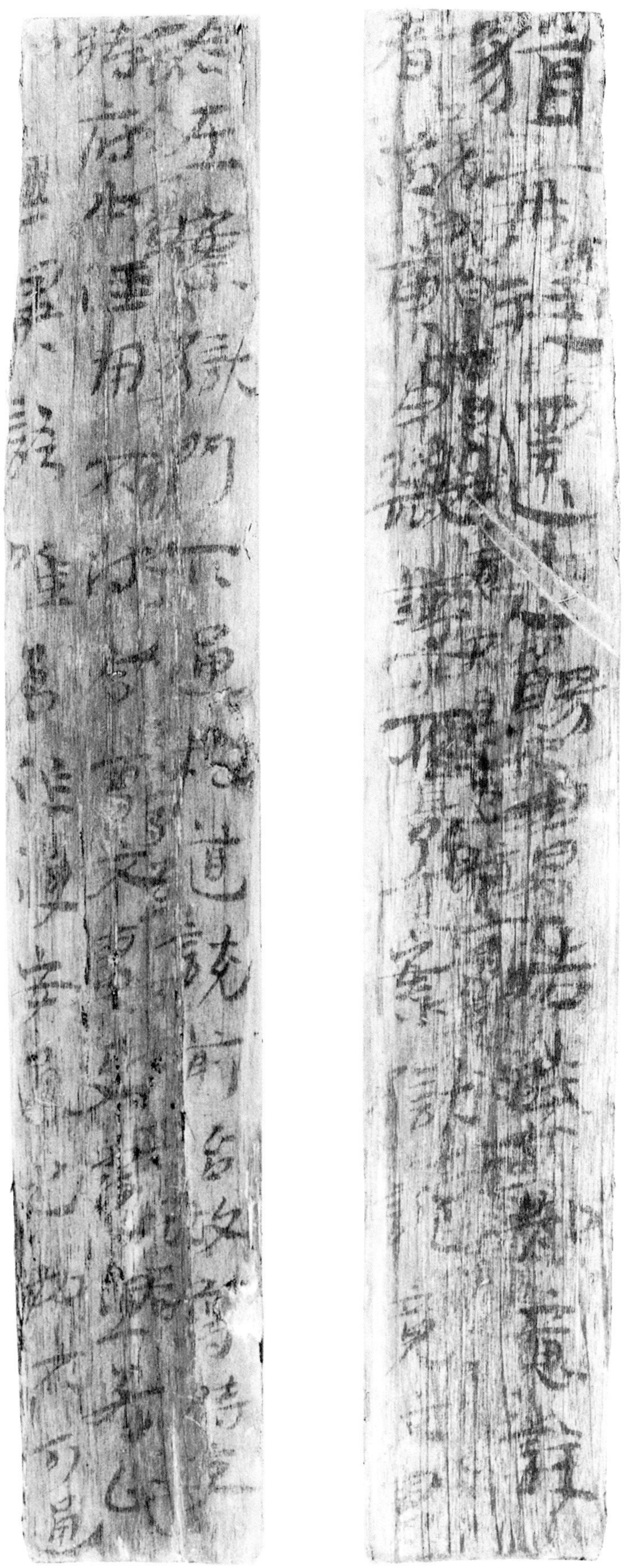

正　背

二九

背　　正

三一

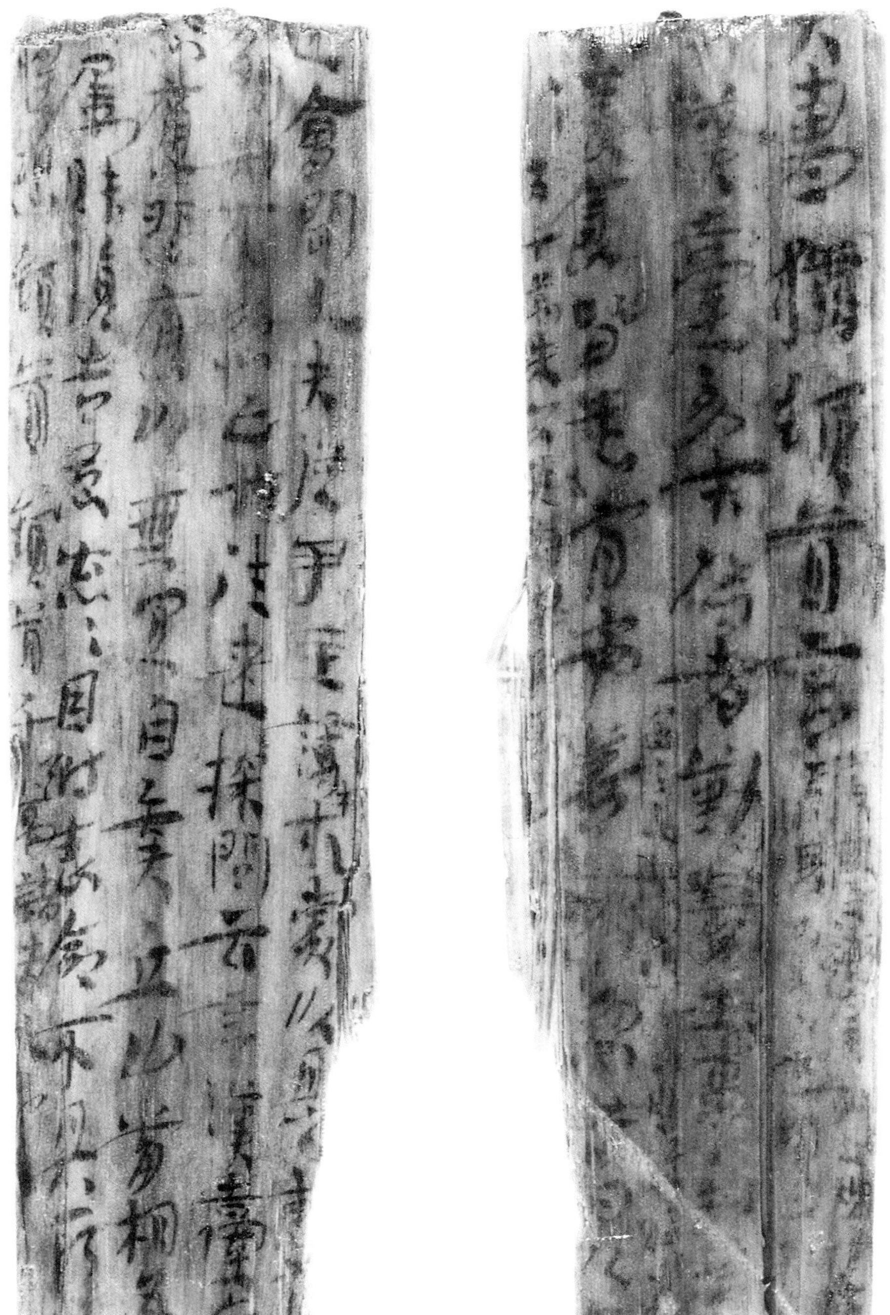

背　　正

三〇

背　　正

三三

背　　正

三二

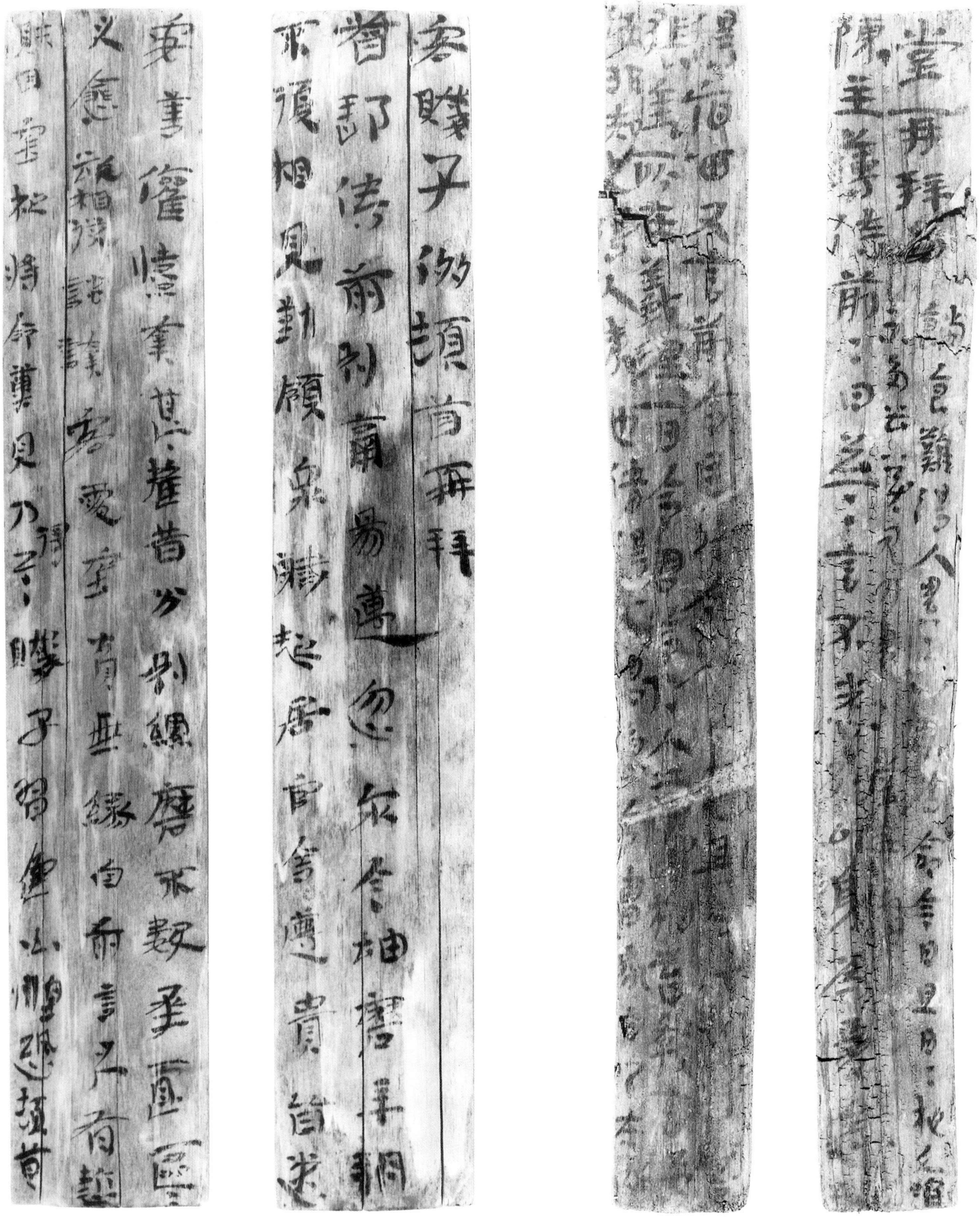

背　正

三五

背　正

三四

正

背

三六

正

背

三七

背

正

三九

背

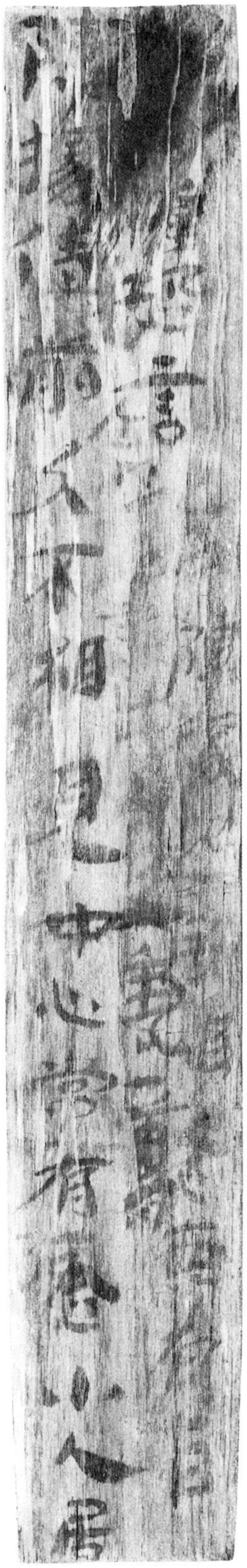

正

三八

背　　正

四二

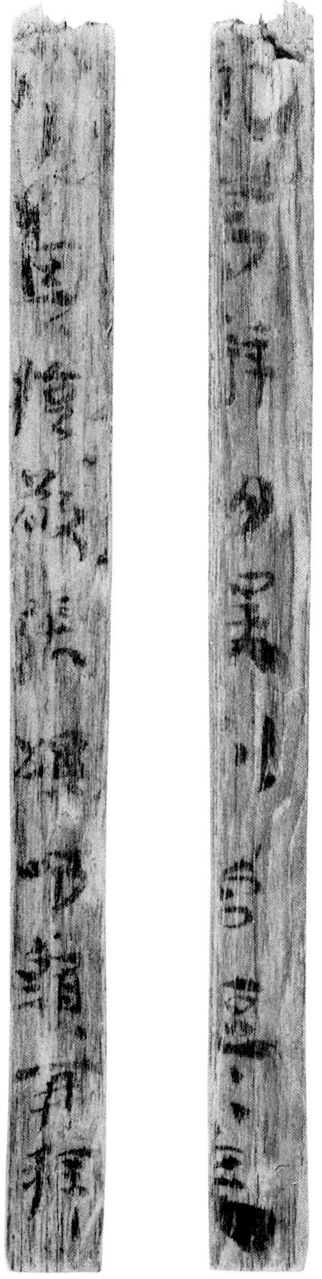

背　　正

四一

背　　正

四〇

四五

背　正

四六

四四

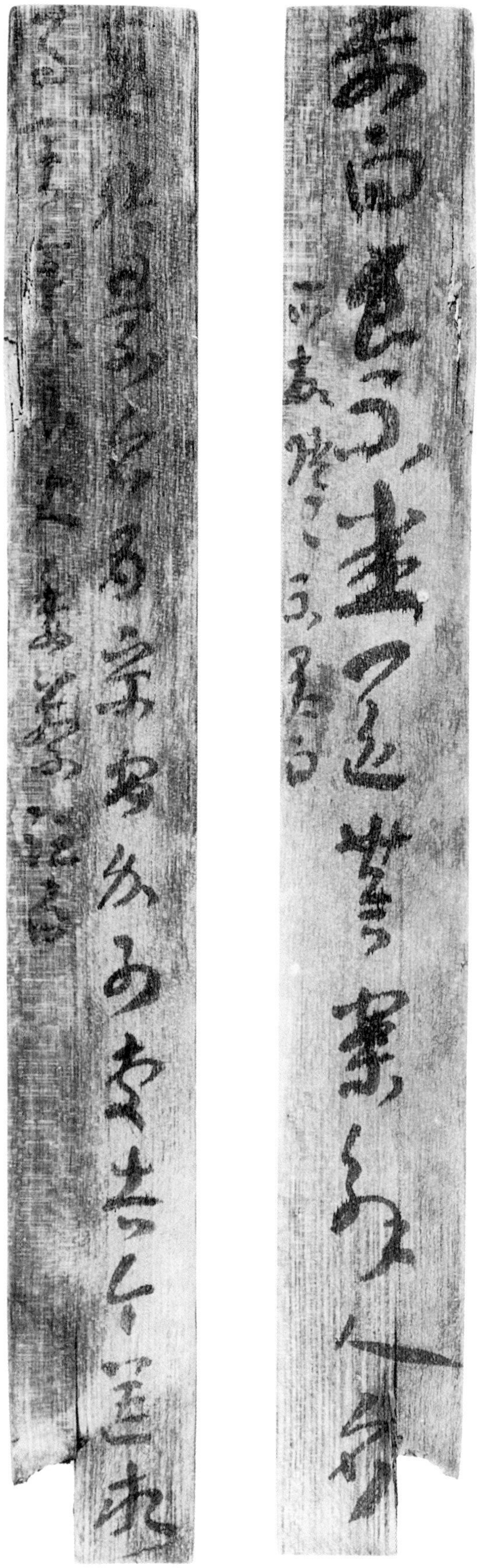

背　正

四三

正

背

四七

正

背

四八

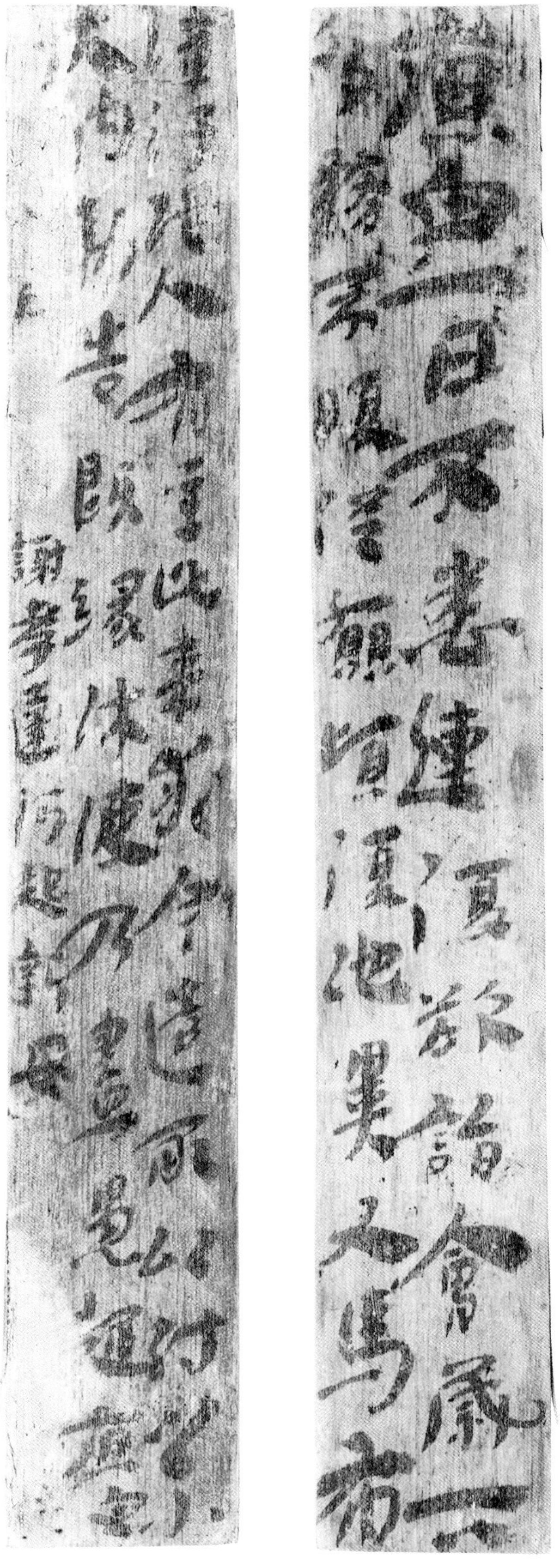

背　正

四九

背　正

五〇

背

正

五二

背

正

五一

背

正

背

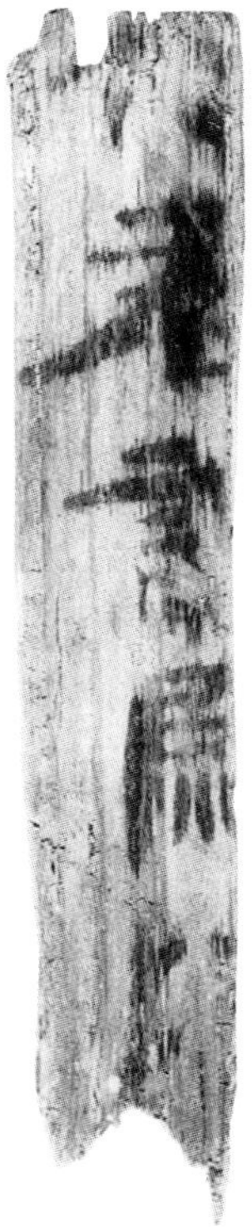

正

五四

五三

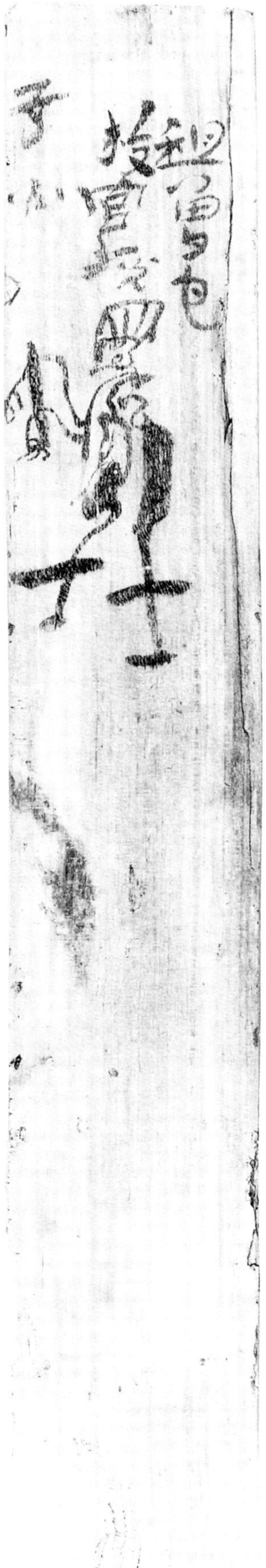

背

正

五六

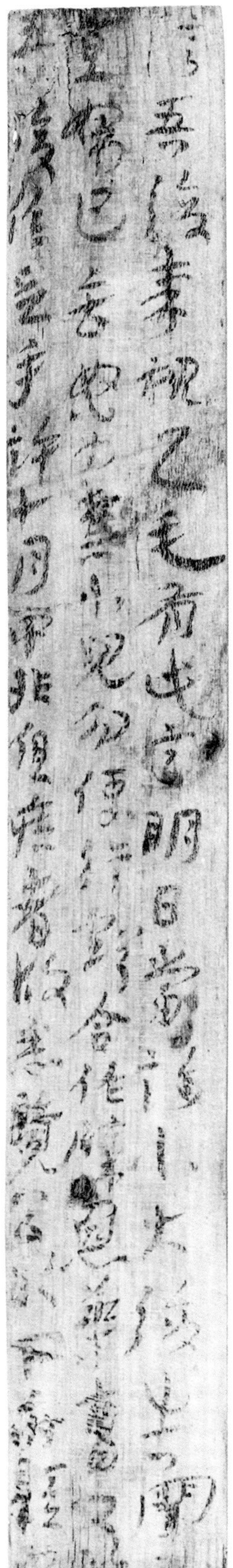

背

正

五五

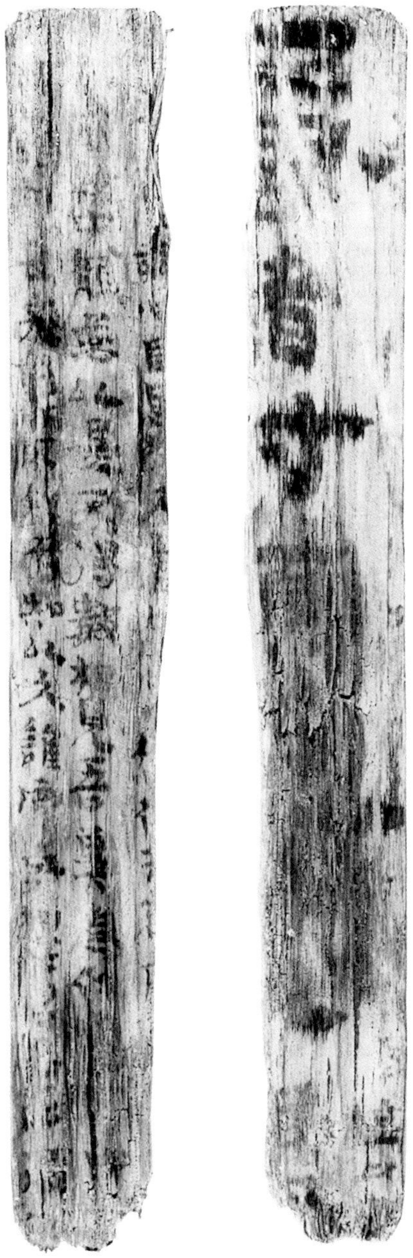

背 正

五七

背 正

五八

五九

背 正

六〇

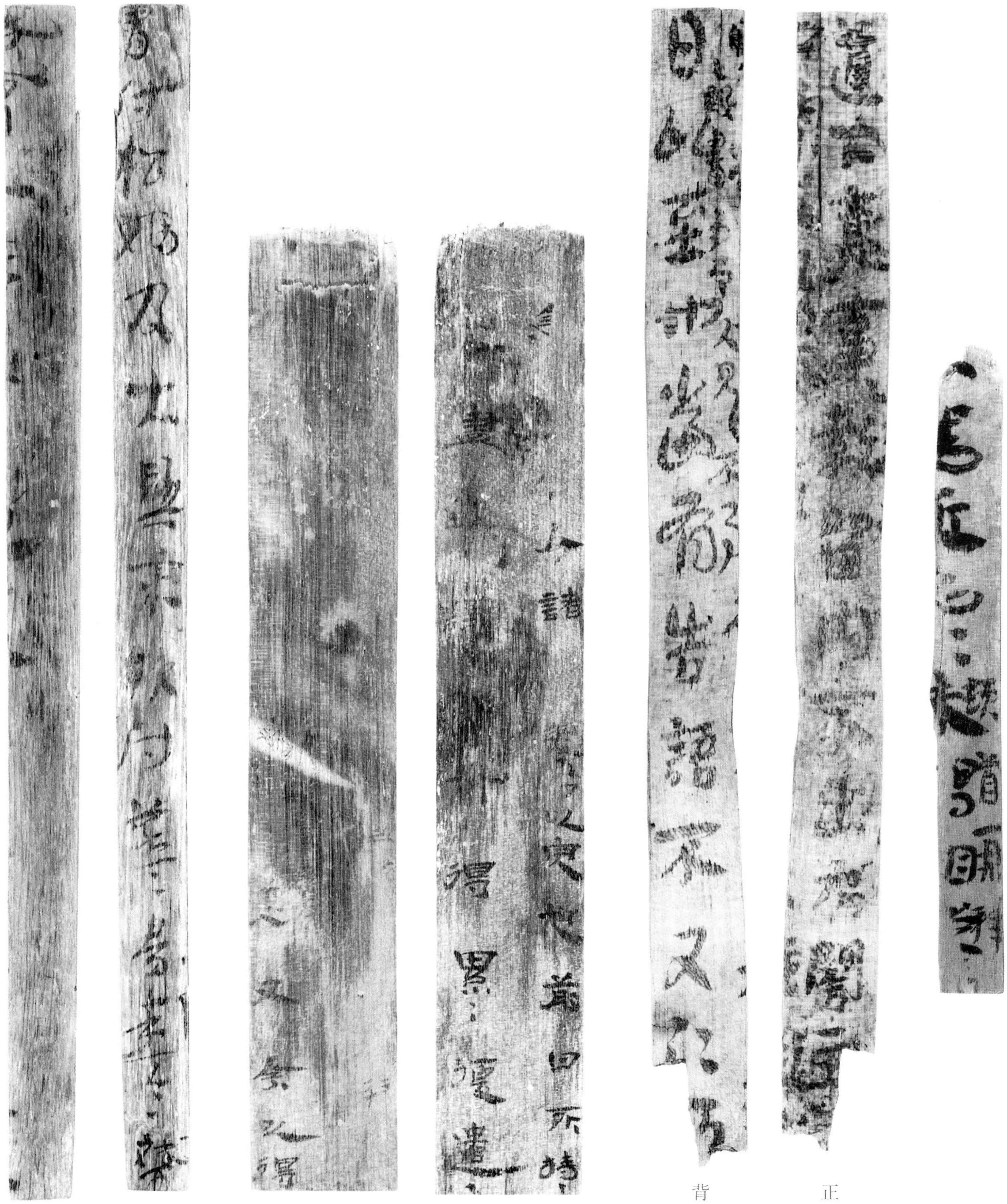

背 正 背 正 背 正

六四 六三 六二 六一

背　正　　背　正　　背　正

六七　　六六　　六五

背　正

六九

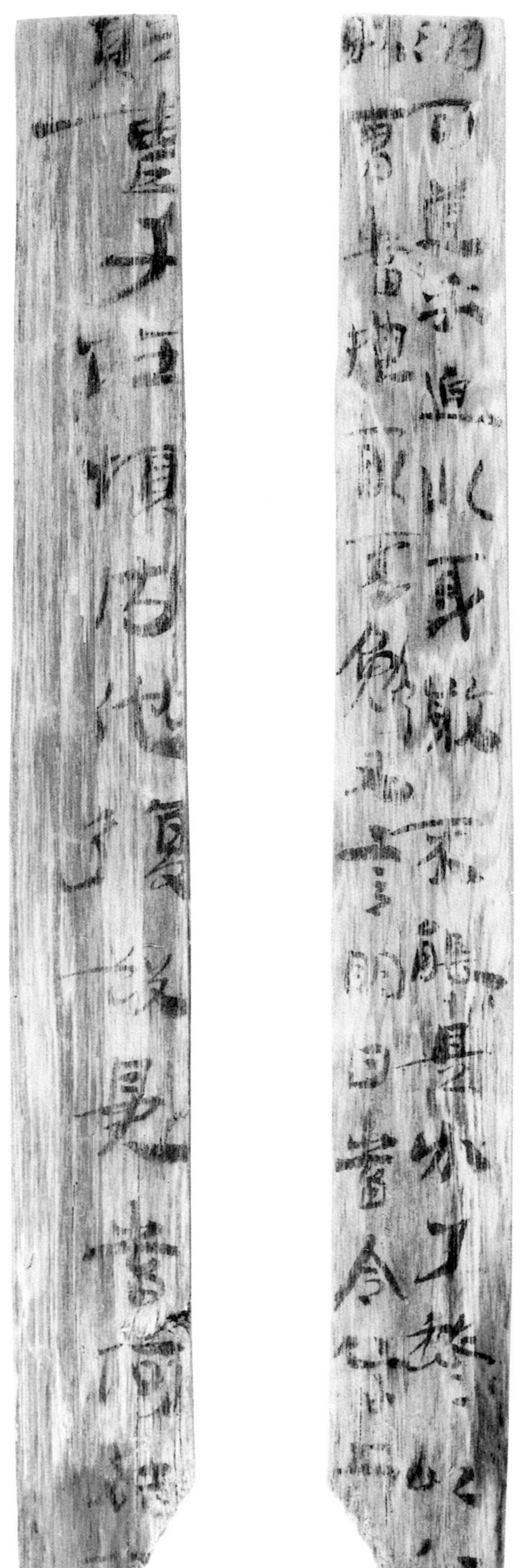

背　正

六八

背

正

七一

背

正

七〇

正

背

七二

背 正

七三

七四

背 正

七五

背 正

七六

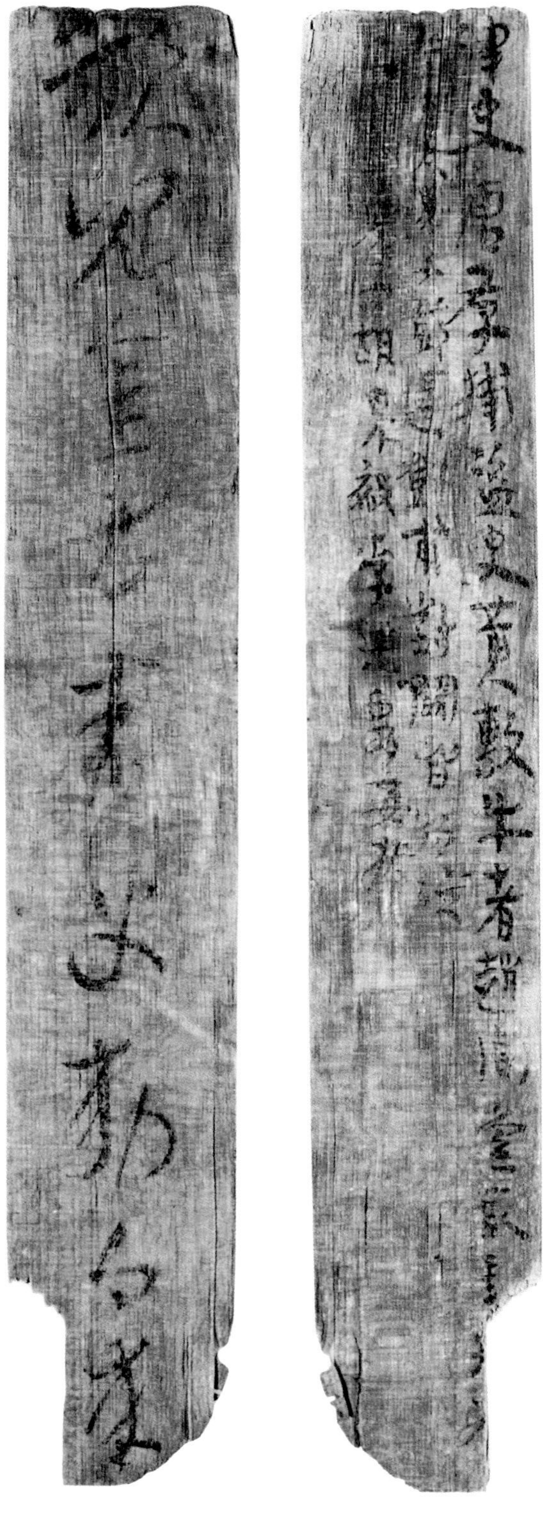

背　正

七八

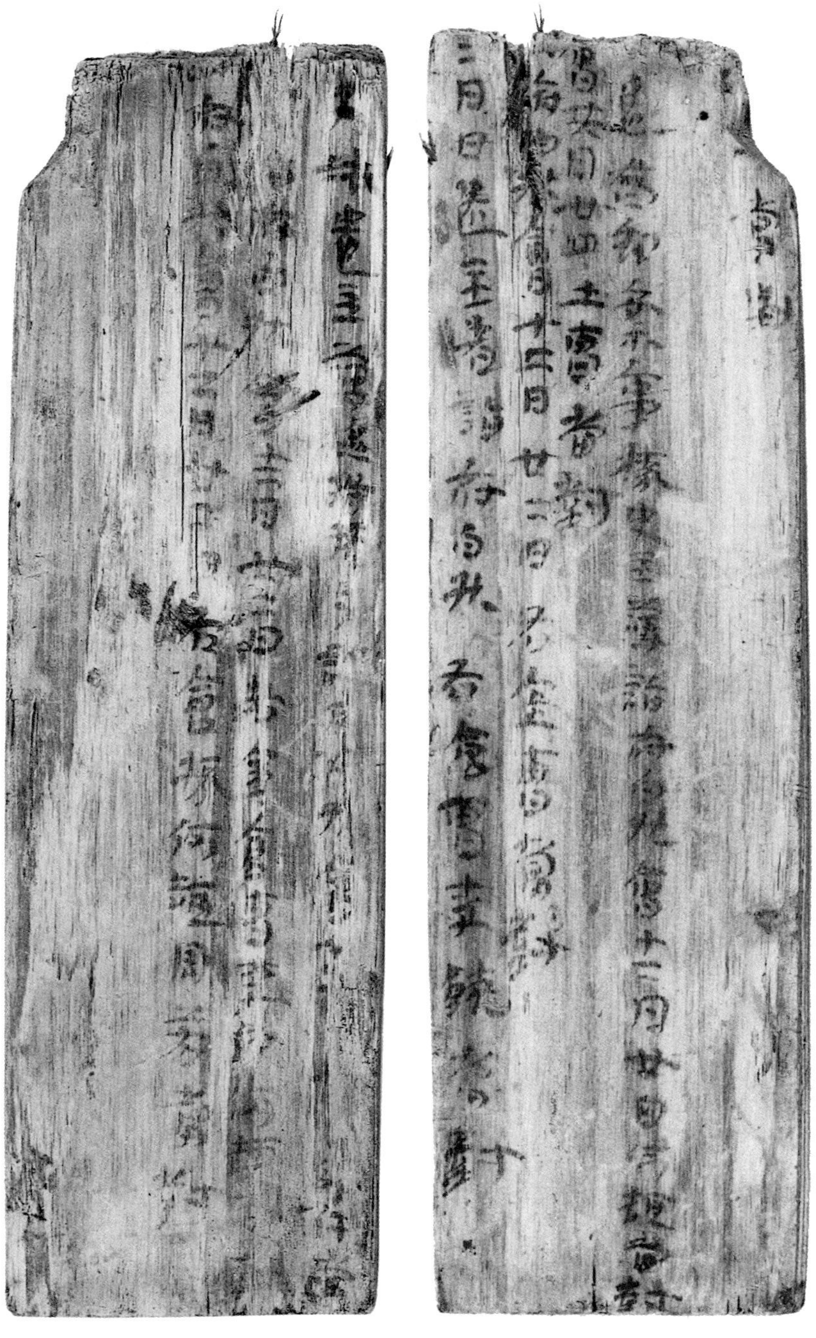

背　正

七七

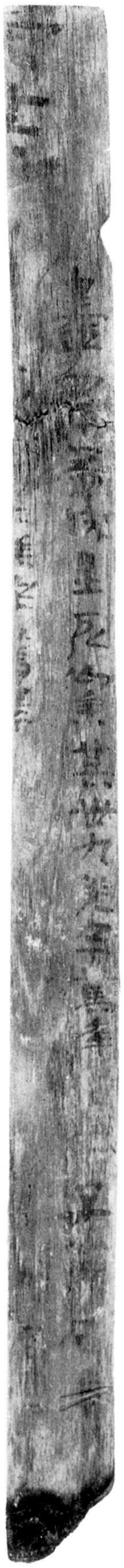

七九

八〇

八一

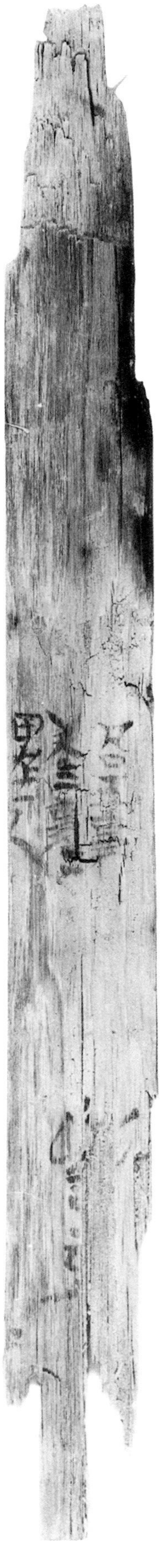

八二

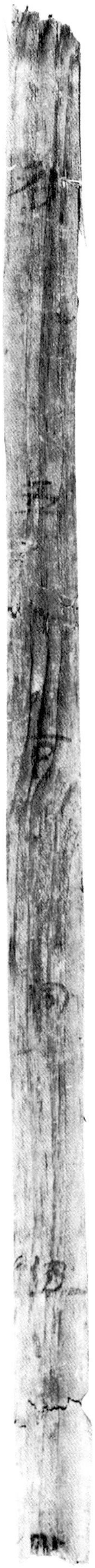

八三

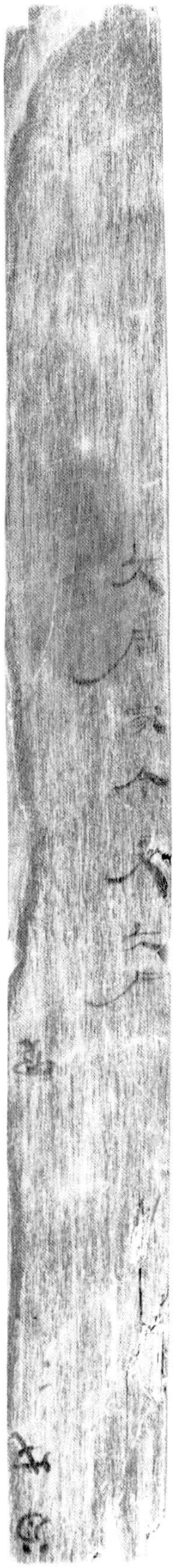

八四

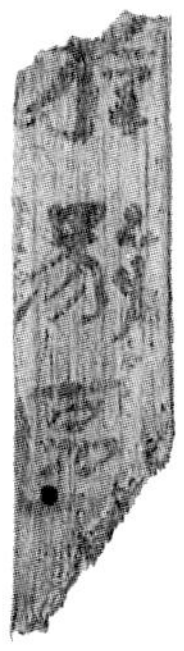

八七

背　正

八八

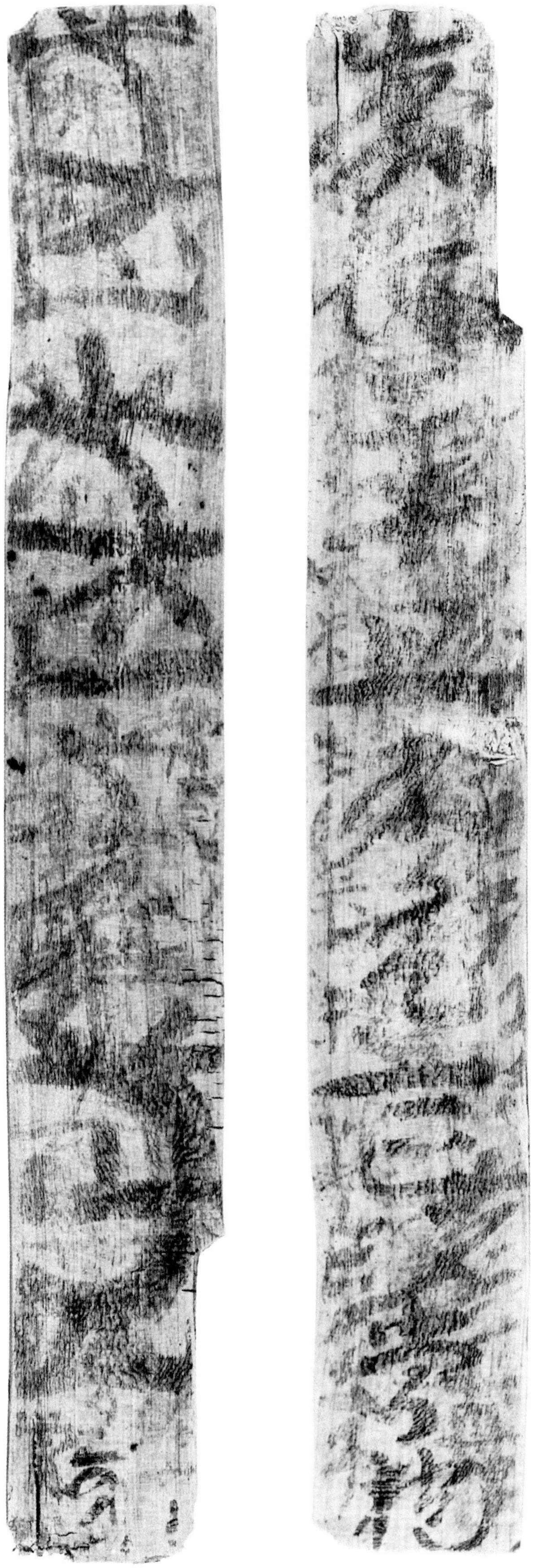

背　正

八六

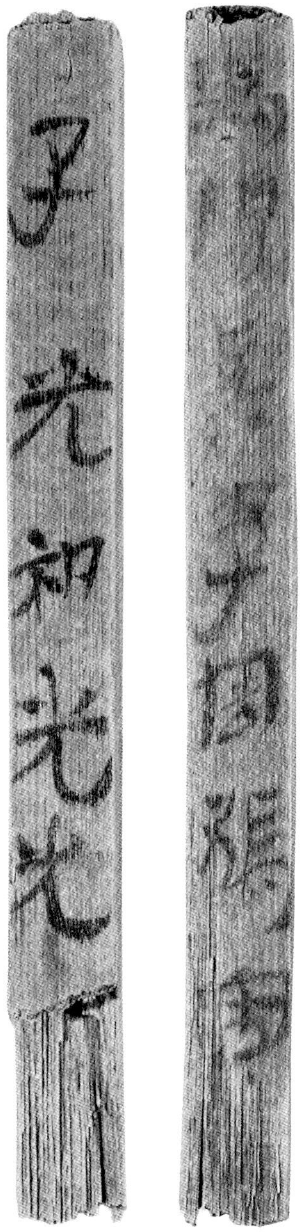


背　正

八五

背

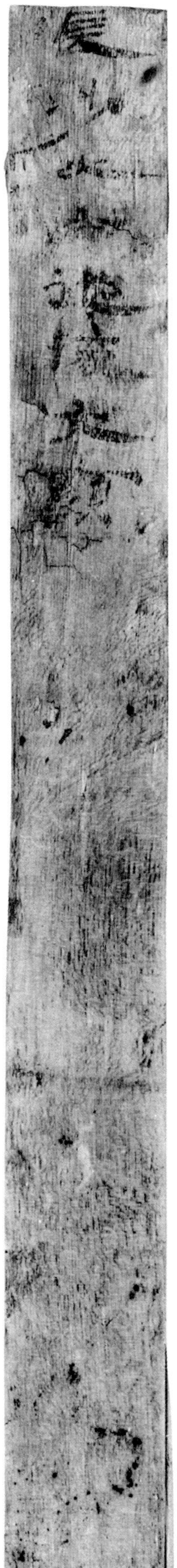

正

九四

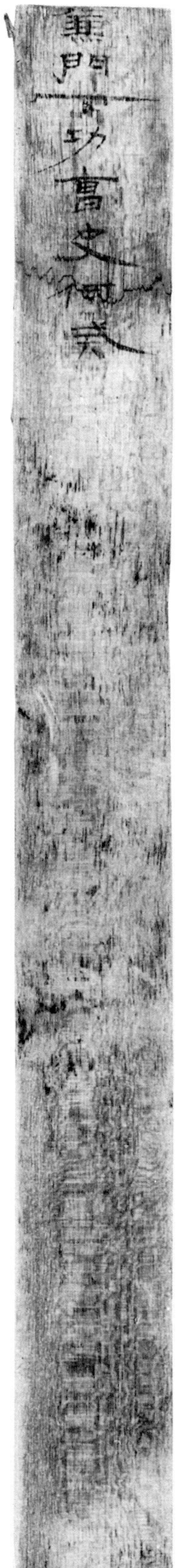

九三

九二

九一

八九

九〇

九五

正

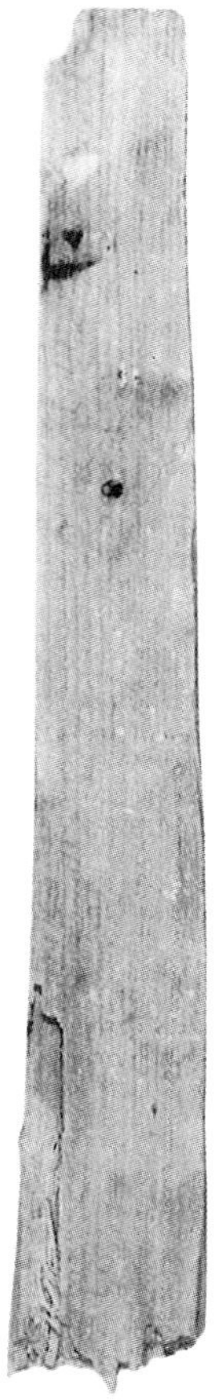

背

九六

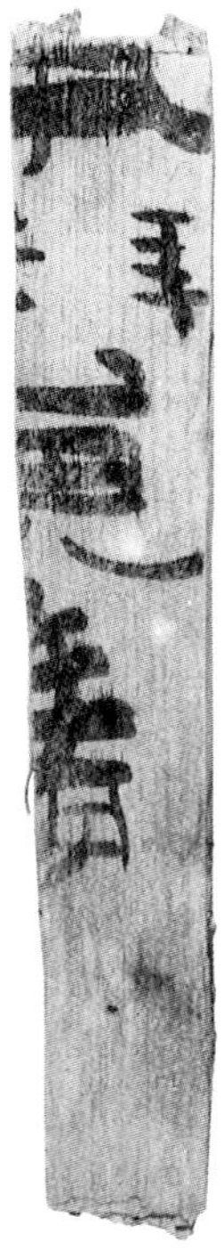

九七

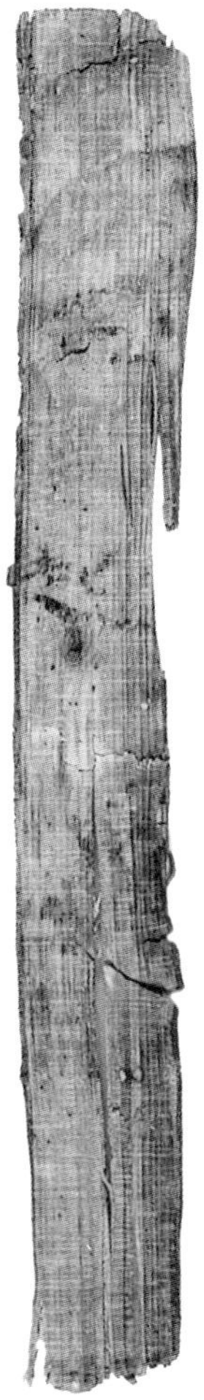

九八

正

背

一〇二

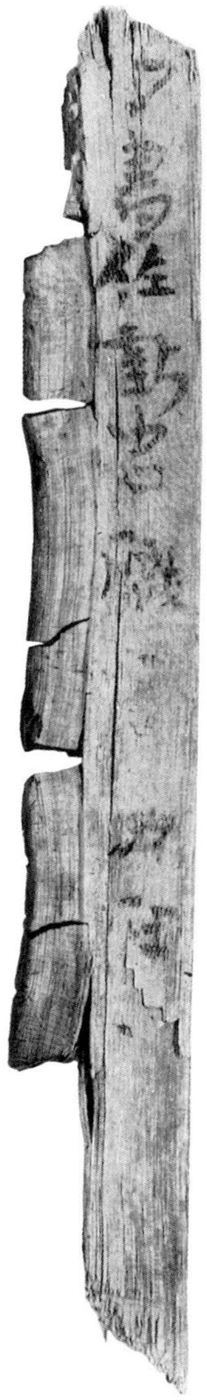

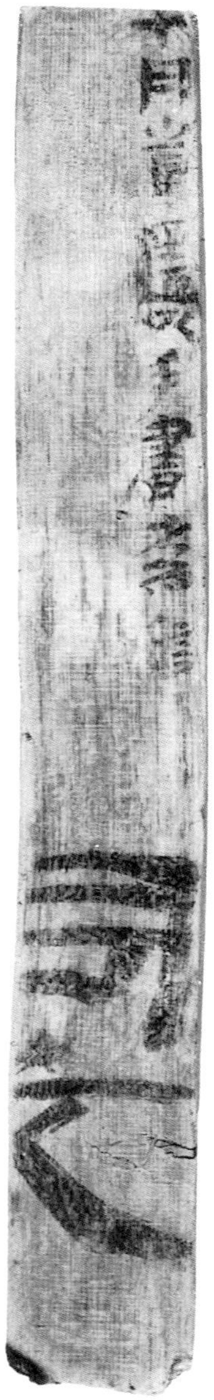

背

正

一〇三

一〇一

一〇〇

九九

背　　正

一〇五

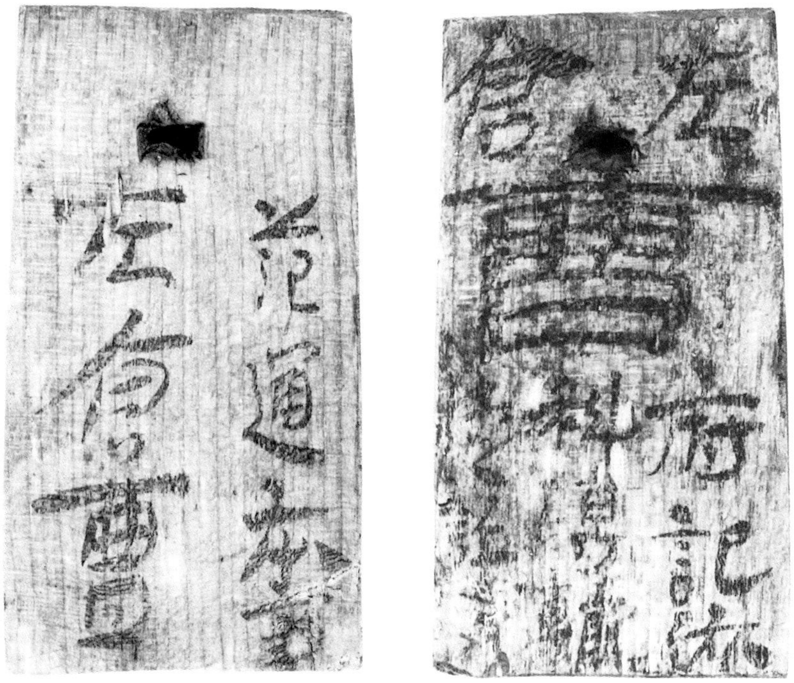

背　　正

一〇四

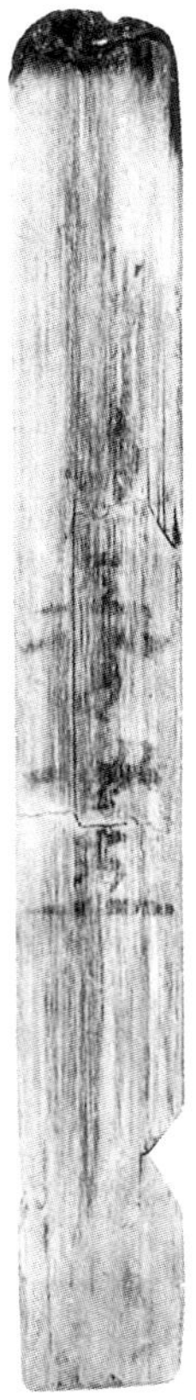

一〇七

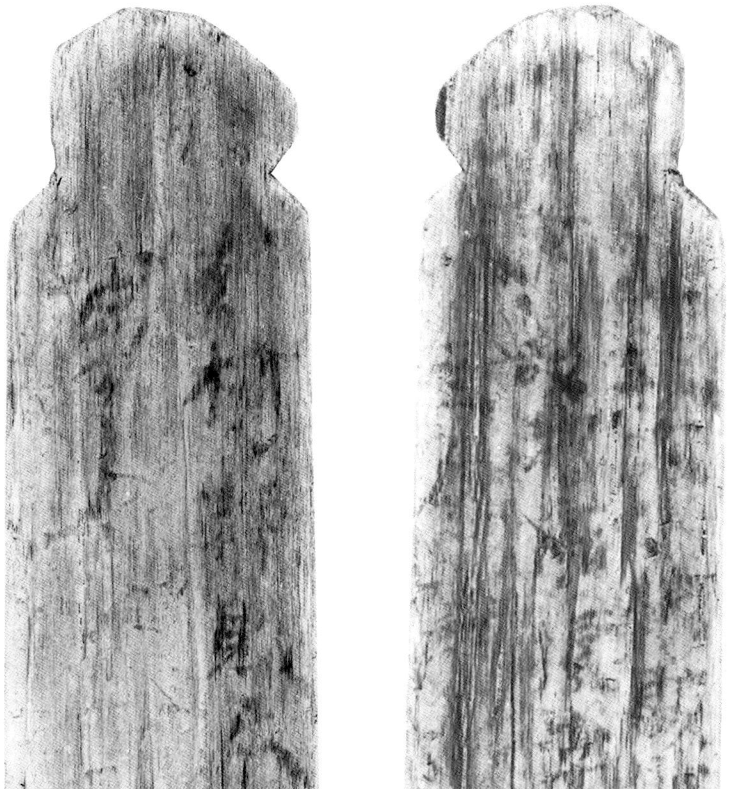

背　　正

一〇六

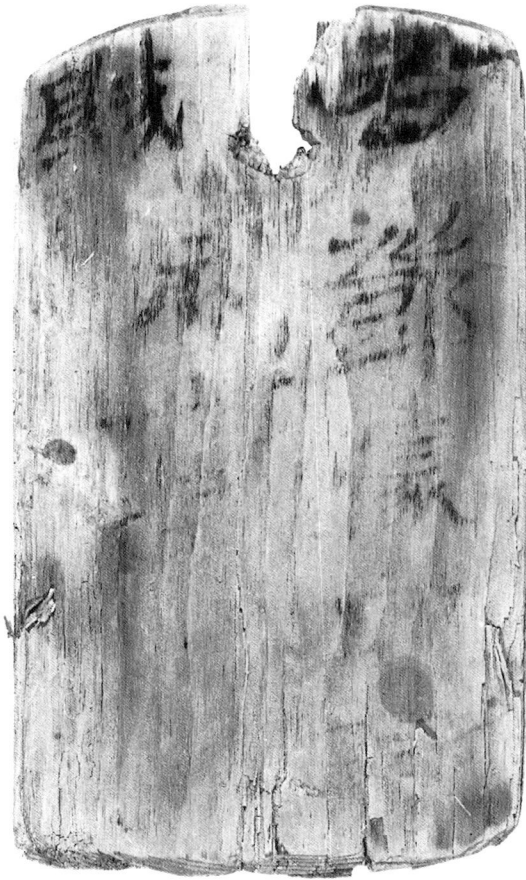

背

正

一〇八

背

正

一〇九

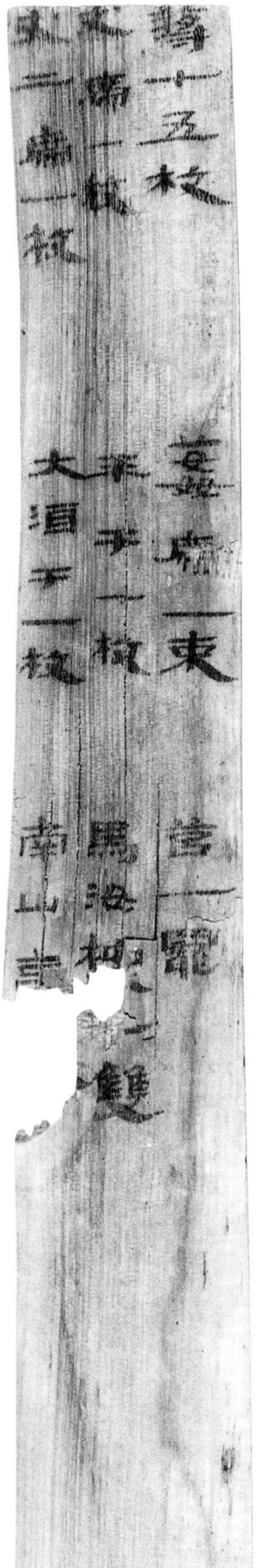

一一〇

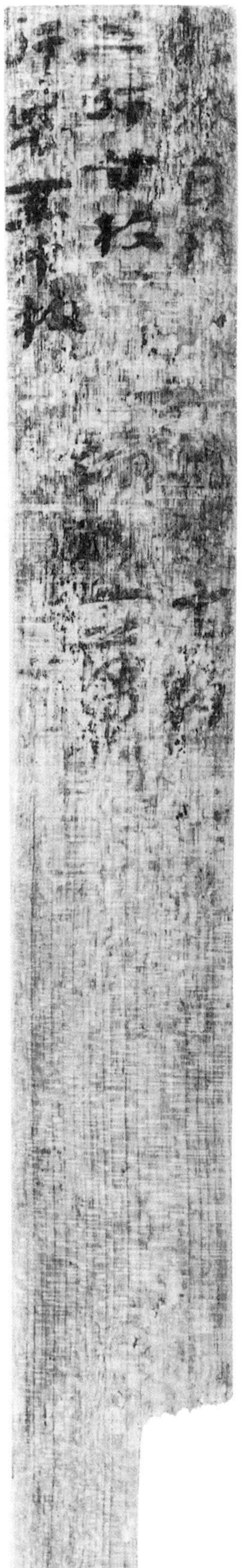

一一一

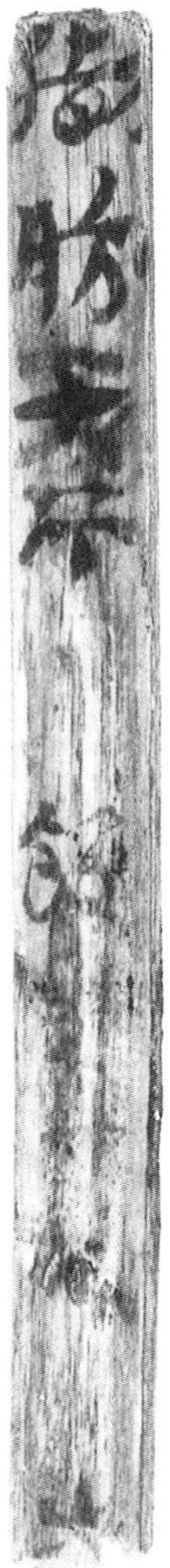

一一二

一一三

一一四

背

正

一一七

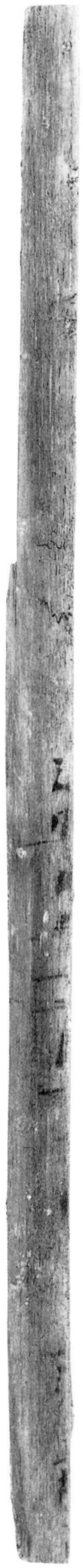

一一六

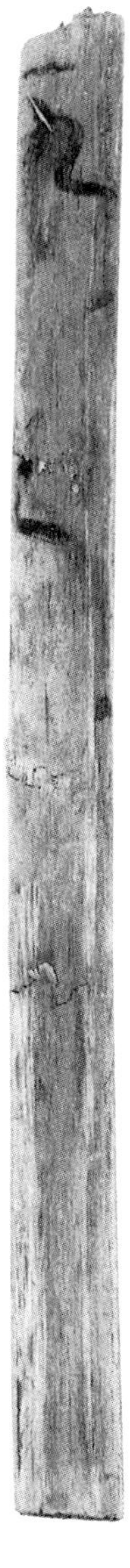

背

正

一一五

正

背

一一八

一一九

一二〇

一二一

一二二

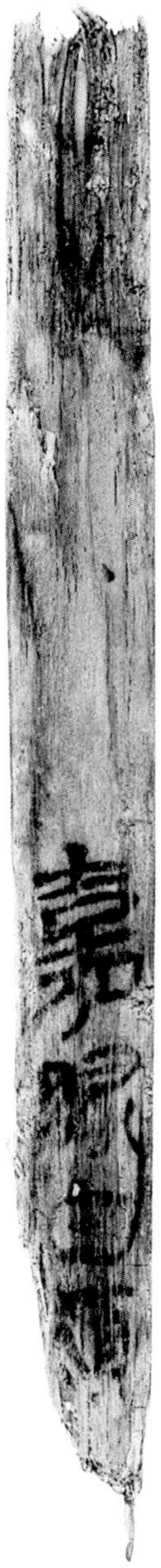
一二三

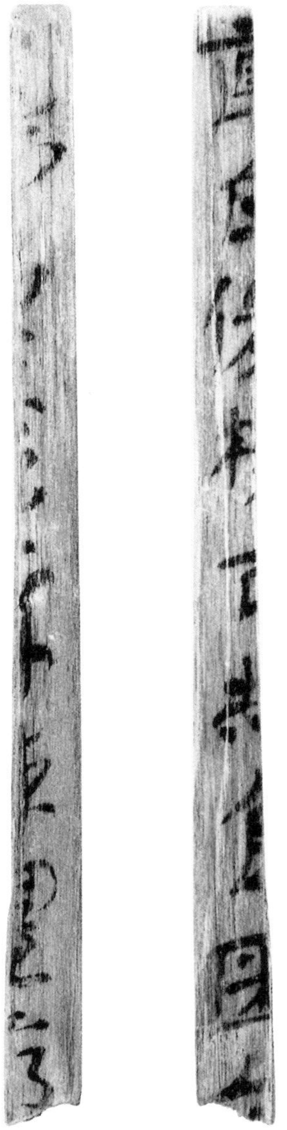

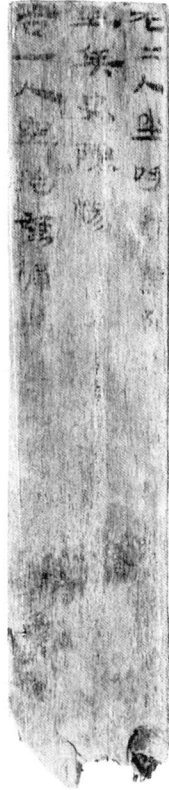

背 正

一二六

一二五

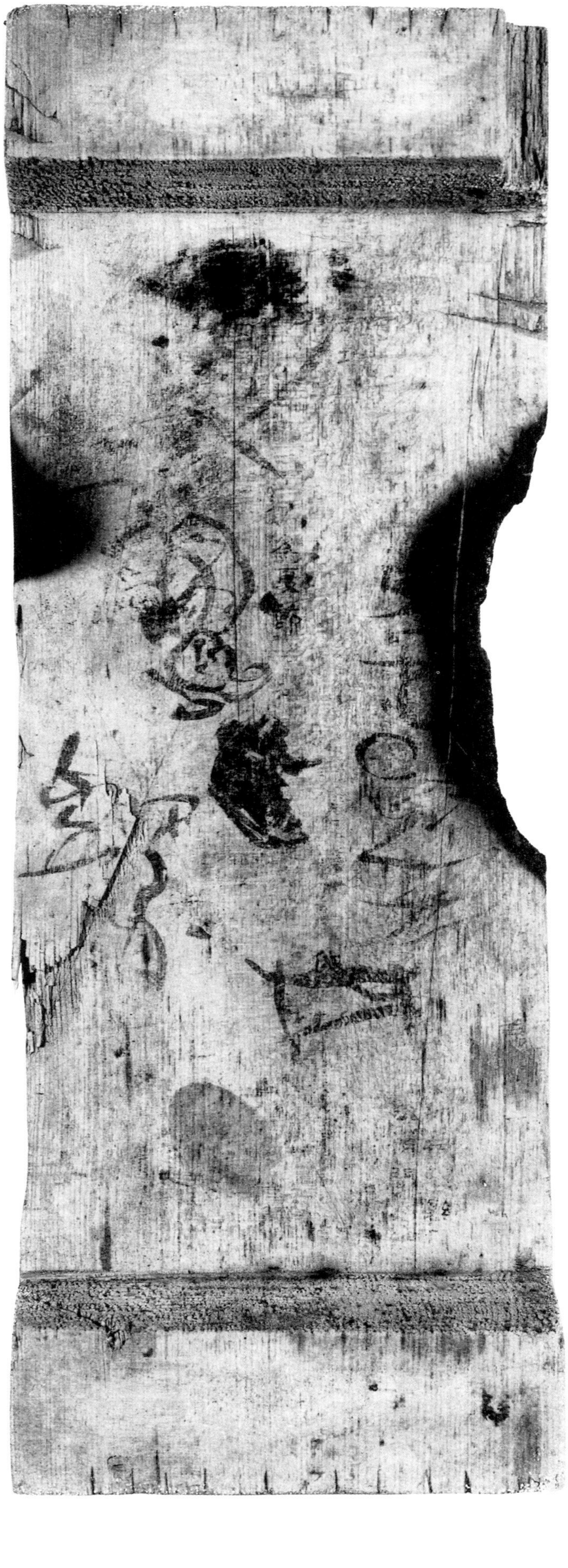

一二四

一三二　一三一　一三〇　一二九　一二八　一二七

背　正

一三六

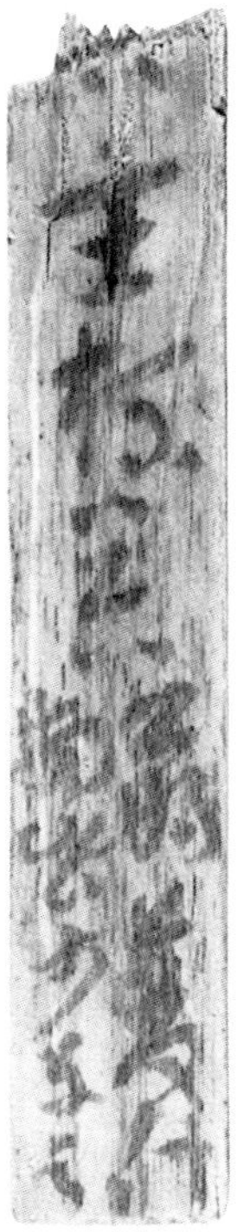

背　正

一三八　一三七　一三五　一三四　一三三

背

正

一四〇

背

正

一三九

背　　正

一四二

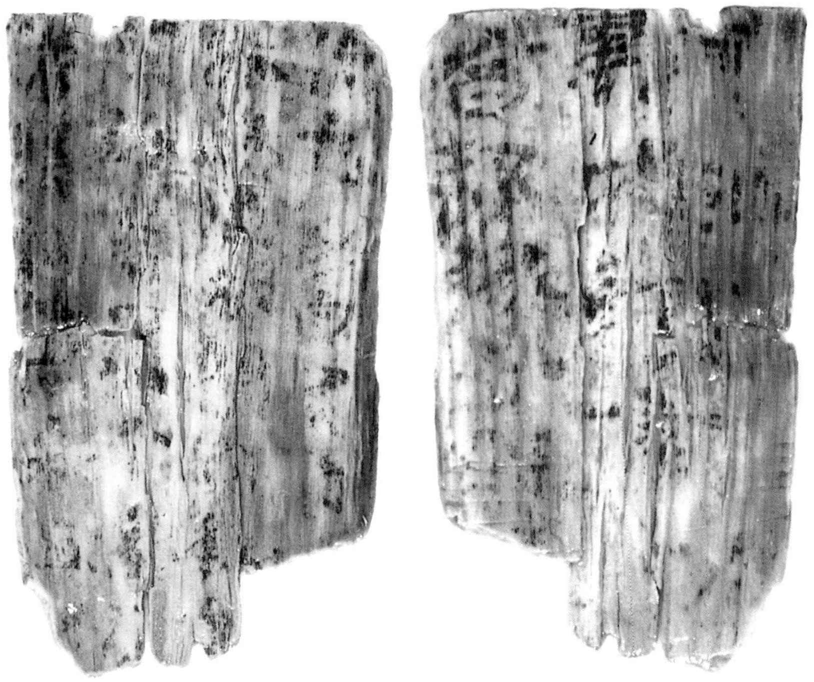

背　　正

一四一

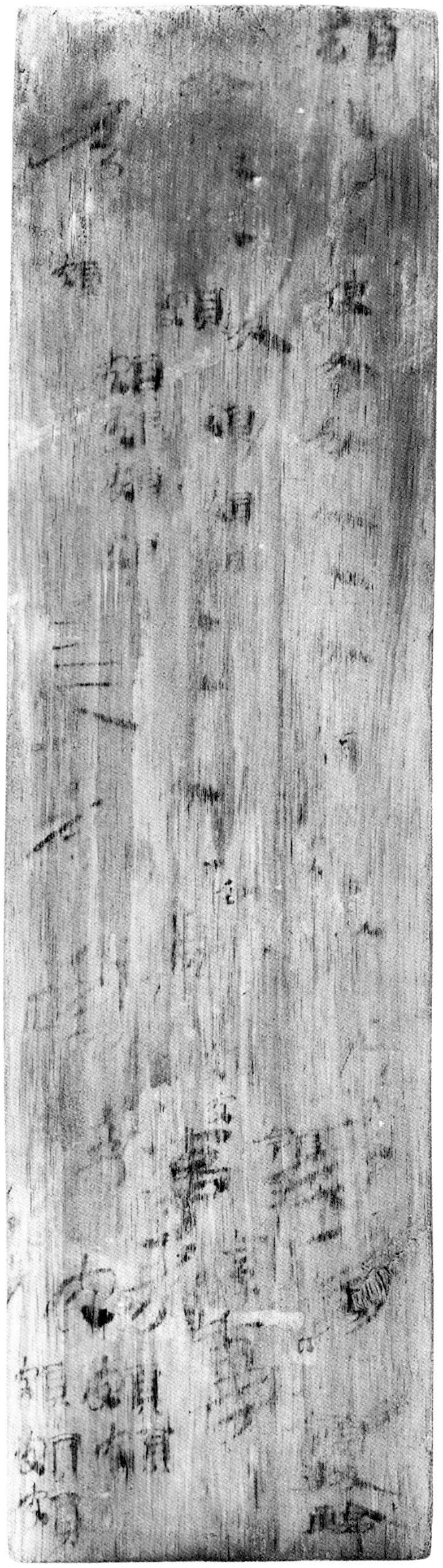

背

正

一四三

一四六

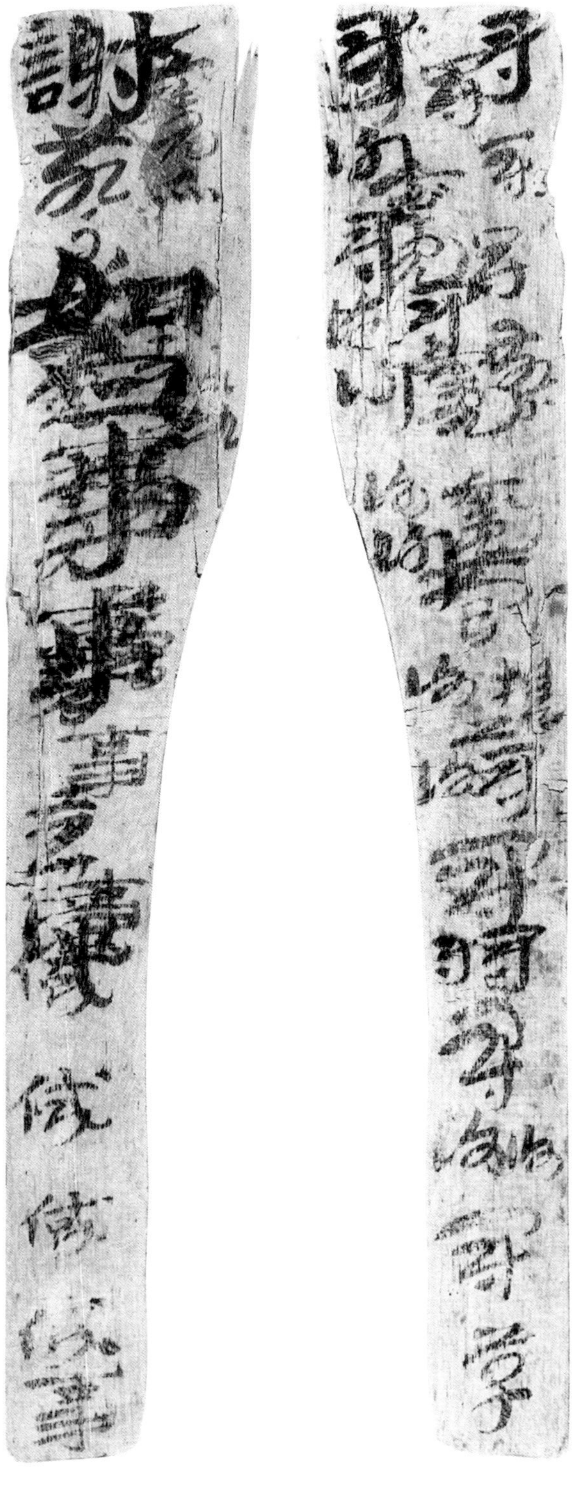

背　正

一四五

一四四

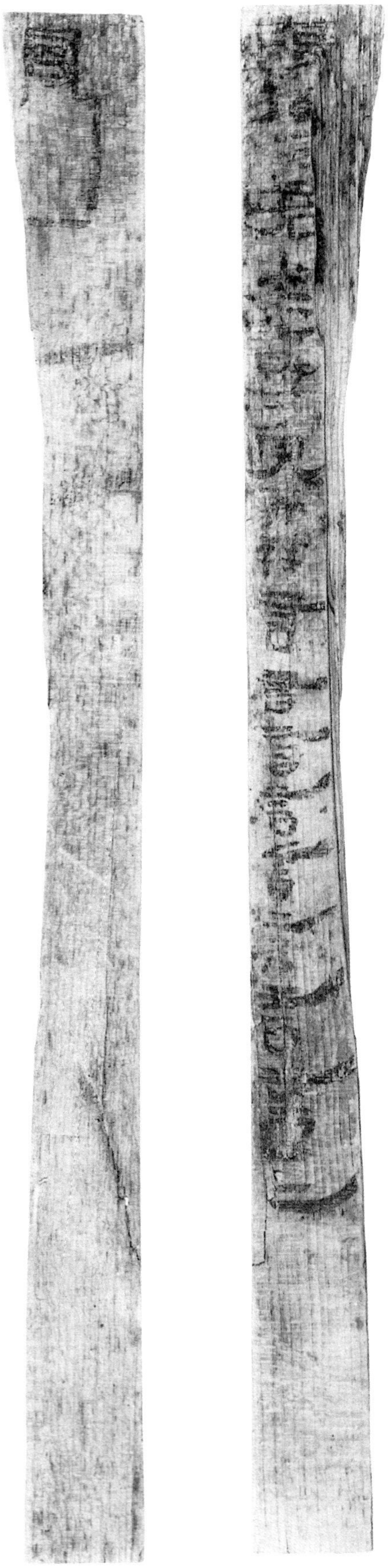

背　　正

一四八

背　　正

一四七

背　　正

一四九

一五〇

一五一

背

正

一五三

一五二

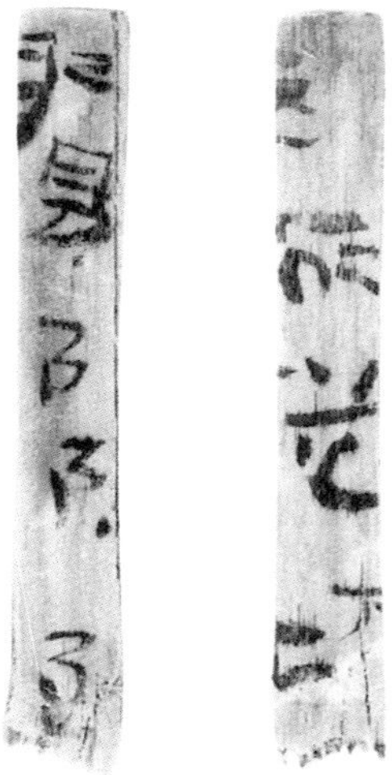

背　　正

一五五

一五七

背　　正

一五六

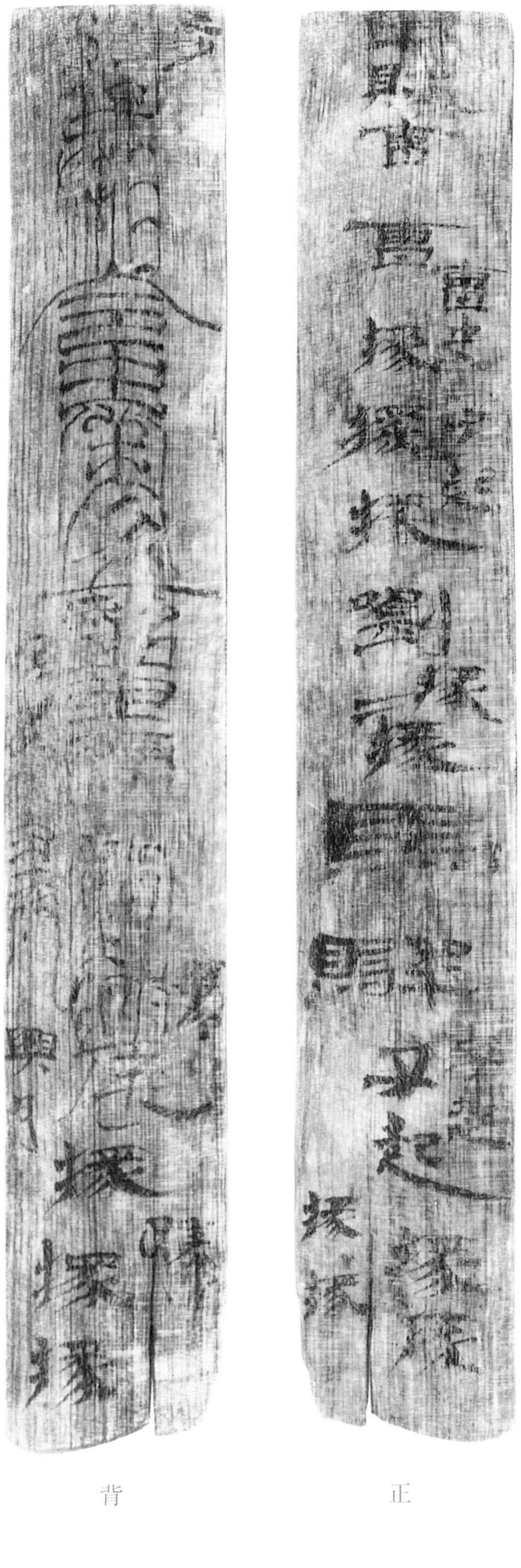

背　　正

一五四

背　　正

一六一

背　　正

一六〇

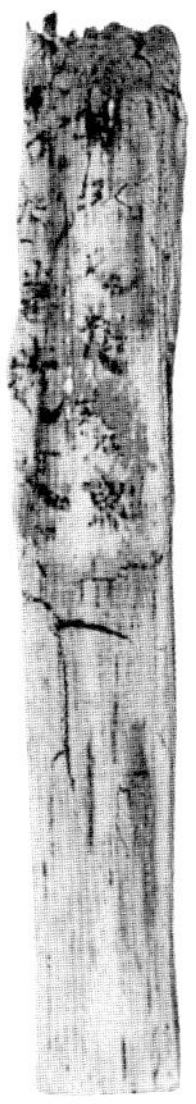

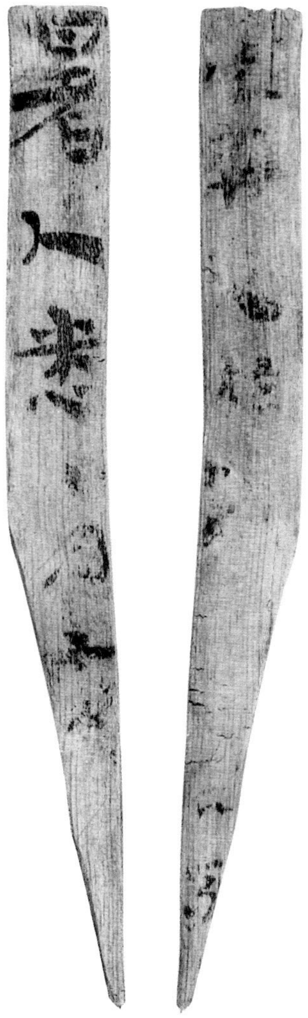

背　　正

一六四　一六三　一六二　一五九　一五八

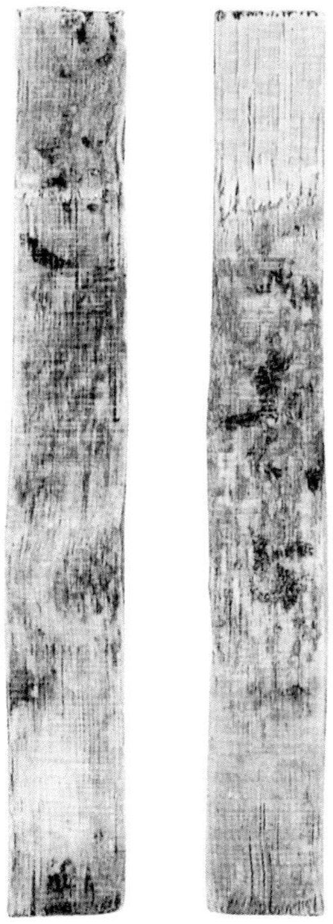

背　正

一七〇

一六九

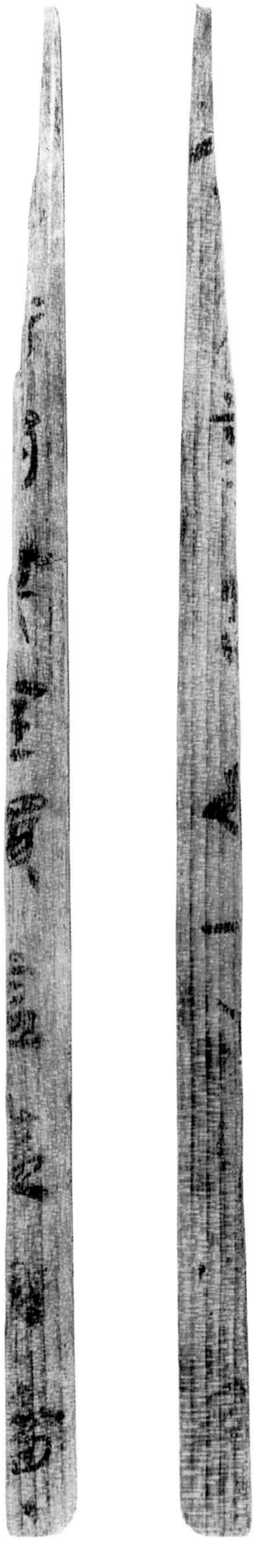

背　正

一六八

一六六

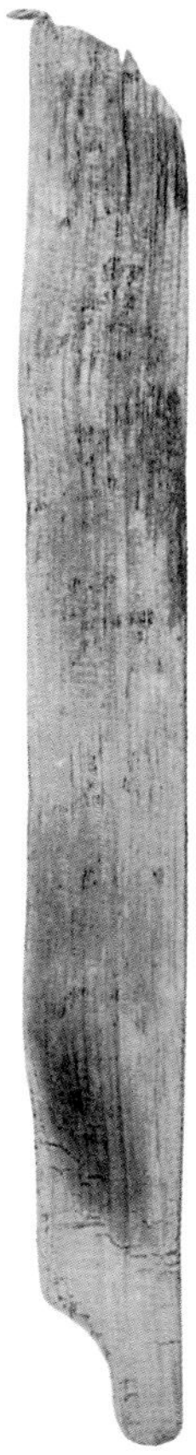

正

一七二

一七一

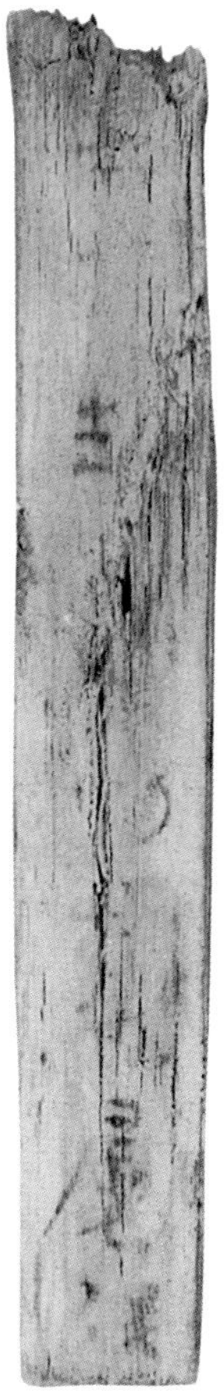

一六七

背

一六五

背　　正

一七三

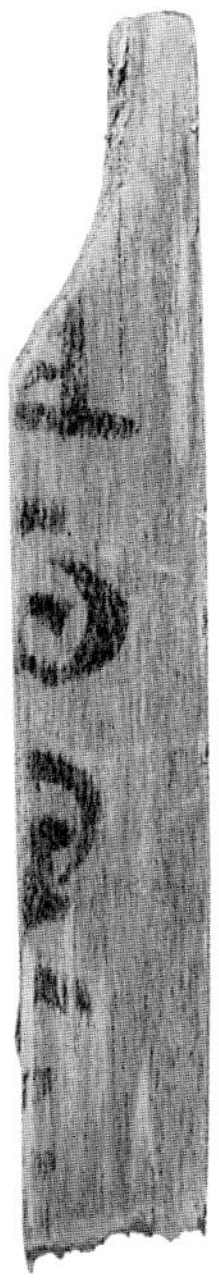

一七四

一七五

一七六

一七七

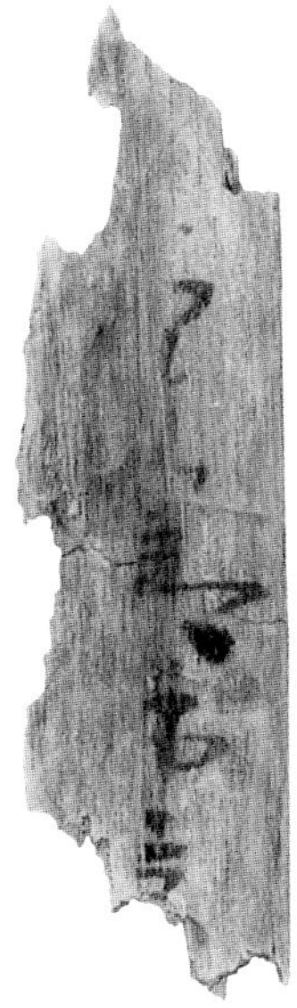

一七八

一七九

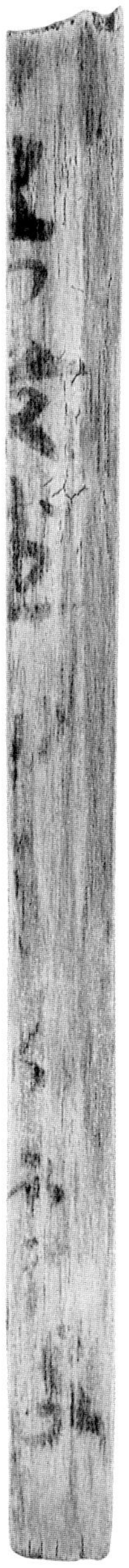

一八〇

一八一

一八五

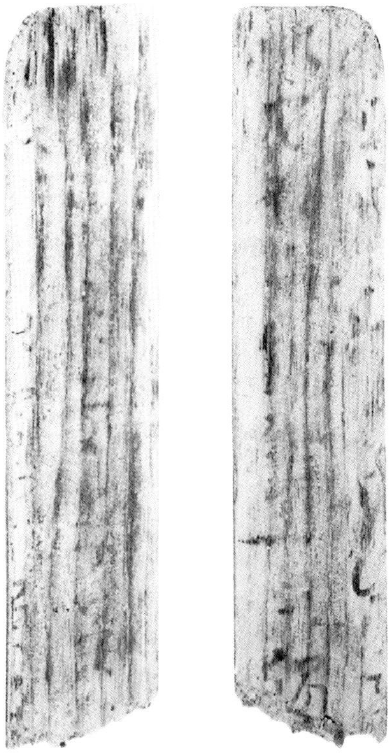

背　　正

一八四

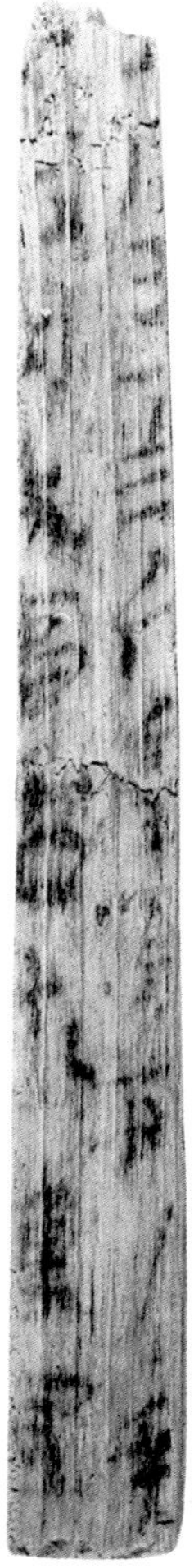

一八三

一八二

背　　正

一八六

背

正

二〇〇

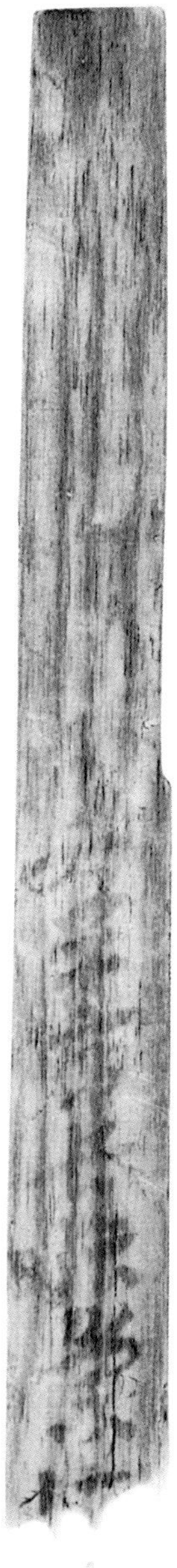

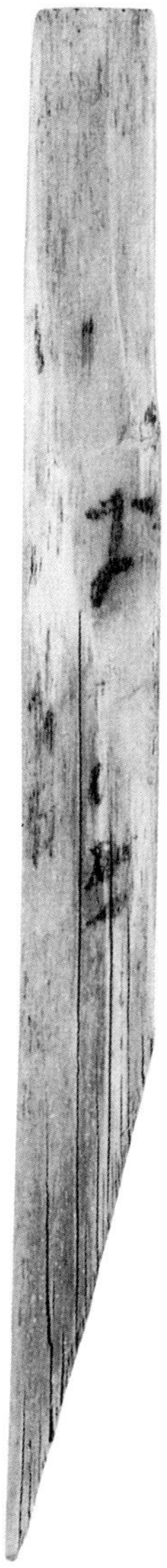

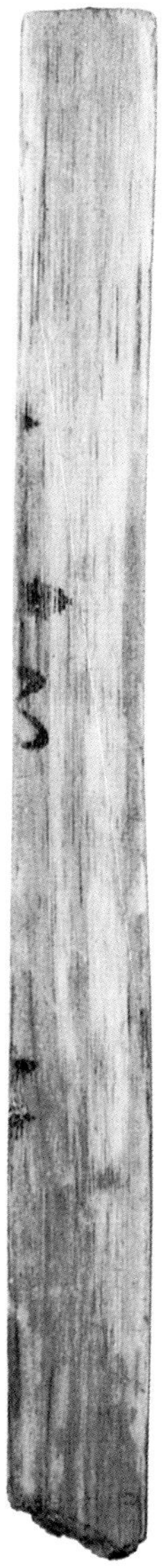

二〇五　二〇四　二〇三　二〇二　二〇一　一九九

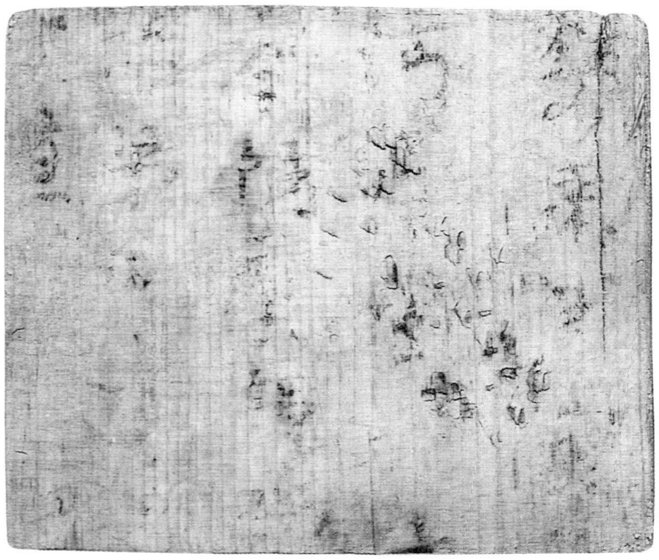

一九五

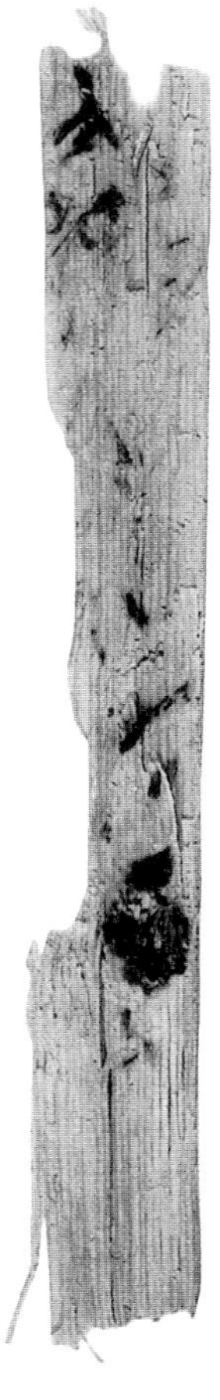

一九八

一九七

一九六

一九四

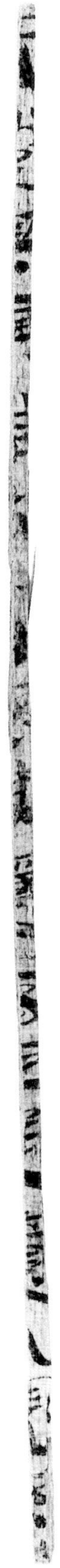

一九三

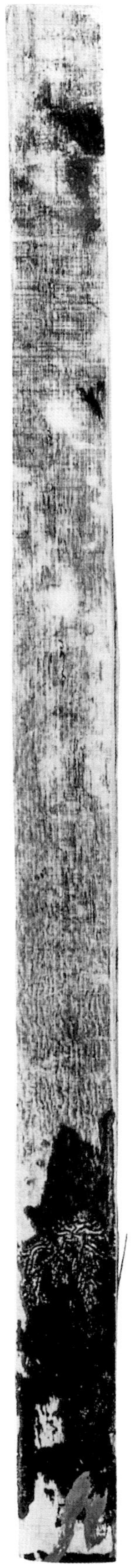

一九二

一九〇

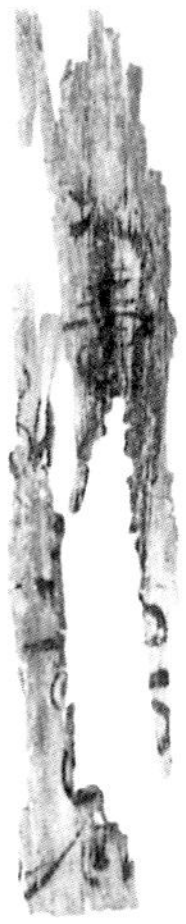

一八八

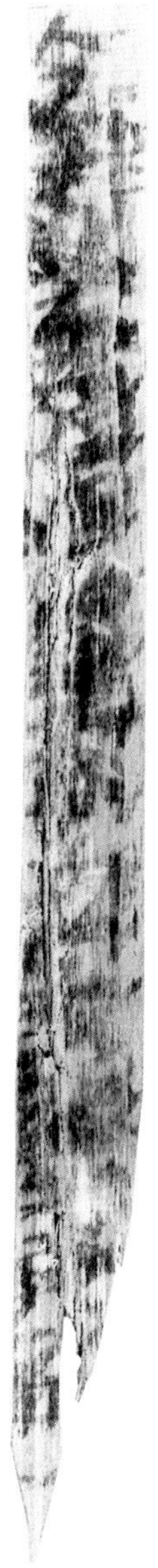

背

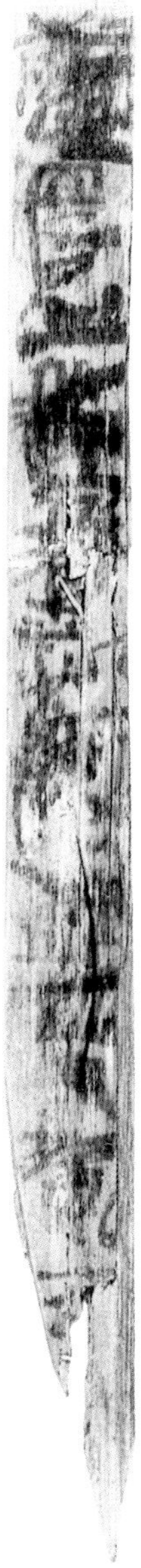

正

一九一　　一八九　　一八七

# 壹　公文

## 一　封緘

### （一）桂陽大守行丞事南平丞印緘　一

木牘。左上部殘斷。此為正面，存文二行，第一行為細筆小字，第二行為粗筆大字。背面無字。

1 桂陽[一]大守[二]行丞事[三]南平丞[四]印

2 臨湘[五]丞掾[六]驛馬[七]行

**【注釋】**

[一]「桂陽」，郡名，亦屬荊州，在長沙郡南，見《續漢書·郡國四》桂陽郡條。桂陽郡初治耒陽，故城在今湖南耒陽縣西；後改治郴，故城在今湖南郴縣。

[二]「大守」，即「太守」。史籍「大守」、「太守」亦常混用。《後漢書》卷二七《郭丹傳》云：「郭丹字少卿，南陽穰人也。……太守杜詩請為功曹，丹薦鄉人長者自代而去。詩乃嘆曰：『昔明王興化，卿士讓位，今功曹推賢，可謂至德』。敕以丹事編署黃堂，以為後法。」李賢注云：「黃堂，大守之廳事。」

[三]「行丞事」：此「丞」接前指桂陽郡丞。《續漢書·百官五》郡條云：「每郡置太守一人，二千石，丞一人。」「行事」，暫攝、代行其事也。《續漢書·天文中》順宗條云：「明年（永和三年）五月，吳郡太守行丞事羊珍與越兵弟葉、吏民吳銅等二百餘人起兵反，殺吏民，燒官亭民舍，攻太守府。」

[四]「南平丞」：「南平」，縣名，屬桂陽郡，亦見《續漢書·郡國四》桂陽郡條。南平縣故城在今湖南藍山縣東。此「丞」指「南平」縣「丞」。《續漢書·百官五》縣條云：「縣萬户以上為令，不滿為長。……丞各一人。……本注曰：丞署文書，典知倉獄。」

[五]「臨湘」，縣名，為長沙郡治，見《續漢書·郡國四》長沙郡條。臨湘縣故城在今湖南長沙市南。

[六]「丞掾」：此「丞」接前指臨湘縣丞。「掾」，吏屬之長，此處指丞直屬之長吏。

[七]「驛馬」，傳驛之馬。當時郵亭與傳驛並置，而有所分工：郵亭主管郡縣以內交通，傳驛主管郡縣以外交通。《續漢書·輿服上》導從卒條「驛馬三十里一置」臣昭案云：「東晳猶有郵、驛共置，承受傍郡縣文書。有郵有驛，行傳以相付。縣置屋二區。有承驛吏，皆條所受書，每月言上州郡。」即披露二者有此分工。本件由驛馬傳送，來自長沙臨湘以外的桂陽南平，亦可為證。

## 二　封匣

### （一）光和六年（一八三年）東部勸農郵亭掾周安言事　二

封匣。此為正面，存文四行。背面無字，原檢已佚。

1 三右　檢　一　封

2 臨湘三東　部[一]勸　農　郵　亭　掾[二]周[三]安　言　事

3 廷[四]以　郵　行三諮　如　署

4 三光和六年正月廿四日乙亥申時□[五]騶□亭[六]

## 【注釋】

〔一〕「東部」，應為臨湘縣東部。當時縣與郡同，下亦分部（參閱本件注釋〔二〕）。

〔二〕「勸農郵亭掾」：「勸農〔掾〕」，縣勸農吏，即廷掾。《續漢書·百官五》縣條云：「諸曹略如郡員，（郡）五官為（縣）廷掾，監鄉五部，春夏為勸農掾，秋冬為制度掾。」「郵亭掾」，縣列曹屬吏之一，負責郵亭監管事務。此處周安係以東部勸農掾兼同部郵亭掾。下件同，不再出注。

〔三〕「周」為長沙大姓，屢見於長沙吳簡。

〔四〕「廷」，縣署專稱。《墨子·號令》云：「符傳疑，若無符，皆詣縣廷言，請問其所使。」《後漢書》卷六八《郭太傳》云：「早孤，母欲使給事縣廷。」郡「五官掾」在縣稱「廷掾」（參閱本件注釋〔二〕），也是因為這個緣故。

〔五〕此□右半筆畫不全，左半似乎從「扌」。

〔六〕「駟□亭」，郵亭名。《史記·高祖本紀》記劉邦任職之「泗水亭」，以及下件之「安定亭」，下文所見之「仇重亭」、「廣樂亭」、「長蘭亭」等，均屬此類。不再出注。

## （二）中平三年（一八六年）左部勸農郵亭掾夏詳言事　三

封匣。正面存文五行，為匣文，上部漫漶。背面存文五行，為檢文，中下部有殘損。

（正面）

1 ☰右　［檢］　一　封

2 隱　□☰左部〔一〕勸　農　郵　亭　掾［夏］〔二〕［詳］言事

3 □　□☰

4 □　郵　□☰詣　如　署

5 ☰中平三年二月廿一日己亥〔三〕言安定亭

（背面）

1 詳死罪白：掾馬〔四〕玄前共安定亭令詳［捱］男子蔡〔五〕［蒲］、陳〔六〕伯……［比］［蒲］、伯

2 □訊，辭：玄不處年中〔七〕，備郵亭掾。本與玄有不平，恚□……□得寧

3 □。詳［內］無半言之助。在職二年，遭遇賊唐〔八〕［鐃］［等］□……□曹掾

4 □□［兵］上下皆見知。詳為［劇］顛，乞備他役，［不］□……信。詳死

5 ［罪］死罪。

## 【注釋】

〔一〕「左部」，應為某縣左部。參閱前件注釋〔一〕。

〔二〕「夏」為長沙姓氏。長沙吳簡見有「夏隆」（九〇九〇號）人名。

〔三〕據陳垣《二十史朔閏表》，中平三年二月廿一日為乙卯，五日為己亥。

〔四〕「馬」為長沙姓氏。長沙吳簡見有「馬伯」、「馬德」（四三九〇、七二八二號）人名。

〔五〕「蔡」為長沙大姓，屢見於長沙吳簡。

[六]「陳」為長沙大姓，屢見於長沙吳簡。
[七]「不處年中」，慣用語，又見同出《光和六年（一八三年）監臨湘李永、例督盜賊殷何上言李建與精張諍田自相和從書》。
[八]「唐」為長沙大姓，屢見於長沙吳簡。

## 三　封檢

### （一）建寧四年（一七一年）殘題署　四

封檢。正面存文一行，漫漶不清。背面僅存二字，筆畫不全。

（正面）

〖建〗〖寧〗〖四〗〖年〗〖十〗二月九日乙〖未〗□[一]都□[二]

（背面）

建〖寧〗[三]

**【注釋】**

[一] 此□右半殘缺，左半從「禾」。
[二] 此□左半殘缺，右半從「卩」。
[三]「建寧」之「寧」，僅寫上半，恐為習字。

### （二）光和六年（一八三年）監臨湘李永、例督盜賊殷何上言李建與精張諍田自相和從書　五

封檢。右上部開裂。此為正面，存文一一行。背面無字。

1 光和六年九月己酉〖朔〗〖十〗日戊午，監臨湘[一]李[二]永、例督盜賊[三]殷[四]何叩頭死罪敢言之。
2 中部督郵掾治所檄曰：〖民〗大男李建自言大男精[五]張、精昔[六]等。母姃有田十三石，前置三歲，〖田〗稅禾當為百二下石。持喪葬[七]皇宗
3 事以[八]，張、昔今强奪取〖田〗八石；比曉，張、昔不還田。民自言，辭如牒。張、昔何緣强奪建田？檄到，監部吏役攝張、昔，實核〖田〗
4 所，畀付彈處罪法，明附證驗，正處言。何叩頭死罪死罪。奉桉檄輒徑到仇重亭部，考問張、昔，訊建父升辭，皆曰：
5 升羅[九]，張、昔縣民。前不處年中，升娉（？）取張同產兄宗女姃為妻，產女替，替弟建，建弟顏，顏女弟條。昔則張弟男。宗病物
6 故，喪尸在堂。後〖姃〗復物故。宗無男，有餘財，田八石種。替、建〖皆〗尚幼小。張、升、昔供喪葬宗訖，升還羅，張、昔自墾[一〇]食宗
7 田。首核張為宗弟，建為姃敵男，張、建自俱為口分田。以上广[一一]二石種與張，下六石悉畀還建。張、昔今年所〖畀〗
8 建田六石，當分稅張、建、昔等。自相和從，無復證調，盡力實核。辭有〖後〗情，續解復言。何誠惶〖誠〗
9 恐，叩頭死罪死罪敢言之。
10 監臨湘李永、例督盜賊殷何言實核大男李建與精張諍田自相和從書　詣在所[一二]

11

九月[一三]　其廿六日若[一四]

**【注釋】**

[一]「監臨湘」，可能就是下文的「中部督郵」。《續漢書·百官五》郡條云：「其監屬縣，有五部督郵。」臨湘縣丞屬長沙郡中部督郵監管。

[二]「𡈼」為長沙大姓，屢見於長沙吴簡。

[三]「例督盜賊」，可能就是臨湘縣尉。前引《續漢書·百官五》縣條云：「尉，大縣二人，小縣一人。本注曰：……尉主盜賊。凡有賊發，主名不立，則推索行尋，案察奸宄，以起端緒。」《後漢書》卷二二《馬武傳》記光武帝問武志向，武云：「臣以武勇，可守尉，督盜賊。」

[四]「殷」為長沙大姓，屢見於長沙吴簡。

[五]「精」原作「粩」。《龍龕手鏡》出「粩」云：「《新藏》作『精』。」應為「精」之俗別。下同。

[六]「昔」原作「笞」。《龍龕手鏡》出「笞」云：「《隨函》音『昔』。」疑「笞」與「笞」為一字，均為「昔」之俗別。下同。

[七]「葬」原作「𡋯」。《龍龕手鏡》出「𡋯」云：「古文『坐』字。」又為「葬」之俗別。據文義，此處應為「葬」字。下同。

[八]「以」通「已」，完畢。《墨子·號令》：「事以，各以其記取之。」

[九]「羅」：其下疑脫「人」字。「羅」，長沙郡屬縣。《史記》卷八四《屈原列傳》「於是懷石遂自沈汨羅以死」條《正義》：「故羅縣城在岳州湘陰縣東北六十里。春秋時羅子國，秦置長沙郡而為縣也。」

[一〇]「墾」原作「貇」，「貇」為「墾」之俗別。

[一一]「广」，原字如此。按：「广」本為字，有魚檢、魚埯二切，意指小屋。但用於此處不詞。細審原簡，下部確實未見墨痕，不像是下部漫漶，上部從「广」的殘字。推測有可能就是「廣」字之簡體。

[一二]「在所」，即所到之處，此處指中部督郵、臨湘縣尉的上級長官所到之處。當時天子所到之處稱「行在所」，其他人等所到之處稱「在所」。蔡邕《獨斷》卷上云：「漢天子……所在曰行在所。」又云：「天子自謂曰行在所，猶言今雖在京師，行所至耳。」《史記》卷一一一《衛將軍列傳》云：「囚（右將軍蘇）建詣行在所。」《漢書》卷九九下《王莽傳下》「留（巨無）霸在所新豐」條注云：「在所，謂其見到之處。」同書卷三九《曹參傳》云：「引兵詣漢王在所。」又卷六九《趙充國傳》云：「充國引兵至先零在所。」又卷九四下《匈奴傳下》云：「殺郅支（單于）使，持頭送（西域）都護在所。」

[一三]此二字墨色甚淡，似為廢字。

[一四]此五字為濃墨草書。最後一字「若」，字形除末多一捺筆外，與同地所出孫吴簡牘《録事掾潘琬白為考實吏許迪割用餘米事》所見「若」幾乎完全相同。而加此捺筆，即為後世所謂「鳳尾諾」之一種。關於孫吴簡牘所見「若」，參閱：王素《長沙走馬樓簡牘研究辨誤》，《考古學研究（五）：慶祝鄒衡教授七十五壽辰暨從事考古研究五十年論文集》（北京大學考古學叢書），科學出版社，二〇〇三年，九七六～九七七頁；王素《長沙走馬樓三國吴簡研究的回顧與展望》，原載日本《明大アジア史論集》第九號，明治大學東洋史談話會，二〇〇三年，三一～三二頁，後經增訂，再刊《中國歷史文物》二〇〇四年第一期，三〇頁；收入《吴簡研究》第一輯，崇文書局，二〇〇四年七月，二六～二七頁。關於本件所見「若」，以及本件的整體解説，詳見王素《長沙東牌樓東漢簡牘選釋》，《文物》二〇〇五年第十二期，六九～七五、四〇頁。

## （三）素上言盜取文書案卷一　六

封檢。上部殘斷。此為正面，存文六行，右下部漫漶不清。背面無字。與下件內容相關，應同為一件。

1 ☑頭死罪敢言之。

2 ☑子默盜取文書，亡。侳[一][則]……[亭]長[二]劉[三]

3 ☑文楳雄弗力精人兵詣[覺]所□捕何人

4 ☒劉琊、左萌與至廣樂亭止，佳在治□日餔

5 ☒□盜取佳文書，筒二枚、錢二千、大刀一口。時長

6 ☒草於宮南苑二□中得□□□□□付

**【注釋】**

[一] 此字為人名，照寫，疑為『恚』之別體。下件同。

[二] 「亭長」，郵亭長吏，職掌複雜，包括禁盜賊，受辭訟，管理客舍，迎送郵傳，等等。《續漢書·百官五》縣鄉條云：「亭有亭長，以禁盜賊。本注曰：亭長，主求捕盜賊，承望都尉。」注引《漢官儀》云：「亭長課徼巡，……習設備五兵。……設十里一亭，亭長、亭候。五里一郵，郵間相去二里半，司奸盜。亭長持二尺板以劾賊，索繩以收執賊。」注又引《風俗通》云：「漢家因秦，大率十里一亭。亭，留也，蓋行旅宿會之所館。亭史舊名負弩，改為長，或謂亭父。」

[三] 「劉」為長沙大姓，屢見於長沙吴簡。

## （四）素上言盜取文書案卷二　七

封檢。左上部及下部殘斷。此為正面，存文八行，第一行僅剩殘筆，不可辨識。背面無字。與上件內容相關，應同為一件。

1 □□□□□□□□□□□……☒

2 不得實問。佳辭：隨府[一]五官劉掾[二]檐[三]文書，當☒

3 時於長蘭亭北五里下留飲水，何人從草中☒

4 蘭亭長張[四]姓，發民作亭顏，與進雄衺□☒

5 劉掾從少胡久□長坂（？）驛卒番[五]鍾隨踵☒

6 一所昏實疏紀長蘭山中，盡力游登，□☒

7 無。素惶恐叩頭，死罪死罪敢言之。☒

8 ☒知□[六]☒

**【注釋】**

[一] 「府」為郡署專稱。《漢書》卷六六《陳萬年附子咸傳》云：「起家復為南陽大守。所居以殺伐立威，豪猾吏及大姓犯法，輒論輸府。」注云：「府謂郡之府。」

[二] 「五官劉掾」：「劉」為長沙大姓，屢見於長沙吴簡。此「五官掾」，接前為郡三綱之一。《續漢書·百官五》郡條云：「有五官掾，署功曹及諸曹事。」

[三] 「檐」通「擔」。

[四] 「張」為長沙大姓，屢見於長沙吴簡。

[五] 「番」為長沙大姓，屢見於長沙吴簡。

[六] 「知□」為濃墨草書批字。

## （五）兼主録掾黄章上太守書　八

封檢。此為正面，存文七行，中下部漫漶不清。背面無字。

1 兼主録掾黃[一]章叩頭死罪白：章□□□□□□之……

2 明府[二]下車，得備領列曹，□□不□，□□□□，□□□□，故不責細小。

3 章叩頭死罪死罪。□見□具□□□□遣□□□部疏□。緣又督□

4 □□□日久，曉習舊故，掌主□□□□□□□□□到，文書稽留，□平

5 思願，乞□[三]□缺□部差遣吏。章□□□□無狀，惶恐叩頭，死罪死罪。

6 掾願章□

7 十月十一日□[四]

【注釋】

[一]「黃」為長沙大姓，屢見於長沙吴簡。

[二]「府」為郡署專稱（參閱前件注釋［一］），故郡太守亦稱「府君」，尊稱為「明府」。《三國志・吴書・諸葛恪傳》云：恪為丹楊太守，「到府，乃移書四郡屬城長吏，令各保其疆界。」又孫堅為長沙太守，同書《孫破虜（堅）傳》注引《吴録》記荆州刺史王叡稱堅為「孫府君」。同書《劉繇傳》注引《續漢書》記繇伯父寵先為會稽太守，有德政，及徵為將作大匠，百姓來送，稱：「自明府下車以來，狗不夜吠，吏稀至民間，年老遭值聖化，今聞當見棄去，故戮力來送。」

[三] 此□下半殘缺，上半從「艹」。

[四]「十月十一日□」五字為粗筆大字。

## 四 文書

### （一）熹平五年（一七六年）騎吏中風文書 九

木牘。正面存文二行，背面存文一行，均漫漶不清。

（正面）

1 熹平五年二月癸巳朔六日戊戌，□騎吏[一]……

2 □□□所。今月五日初，卒為耶風[二]所中，頭身□□……

（背面）

□以願□於□□督名□□輒自……

【注釋】

[一]「騎吏」，公卿至太守出行掌儀衛之小吏。《續漢書・輿服上》車馬飾條云：「公以下至二千石，騎吏四人。」《後漢書》卷二八上《方術上・高獲傳》云：「太守鮑昱請獲，既至門，令主簿就迎，主簿但使騎吏迎之，獲聞之，即去。」「騎吏」又見同出《紀書信》。

[二]「耶風」之「耶」，應為「邪」之通假。

### （二）光和二年（一七九年）殘文書 一〇

木簡。左部及下部殘斷。正、背各存文一行，均為半字。

（正面）

光和二年三月廿五日□書□□□□□之□　□□□▨

（背面）

□□□侍前亭殺（？）仁君又□反□□▨

（三）光和七年（一八四年）上言殘文書　一一

木牘。右側斷。此為正面，存文四行，漫漶不清。背面無字。

1 ▨□非□▨

2 ▨子輒録得赦放同山□[一]□□□□……

3 □□叩頭死罪死罪。

4 山[二]　　十月一日壬寅[三]白

【注釋】

[一] 此□右半殘缺，左半從「亻」。

[二] 「山」為粗筆大字，似為習字。

[三] 「十月一日壬寅」，據陳垣《二十史朔閏表》，東漢靈帝時期，僅光和七年十月一日為壬寅。

（四）中平五年（一八八年）後臨湘守令臣肅上言荊南頻遇軍寇文書　一二

木牘。此為正面，存文二行。背面無字。

1 臨湘守令[一]臣[二]肅（？）上言：荊南頻遇軍寇[三]，租茤[四]法賦，民不輸入，冀蒙赦令，云當虧除。連年長逋，倉空無米，庫無錢布。督課鄉

2 吏如舊。故自今雖有赦令，不宜復除。昭陵[五]、連道[六]尚有營守，小頹[七]驚急，見職吏各便歸家，召喚不可復致，峽弩[八]委矢[九]。

【注釋】

[一] 「守令」：「守」，試用。《漢書》卷七六《尹翁歸傳》云：「以高第入守右扶風，滿歲為真。」「守令」，試用縣令。《後漢書》卷三九《劉趙淳于江劉周趙傳序》云：「（府檄）以（毛）義守令。」注云：「檄，召書也。《東觀記》曰『義為安陽尉，府檄到，當守令』也。」

[二] 「臣」為長沙姓氏。長沙吴簡見有「臣難」、「臣□」（七八九六、七八〇一號）人名。

[三] 「荊南頻遇軍寇」，應指東漢靈帝中平三至五年荊南地區連續發生的三次蠻賊暴亂。關於這三次蠻賊暴亂的情況，參閱：王素《長沙東牌樓東漢簡牘選釋》，《文物》二〇〇五年第

十二期，六九~七五、四〇頁。又，本書王素《長沙東牌樓東漢簡牘概述》七〇頁注釋［三］。東牌樓出土東漢有紀年簡牘，最晚為中平三年二月（三、一〇〇號）。本件沒有紀年，據「荊南頻遇軍寇」云云，以及相關史實，時間應在中平五年稍後。

［四］「租茇」之「茇」，乃「芰」之古文。「芰」，即菱角。《史記》卷六三《老子韓非列傳》「老萊子亦楚人也」條《正義》引《列仙傳》云：「老萊子，楚人。當時世亂，逃世耕於蒙山之陽，莞葭為墻，蓬蒿為室，杖木為床，蓍艾為席，菹芰為食，墾山播種五谷。楚王至門迎之，遂去，至於江南而止。」可見楚人常以菱角為食。《漢書》卷八九《循吏·龔遂傳》記遂為渤海太守：「秋冬課收斂，益蓄果實蔆芡。勞來循行，郡中皆有畜積，吏民皆富實。」注云：「蔆，芰也。」可見儲蓄菱角如同儲蓄糧食。因而，此處以「租茇」組詞，以「茇」為「租」之一種，可以理解。又按：「茇」又有可能為「蒭」之別體，亦即「芻」之俗體。「租芻」為「田租芻稾」之省稱。如《後漢書·光武帝下》建武二十二年九月戊辰條載詔云：「其令南陽勿輸今年田租芻稾。」又建武中元元年四月己卯條云：「大赦天下，復嬴、博、梁父、奉高，勿出今年田租芻稾。」

［五］「昭陵」，縣名，屬長沙郡，見《續漢書·郡國四》長沙郡條。昭陵縣故城在今湖南邵陽縣境內。

［六］「連道」，縣名，屬長沙郡，亦見《續漢書·郡國四》長沙郡條。連道縣故城在今湖南湘鄉縣境內。

［七］「頒」，擡頭戴弁貌。此處疑為「預」之俗別。

［八］「峽弩」之「峽」，從文意推測，疑為「篋」之通假，此處名詞動用，謂將「弩」收藏不用也。

［九］關於本件的整體解說，詳見王素《長沙東牌樓東漢簡牘選釋》，《文物》二〇〇五年第十二期，六九~七五、四〇頁。

## （五）孝上言殘文書　一三

木牘。正、背各存文二行，均漫漶不清。

（正面）

1 〔孝〕惶恐白：……□［一］□□□〔孝〕白［二］。

2 □予〔臾〕〔數〕相□，不□亦重〔惟〕□之迫不解知〔當〕（？）

（背面）

1 悿悒□□……道□□意□〔欲〕□□

2 念在□其主□［三］……遣往人願蒙財不□

**【注釋】**

［一］此□上半殘缺，下半從「貝」。

［二］缺文符號以下，均為小字，似為補字。

［三］此□右半殘缺，左半從「木」。

## （六）佚名上督郵殘文書　一四

木牘。左部及上下部殘斷。此為正面，存文一行，均為半字。背面無字。

╱〔頓〕〔首〕〔白〕：〔督〕〔郵〕〔侍〕〔者〕［一］，〔勤〕╱

**【注釋】**

[一]「侍者」，謙詞。《史記・秦始皇本紀》云：「閻樂前即二世數曰：『足下驕恣。』」《集解》引蔡邕云：「群臣士庶相與言，曰殿下、閣下、足下、侍者、執事，皆謙類。」

### （七）佚名上言殘文書一　一五

木牘。左上部和右下部殘斷。正、背各存文三行，部分漫漶。

（正面）

1 ……論倉成曹（？）尔……[一]

2 □白：另約月暑□今既□□□□

3 ▨許言者在（？）求史令人為書

（背面）

1 是報才□為書之，并蜜其上相親常歸（？）財

2 不罪□念留神欲及也。□之小□□□□

3 真□□白。

**【注釋】**

[一] 此行字較後二行為小，應均為補字。

### （八）佚名上言殘文書二　一六

木牘。正、背各存文二行，下部均漫漶不清。

（正面）

1 □白：□□……

2 節長教，今□[一]……

（背面）

1 但不入□如此……

2 □白。

**【注釋】**

[一] 此□右半殘缺，左半從「禾」。

### （九）佚名上言殘文書三　一七

木牘。正面存文一行，漫漶不清。背面存文二行，濃淡不一。正面為正書，背面為草書，書體不同，關係不明。

（正面）

□□白：□□□□……

（背面）

1 □□□□□……

2 故屯叩頭死罪，得書□示[一]

**【注釋】**

[一]「故屯」以上為濃墨習字，「叩頭」以下為淡墨文書。

## （一〇）李使君殘文書　一八

木牘。上部殘斷。正面存文二行，第二行均為半字。背面亦存文二行，第一行均為半字。筆迹與《殘文書三》（二二號）相近。

（正面）

1 ▨李使君[一]所怨□狀曹比被莫府[二]

2 ▨……

（背面）

1 ▨……

2 ▨　掾前被書考故

**【注釋】**

[一]「使」為刺史舊職，故刺史亦稱「使君」，尊稱為「明使君」。《三國志・蜀書・先主傳》記劉備領徐州刺史，曹操曾從容謂備云：「今天下英雄，唯使君與操耳。本初之徒，不足數也。」同志《吴書・孫策傳》注引《江表傳》記袁術為揚州刺史，孫策到壽春見袁術，涕泣而言曰：「亡父昔從長沙入討董卓，與明使君會於南陽，同盟結好。不幸遇難，勳業不終。策感惟先人舊恩，欲自憑結，願明使君垂察其誠。」

[二]「莫」即「幕」，「莫府」即「幕府」。《史記》卷一〇九《李將軍列傳》「莫府」條《索隱》案引大顔云：「凡將軍謂之『莫府』者，蓋兵行舍於帷帳，故稱『幕府』。古字通用，遂作『莫』耳。」

## （一一）房□六門殘文書　一九

木簡。上部殘斷。此為正面，存文二行，第一行均為半字。背面無字。

1 ▨□□□□[一]□□□

2 ▨□房□六門文書，主事典録文書、科筴[二]、樂器什物，闔不試

**【注釋】**

[一]此□右半殘缺，左半從「亻」。

［二］「筴」為「策」之俗別。

## （一二）殘文書一　二〇

木簡。下部殘斷。正面存文三行，第一、三行均為半字，第二行上部漫漶不清。背面亦存文三行，第一、二行上部漫漶不清，第三行均為半字。

（正面）

1 ……▨

2 □□□□□□□□五石都亭□□　長［一］　▨

3 ……不▨

（背面）

1 □□□□□□明叩曹史□□□□□□曰……▨

2 □□□□□□□□□□□□十月，□□據東陽［二］，□［三］史朱光去署□▨

3 ……▨

**【注釋】**

［一］本行下方另有一行大字，墨淡不識，似為習字。

［二］「東陽」，地名。按：歷史上以「東陽」為地名者甚多。距長沙最近的「東陽」，為同屬荆州的南陽郡育陽縣的「東陽聚」。《續漢書·郡國四》南陽郡育陽縣條云：「有東陽聚。」注云：「朱祐破張成處。」關於朱祐破張成，記載不少。《後漢書·光武帝上》建武三年條云：「建義大將軍朱佑率祭遵與延岑戰於東陽，斬其將張成。」注云：「東陽，聚名也，故城在今鄧州南。」東陽聚故城即今河南鄧縣南之穰東鎮。同出《中平元年（一八四年）佚名書信一》所云「今聞據宛」，也提到南陽（參閱該件注釋［六］）。可見當時南陽局勢變幻對長沙頗有影響。

［三］此□左半殘缺，右半從「阝」。

## （一三）殘文書二　二一

木牘。正、背各存文二行，第二行均漫漶不清。

（正面）

1 □十餘人至（？），不合書朕□名以為羣，各齎□力，則□委進

2 □□□□□□十二月……［一］

（背面）

1 輒於止野暘，食人豬羊之困，昨盜人家園羙羌，不肯□絶

2 ……

**【注釋】**

［一］本行字較前行字為小，似均為補字。

（一四）殘文書三　　三三

木牘。上下部殘斷。正面存文二行，背面存文一行，大多漫漶不清。筆迹與《李使君殘文書》（一八號）相近。

（正面）

1 ▨以□［一］□得□□□事到齎本末文書▨

2 ▨前白□□□胡襄。　四月廿二日，起□□▨［二］

（背面）

▨□□　兼中部督郵□▨

【注釋】

［一］此□右半殘缺，左半從「亻」。

［二］「起」下所殘應為官署名稱。月日下注「起」某官署，為漢晉公文格式之一種。如：武威出土《前凉建興卌三年（三五五年）姬瑜察本清白異行板》末行，為「建興卌三年十二月廿七日，起撫軍將軍西曹」。同出《前凉建興卌四年（三五六年）姬瑜拜駙馬都尉板》和《前凉建興卌八年（三六〇年）姬瑜建義奮節將軍長史板》末行，分別為「建興卌四年九月十五日戊子下，起東曹」和「建興卌八年四月廿九日下，起東曹」。均見李均明、何雙全《散見簡牘合輯》，文物出版社，一九九〇年，二六頁；王素、李方《魏晉南北朝敦煌文獻編年》，臺北新文豐出版公司，一九九七年，九一～九二頁。又吐魯番出土《沮渠氏北凉流亡政權承平十三年（四五五年）且渠封戴追贈敦煌太守令》末行，亦為「承平十三年四月廿一日，起尚書吏部」。見新疆維吾爾自治區博物館編《新疆出土文物》，文物出版社，一九七五年，圖五三。

（一五）殘文書四　　三三

木簡。正、背各存文一行，部分漫漶。

（正面）

之侍□□□比一日□疾苦亡取期日□□也。禄

（背面）

□□□□死罪言：若書［一］不□□□□□□□

【注釋】

［一］「若書」即「諾書」。《御定淵鑑類函》卷五二帝王部一三御筆四鳳尾諾書條注引《書苑》云：「齊高帝為鳳尾諾書。」吐魯番出土《高昌緣禾五年（四三六年）六月廿三日前翟彊辭為受賕事》云：「彊即白以諾書付曹。」見國家文物局古文獻研究室、新疆維吾爾自治區博物館、武漢大學歷史系編《吐魯番出土文書》（釋文本）第一冊，文物出版社，一九八一年，一〇〇頁；中國文物研究所、新疆維吾爾自治區博物館、武漢大學歷史系編《吐魯番出土文書》（圖文對照本）［壹］，文物出版社，一九九二年，四九頁。

# 貳　私信

## 一　封緘

### （一）府卿侍閣周奴衣笥印緘　二四

封檢。此為正面，存文二行。背面無字。

1　府卿[一]侍閣[二]周

2　奴衣笥[三]印封完

【注釋】

[一]「府卿」，指九卿。《後漢書》卷四三《朱暉傳》云：「是時陰就為府卿，貴驕，吏慠不奉法。」據同書《明帝紀》永平元年條云：「少府陰就子豐殺其妻酈邑公主，就坐自殺。」知此處「府卿」指「少府」。

[二]「侍閣」，亦作「侍閤」，公卿百官所役小吏，郡、縣亦置。《後漢書》卷七七《酷吏·周紆傳》「鈴下」條注引《漢官儀》云：「鈴下、侍閤、辟車，此皆以名自定者也。」同書卷五八《虞詡傳》注引《續漢志》云：「伍伯，公八人，中二千石六人，千石、六百石皆四人，自四百石以下至二百石皆二人。黄綬。武官伍伯，文官辟車。鈴下、侍閤、門蘭、部署、街里走卒，皆有程品，多少隨所典領，率皆赤幘縫褠。」

[三]「衣笥」之「笥」，《漢書》卷七二《貢禹傳》注云：「盛衣竹器。」這種以「笥」為名的盛衣竹器，西漢墓葬較多出土。參閱南京博物院、連雲港市博物館《海州西漢霍賀墓清理簡報》，《考古》一九七四年第三期，一八一、一八四頁；南博《江蘇連雲港市海州西漢侍其繇墓》，《考古》一九七五年第三期，一七二、一七六頁。

## 二　封檢

### （一）府朱掾家書　二五

封檢。此為正面，存文一行。背面無字。

府朱掾家書[一]

【注釋】

[一]本面下端倒寫三「詔」字，應為習字，此處不録。

### （二）張義從家書　二六

封檢。此為正面，存文二行。背面無字。

1　張義從家書

2　徵印信

（三）張某殘家書　二七

封檢。下部殘斷。此為正面，存文二行。背面無字。

1 張 ☒

2 郹 ☒

## 三　書信

（一）建寧年間（一六八～一七二年）佚名書信　二八

木牘。下部殘斷。正面存文二行，背面存文三行，大部漫漶不清。

（正面）

1 紀所津□津□并亭長……除（?）☒

2 〖之〗亭，州勸□〖秀〗〖衣〗〖史〗[一]，〖今〗諸□者，見□者狀若□盜□☒

（背面）

1 □節郵亭長[二]□□□□……

2 建寧君□[三] ☒

3 □君植竹木，蕊坐（?）杖下〖諸〗亭。

【注釋】

[一]「秀衣史」：「秀」、「史」應分別為「繡」、「使」之通假。西漢武帝為對付地方盜賊，曾置「繡衣御史」。《漢書·百官公卿表上》御史大夫條云：「侍御史有繡衣直指，出討奸猾，治大獄，武帝所制，不常置。」同書卷六六《王訢傳》云：「武帝末，軍旅數發，郡國盜賊群起，繡衣御史暴勝之使持斧逐捕盜賊，以軍興從事，誅二千石以下。」西漢平帝時又稱「繡衣使者」。《後漢書》卷八一《獨行·譙玄傳》記玄於平帝元始四年曾為「繡衣使者」。王莽時改名「繡衣執法」。《後漢書》卷二六《伏湛傳》「王莽時為繡衣執法」條注云：「武帝置繡衣御史，王莽改御史曰執法，故曰『繡衣執法』也。」東漢是否復置此官，史籍未見記載。根據本件，似乎靈帝時曾經復置。

[二]「郵亭長」，史籍未見，應為縣列曹屬吏之一，負責郵亭監管事務。

[三]「建寧君□」四字為隸書，與正文為草書不同，似為習字。又，「建寧」為東漢靈帝年號，據此，本件時間應在建寧年間。

（二）光和三年（一八〇年）後猶書信一　二九

木牘。正面存文二行，背面存文三行，間有習字，與正文重疊，較難辨識。與下件（三〇號）人名、筆迹相同，應為一人所寫。

（正面）

1 猶再拜：還〖遣〗賜書，告□知，意詳

2 者治。庚申歲[一]，簿[二]雁□案獄，記竟文書

（背面）

1 念在案獄，門下通□[三]，道說前治，故簿侍吏

2 持府丞徑用，不待令曹文書吏□。但若此

3 □無異語，唯為作便安通之，如不可通，

【注釋】

[一]「庚申歲」，應為光和三年庚申歲。

[二]「簿」，簡牘，此處名詞動用。《史記》卷五七《絳侯周勃世家》記勃坐事下獄，云：「勃恐，不知置辭。吏稍侵辱之。勃以千金與獄吏，獄吏乃書牘背示之，曰『以公主為證』。」《集解》云：「李奇曰：『吏所執簿。』韋昭曰：『牘版。』」《索隱》云：「簿即牘也。故《魏志》『秦宓以簿擊頰』，則亦簡牘之類也。」又同書卷一〇七《魏其武安侯列傳》云：「上使御史簿責魏其所言灌夫，頗不讎，欺謾。」《正義》云：「言簿責魏其所言灌夫實潁川事，故魏其不對為欺謾者也。」下同。

[三]此□右半殘缺，左半從「木」。

## （三）光和三年（一八〇年）後猶書信二　三〇

木牘。正面存文四行，背面存文五行，部分漫漶不清。與上件（二九號）人名、筆迹相同，時間亦應相當。

（正面）

1 下書猶頓首言：漢臺謝□□□□□[一]□□□□□□□

2 □漢臺幼才侍者[二]，勤勞王事，□□□

3 漢食皆悉閒安善□忽昔日以□

4 為千萬朱□□□□□□……[三]

（背面）

1 近會聞大夫從尹[四]主簿[五]相[六]求賞，以是曹□[七]

2 分問知不？忽亡世往迷探問，云言漢臺之

3 悲痛悲痛[八]，以無宜自奏丘山當相為

4 □屬財復告忌忿々[九]因附表命。不具。惶恐

5 惶恐，頓首頓首。千萬諸夫之也。

【注釋】

[一]「漢臺」以下為雙行小字，應均為補字。又，「漢臺」，意謂漢廷、漢政府。《晉書》卷九二《文苑·曹毗傳》載毗著《對儒》有云：「終軍之穎，賈生之才，拔奇山東，玉映漢臺。」《南齊書》卷四八《孔稚珪傳》載稚珪上表有云：「古之名流，多有法學，故釋之、定國，聲光漢臺。」

［二］「侍者」，謙詞。參閲《佚名上督郵殘文書》注釋［一］。

［三］「為千萬」以下亦為小字，也應均為補字。

［四］「尹」為長沙姓氏。長沙吴簡見有「尹桓」、「尹汝」（一〇五九、四四六五、八六二九號）人名。

［五］「主簿」，郡、縣門下機關首長。陳仲安認為：「自漢以來，郡、縣亦有門下，又稱閤下，主簿為門下諸佐之首，相當於現代辦公廳主任。」見《關於魏晉南北朝門下省的兩個問題》，《中國古代史論叢》一九八二年第三輯，福建人民出版社，一四頁注［三］。

［六］「相」為補字。

［七］此「□」下半殘缺，上半從「艹」。

［八］此處疑衍「悲痛」二字。

［九］「忩々」為「怱々」、「悤々」之俗別。

## （四）中平元年（一八四年）佚名書信一　三一

木簡。下部殘斷。正、背各存文一行。

（正面）

□知中郎將[一]至，留汝南[二]□□□▨

（背面）

不得留難，若□□欲稽留，不□▨

【注釋】

［一］「中郎將」，官名，有左、右、五官、虎賁、羽林之別，見《續漢書·百官二》光祿勳條。同條又案云：「漢末又有四中郎將，皆帥師征伐，不知何時置。董卓為東中郎將，盧植為北中郎將，獻帝以曹植為南中郎將。」《後漢書·靈帝紀》中平元年三月壬子條云：「遣北中郎將盧植討張角，左中郎將皇甫嵩、右中郎將朱儁討穎川黄巾。」據此，此處「中郎將」應指朱儁（參閲下件注釋［六］），本件時間應在中平元年。

［二］「汝南」，郡名，屬豫州，在荊州北，見《續漢書·郡國二》汝南郡條。漢汝南郡初治平輿，故城在今河南汝南縣東南；晉改治懸瓠，故城即今河南汝南縣。

## （五）中平元年（一八四年）佚名書信二　三二

木牘。正、背各存文三行，中部漫漶不清。

（正面）

1 少告母□□往念□□□□□何用？小大[一]敢付，努力[二]相事。

2 家單，無所□以□□□□□□□盡興告邏人[三]

3 冀下見乃迷□□又□[四]得□財方留之□□□□

（背面）

1 侯[五]租米未畢罷，為屬令至月□□六日使□因欲果之。

2 今聞據宛[六]，家處□未衜[絶]□□湘鄉人慈，非[可]與語也。

3 又□月十二日，時屬憂蚤畢，[感]□過久，各當兮□錢

**【注釋】**

[一]「小大」，又作「大小」，慣用語，同出簡牘多見，意謂全體、大家。《史記·樂書》「小大殊矣」《集解》引鄭玄云：「小大，萬物也。」

[二]「怒力」之「怒」，應為「努」之通假。

[三]「邏人」，兵種之一，主管巡邏。《史記》卷一〇〇《匈奴傳》「候騎」條《索隱》引崔浩云：「候，邏騎。」《三國志·蜀書·先主傳》注引《江表傳》云：「（劉）備從魯肅計，進住鄂縣之樊口。諸葛亮詣吳未還，備聞曹公軍下，恐懼，日遣邏吏於水次候望權軍。」此處「邏騎」、「邏吏」，均即所謂「邏人」。吐魯番出土《麴氏王國延昌卅六年（五九六年）前計人配馬文書》屢見「邏人」。見國家文物局古文獻研究室、新疆維吾爾自治區博物館、武漢大學歷史系編《吐魯番出土文書》（釋文本）第一冊，文物出版社，一九八一年，三三〇～三三二頁；中國文物研究所、新疆維吾爾自治區博物館、武漢大學歷史系編《吐魯番出土文書》（圖文對照本）［壹］，文物出版社，一九九二年，二八一頁。

[四]此□右半殘缺，左半從「亻」。

[五]此「侯」有可能指長沙王劉興改封之臨湘侯，也有可能指宦官黃龍所封之湘南侯。《後漢書·光武帝下》建武十三年二月丙辰條詔云：「長沙王興……服屬既疏，不當襲爵為王。其以興為臨湘侯。」注云：「臨湘，縣，今潭州長沙縣。」但《續漢書·郡國四》長沙郡條未注「臨湘」為「侯國」。而《後漢書》卷七八《宦者·孫程傳》記安帝末封宦官「黃龍為湘南侯，五千户」。《續漢書·郡國四》長沙郡條注「湘南」為「侯國」。

[六]「今聞據宛」，應指中平元年漢軍與黃巾拉鋸爭奪南陽之役。《後漢書》卷七一《朱儁傳》云：「時南陽黃巾張曼成起兵，稱『神上使』，衆數萬，殺郡守褚貢，屯宛下百餘日。後太守秦頡擊殺曼成，賊更以趙弘為帥，衆浸盛，遂十餘萬，據宛城。儁與荊州刺史徐璆及秦頡合兵萬八千人圍弘，……斬之。賊餘帥韓忠復據宛拒儁。……儁因擊，大破之。乘勝逐北數十里，斬首萬餘級。忠等遂降。而秦頡積忿忠，遂殺之。餘衆懼不自安，復以孫夏為帥，還屯宛中。儁急攻之。夏走，追至西鄂精山，又破之。復斬萬餘級，賊遂解散。」同書《靈帝紀》中平元年十一月癸巳條云：「朱儁拔宛城，斬黃巾別帥孫夏。」據此，本件時間亦應在中平元年。

## （六）熙致蔡主簿書信　三三

木牘。正面存文二行，字稍小。背面亦存文二行，第一行字大，第二行字小。

（正面）

1 熙頓首再拜

2 蔡主簿得幸

（背面）

1 熙頓首：賜疏得具頭尾，宜復思省，不

2 可用者，不可强也。力疾書，不悉小大，休罪。

## （七）堂致陳主簿書信　三四

木牘。正面存文二行，背面存文三行，部分漫漶不清。開頭「堂再拜白」與「陳主簿侍前」均為隸書，以下正文均為行書。

（正面）

1 堂再拜[白]　餉食難得，人累□□□為命今日，且日々杝久，唯不多云奌[見][乃]□□。堂再拜[一]。

2 陳主簿侍前：々日惢々[二]，言不悉，不以身為憂念，□

（背面）

1 得宿留，又言前令□張□□□□[具]□□[呼]問令

2 張錢所在義理一日令君[紿]（？）[乃]人□□[相]荅[教][言]□

3 [任]非知□□人來也。□得大息□□曹家白□在內

**【注釋】**

[一]「餉食」以下為雙行小字，應均為補字。

[二]「惢々」即「忩々」，均為「怱々」、「悤々」之俗別。

## （八）侈致督郵某書信　三五

木牘。正、背各存文三行。

（正面）

1 客賤子[一]侈頓首再拜

2 督郵侍前：別亭易邁忽爾，令緤磨年朔，

3 不復相見。勤領衆職，起居官舍，遵貴皆迷，

（背面）

1 安善歡喜，幸々甚々。推昔分別緤磨，不數承亶，區々

2 之念，欲相從談讀（？）。客處空貧，無緣自前，言[不]有塹。

3 財自空祀，將命冀見，乃得[二]公々[三]。賤子習逸幺[四]。惶恐頓首。

**【注釋】**

[一]「賤子」，謙詞，似為子輩專用。《漢書》卷九二《游俠・樓護傳》云：「成都侯（王）商子邑為大司空，貴重，商故人皆敬事邑，唯護自安如舊節，邑亦父事之，不敢有闕。時請召賓客，邑居樽下，稱：『賤子上壽。』」注云：「言以父禮事。」《三國志・魏書・曹真附桓範傳》注引《魏末傳》云：「（高平陵事變後，曹爽）未知宣王（司馬懿）意深淺，作書與宣王曰：『賤子爽哀惶恐怖，無狀招禍，分受居滅。……』」又，居延亦出「賤子周恭字少仲再拜」簡。見甘肅省文物考古研究所、甘肅省博物館、中國文物研究所、中國社會科學院歷史研究所《居延新簡・甲渠侯官》下冊，中華書局，一九九四年，三五四頁。此外，樓蘭還出「六月六日樓蘭賤甥馬厲再拜白」文書。見侯燦、楊代欣《樓蘭漢文簡紙文書集成》第一冊，天地出版社，一九九九年，一八二頁。「賤甥」，亦謙辭，似為甥輩專用，與「賤子」意義不同。

[二]「得」為補字。

[三]「公々」應為「忩々」之省寫。

[四]「幺」通「麽」。「逸麽」，閑適貌。

## （九）舉致掾某書信　三六

木牘。正面存文三行，第一行下部和第三行上部漫漶不清。背面存文五行，第一行均為半字，不可辨識。

（正面）

1 月廿五日舉頓首言　大恩□□□□□□□□□□□□□□馬駒駕意屬々[一]

2 掾□□侍前：煩務朝夕，□居□舍，夫人自康，幸甚々々。善不忽

3 □□□□□□自占□前得尔□相□□仍以非同罪，促資費

（背面）

1 ……

2 禮二百，雞一雙，想達[二]從。頃迷務繫念，未從黨照，不識。今費送一千，到

3 後忩務勿怪也。後月十間，必遣送餘。相親恃怙，唯不中道，内小大委[三]。

4 屬□於曹取三六月時領並秪領付。來信步上未得。貢米粟不久

5 將至。内異何易，還信具戒，忩々不悉。舉頓首再拜。

【注釋】

[一]「大恩」以下為雙行小字，應均為補字。

[二]「達」為補字。

[三]「委」，慣用語，意為知。同出《蔡沄書信》亦見其例。張湧泉贊同「『委』為知義」，指出修訂本《辭源》第一冊（七四一頁）釋「委」義為「確實」欠妥。見《〈吐魯番出土文書〉詞語校釋》，《新疆文物》一九九一年第一期，四五頁。劉瑞明亦認為「『委』是確實義，如今語『委實』」。見《吐魯番出土文書釋詞》，《西域研究》一九九九年第四期，五五頁。亦誤。

## （一〇）佚名致蔡主簿書信　三七

木牘。正、背各存文二行，部分漫漶不清。

（正面）

1 死罪。昔惠書聞，意將何就（？）污縣□□

2 □□□上下□焉亦可縣□□方□當□

（背面）

1 之秋□備兼□大小問聞，□不一々□□□

2 蔡主簿前

（一一）佚名致陳掾書信　三八

木牘。正面存文二行，第一行下部漫漶不清。背面存文三行，部分漫漶不清。又多雜寫習字，與正文相混，更不易辨識。

（正面）

1 □□惶恐言　□陳掾□□相念無有□　□□□□錢二萬□[一]

2 陳掾侍前：久不相見，中心常有感。小人居

（背面）

1 前聞道言當與亭長……之不　中部亭長……[二]

2 府□□[三]□□□義無……□

3 □□得小人……

【注釋】

[一]「□陳掾」以下為雙行小字，應均為補字。

[二]「中部亭長」以下均為補字。

[三]「府□□」三字為粗筆大字。

（一二）佚名致某先進書信　三九

木牘。左上部殘斷。正面存文二行，第一行均為半字。背面亦存文二行，第二行均為半字。筆迹與下件（四〇號）相同。

（正面）

1 □[一]□□□□□[二]□[三]勤□……

2 ☒□先進[四]侍前：勤勞暑熱

（背面）

1 ☒念區々昔往時為客，不

2 □□[五]以[六]□[七]□給卒上蔘[八]徒無用相

【注釋】

[一]此□右半殘缺，左半從「言」。

[二] 此□右半殘缺，左半從「亻」。
[三] 此□右半殘缺，左半為「者」。
[四] 「先進」，原為《論語》篇名，後用指前輩。《漢書》卷八四《翟方進傳》云：「（胡常）與方進同經。常為先進，名譽出方進下，心害其能。」注云：「常宦學雖在前，而名譽不及方進。」
[五] 此□上有後加的「白」字。
[六] 「以」字內有後加的「若」字。
[七] 此□左半殘缺，右半為「叟」。
[八] 「茎」，乃「芰」之古文，又有可能為「菱」之別體。參閱同出《中平五年（一八八年）後臨湘守令臣肅上言荊南頻遇軍寇文書》注釋[四]。

## （一三）鄧應書信 四〇

木簡。正面存文二行，第二行均為半字。背面亦存文二行，第一行均為半字。筆迹與上件（三九號）相同。

（正面）

1 諾白[一]悉袁賤子[二]鄧應再拜白 □□[三]

2 兼□□侍前……

（背面）

1 ……

2 相益者可慙。前草次表書，不日

【注釋】

[一] 「諾白」二字為粗筆大字，原寫於第一、二行間，書體與下文不同，關係不明。
[二] 「賤子」，謙詞。參閱同出《侈致督郵某書信》注釋[一]。
[三] 此二□似為習字。

## （一四）張頌書信 四一

木簡。上部殘斷。正面存文一行，均為半字。背面亦存文一行。

（正面）

☑□□□拜□□[一]別給 區々廷（？）

（背面）

☑□□因旋敬。張頌叩頭再拜。

【注釋】

[一] 此二□均左半殘缺，右半分別為「月」、「吳」。

（一五）凃輔書信　四二

木牘。上部殘斷。此為正面，存文二行，第二行均為半字。背面存文一行，亦均為半字，不可辨識，不録。

1 乃公々[一]。凃（？）輔白：在外日久，恐

2 ……

【注釋】

[一]「公々」應為「忩々」之省寫。

（一六）蔡沄書信　四三

木牘。正、背各存文二行。

（正面）

1 屬白：書不悉，送□案解人名。

2 所□惓々，不盡（？）白[一]。

（背面）

1 □張景名為采（？）安，分別受告，今送求

2 事對。[今]□小大委[二]。蔡沄（？）白。

【注釋】

[一]「所□」以下均為小字，應均為補字。

[二]「委」，慣用語。意為知。參閲同出《舉致掾某書信》注釋[三]。

（一七）紀書信　四四

木牘。此為正面，存文二行。背面無字。

1 紀白：屬求悉禄，吉自尚小，既加

2 功，云衆白為得，既亦求為騎吏[一]，意

【注釋】

[一]「騎吏」，又見同出《熹平五年（一七六年）騎吏中風文書》。參閲該件注釋[一]。

（一八）羌書信　四五

木牘。上部殘斷。此為正面，存文二行，第一行上部與第二行均為半字。背面無字。

1 ⧄五月八日即具書。羌叩頭

2 ⧄☐音☐相見

## （一九）區書信 四六

木牘。上部殘斷。正面存文四行，背面存文二行。

（正面）

1 ⧄☐能自定☐

2 ⧄日言有主心頞☐

3 ⧄愁可言又書

4 ⧄☐☐也[一]。

（背面）

1 ⧄☐止

2 ⧄賤子[二]區

【注釋】

[一] 本面第一、三行為粗筆大字，第二、四行為細筆小字，大字為正文，小字為補字。

[二]「賤子」，謙詞。參閱同出《侈致督郵某書信》注釋[一]。

## （二〇）唐書信 四七

木牘。正面存文四行，大多漫漶不清。背面亦存文四行，部分漫漶不清。

（正面）

1 唐頓首白：久別不相見，勞內邑用小☐☐，☐送米

2 穀，督空無所奉致，自慙貪欲。相見道言，廣迎欲相

3 ☐☐會人師☐☐飯飧難為，財不非責微☐☐怒力[一]☐[二]

4 ☐言……[三]

（背面）

1 ☐吾往年遇旱了……別居☐☐☐☐☐

2 言□□□□□……屬吾往逨□□[四]
3 □相見者品□□屬之累□□臨湘遣夫胡□今當度
4 湘，頃汝並復作□屬汝□□□□汝小時㦸（？）護汝六恩□□

【注釋】

[一]「怒力」之「怒」，應為「努」之通假。
[二] 此□右上殘缺，左下從「辶」。
[三]「□言」以下均為小字，應均為補字。
[四] 此□下半殘缺，上半從「艹」。

## （二一）君書信　四八

木牘。正、背各存文三行，部分漫漶不清。

（正面）

1 叩頭死罪々々。君才炎粗鹵，虛竊榮祿，歸命下流，掌
2 □□術，污穢滋列。惶□戰悸兢々，覆命不知上聞。君叩頭々々，
3 死罪々々。□小寇造（？）為不庭，侍□征討，□□□露履（？）□□

（背面）

1 □誠與□治（？）收，前促迫□禁制，抱情□營，不勝□
2 企，□淒得許。□[一]遣功曹史[二]范[三]弼奉。君誠惶誠恐，叩頭々々，
3 死罪々々。再拜□。

【注釋】

[一] 此□右半漫漶，左半從「木」。疑與下行末□為同一字。
[二]「功曹史」，郡三綱之一（縣功曹史前常冠「門下」），職總內外，為郡吏之首。《後漢書》卷六七《黨錮傳序》云：「汝南太守宗資任功曹范滂，南陽太守成瑨亦委功曹岑晊，二郡又為謠曰：『汝南太守范孟博，南陽宗資主畫諾。南陽太守岑公孝，弘農成瑨但坐嘯。』」《宋書》卷六九《劉湛傳》記湛常云：「今世宰相何難，此政可當我南陽郡漢世功曹耳。」
[三]「范」為長沙姓氏。長沙吴簡見有「范宜」（九八六一號）人名。

## （二二）原書信　四九

木牘。正面存文二行。背面存文三行，第三行上下部漫漶。

（正面）

1 原白：一日不悉，連復欲詣，會歲下

2 □務，不腹〔一〕從願。頃復他異，又馬布

（背面）

1 障汙[民]人，有至此來求，今遣取以付之，小

2 大內勑告，既緣休使，乃盡愚趣。原[惶]

3 □□□。　　謝〔二〕孝達、何〔三〕起、新〔四〕安〔五〕

【注釋】

〔一〕「腹」為「復」之通假。

〔二〕「謝」為長沙大姓，屢見於長沙吴簡。

〔三〕「何」為長沙大姓，屢見於長沙吴簡。

〔四〕「新」為長沙姓氏。同出《書佐新忠僦田券》又有「新忠」，長沙吴簡亦見有「新民」（六三〇六號）人名。

〔五〕「謝孝達」以下三人名均為補字。

## （二三）津書信　五〇

木牘。正面存文二行，背面存文三行。

（正面）

1 津頓首：昨示悉，別念想。區々想內少異，

2 [不]審久人果解未〔一〕？迫々。獨迫君旦詣府門，寧

（背面）

1 □□人示□，又在倉面報云，河〔二〕宜小用意求，報

2 政遣知，□異小大。還具告。悤々書不盡言。面乃□津

3 、子約省。　　幸甚々々。

【注釋】

〔一〕「不審」下似有一互乙符號。據此，則此句似應讀作：「不久審人果解未？」

〔二〕「河」應為「何」之通假。

## （二四）峻書信　五一

木牘。正面存文二行，漫漶不清。背面存文三行，部分亦漫漶。

（正面）

1 □□□[須][是]□[知]□□□□□

2 □□□[出]□成（？）[因]□□□□君□□

（背面）

1 [難]為思，累峻不得到出，人〔一〕云□人〔二〕□□……

2 復至（？），□□□要，言不復至（？），分□□……

3 □□[想]（？）也。謝婦峻叩頭拜。

【注釋】

〔一〕此「人」為補字。

〔二〕此「人」亦為補字。

（二五）香書信　五二

木牘。正、背各存文二行，部分漫漶不清。

（正面）

1 得書，知告武（？）叔（？），君子所共，何

2 [得]為受，平來取（？）之。小大復

（背面）

1 聞。菍々因反不永□□□

2 論許玄（？）。香（？）頓（？）首（？）。

（二六）郡□尉書信　五三

木簡。右下部殘斷。正面存文一行，均為半字，濃墨粗筆。背面存文二行，第二行均為半字，漫漶不清。

（正面）

□[郡]□〔一〕[尉][印]

（背面）

1 □區々相念，無日□[以]□〔二〕□⧄

2 □□□□□□□……⧄

【注釋】

〔一〕此□右半殘缺，左半從「言」。

［二］此□右半殘缺，左半從「亻」。

## （二七）緣殘書信　五四

木牘。右下部殘斷。正面存文四行，背面存文三行，均漫漶不清。

（正面）

1 緣白：……胡□……

2 ……六七人為民，謝遷□□□□□⧄

3 ……文書何□［一］……

4 ……舍令……

（背面）

1 曹案之□……曹

2 □□誰何？鄉人并知，何……⧄

3 不吾官□……還□□⧄

**【注釋】**

［一］此□左半殘缺，右半從「頁」。

## （二八）佚名書信上　五五

木牘。正面存文二行，背面存文三行，部分漫漶不清。筆迹與下件（五六號）相同，時間亦相當（提到「十月中」），應原為一件。

（正面）

1 頃不相見。樵母前日得，昨怠極服藥。為政［一］之出，□□
防其餘者耳。書不……［二］

2 斷絶往來，聞言頗差。又有米在此，不知奈其人不□

（背面）

1 信，吾復來視之，毛有此言，明日當□，小大復告。聞□

2 □婦已去，怒力［三］□小兒，勿使行虧。合作□恩，藥曹［四］又□，

3 吾復作足手［五］。許十月中，非但疾者，故悉覽公以下府縣中，

**【注釋】**

［一］「為政」，典出《論語·為政》。

[二] 此行字較前後行字為小，應均為補字。
[三] 「怒力」之「怒」，應為「努」之通假。
[四] 「藥曹」，史籍未見，應為郡、縣列曹之一，專掌各類藥物。
[五] 「吾復作足手」，典出《論語・泰伯》，原文為：「曾子有疾，召門弟子曰：『啓予足！啓予手！』」。

## （二九）佚名書信下　五六

木牘。此為正面，存文一行。背面為《校官稅等習字》。筆迹與上件（五五號）相同，時間亦相當（為「十月廿二日」），應原為一件。

予公[一]中未得出也。十月廿二日□□[二]。

【注釋】

[一] 背面《校官稅等習字》第三行亦有「予公」二字。
[二] 此行似為該書信結句。

## （三〇）佚名書信一　五七

木牘。下部殘斷。正面存文二行，第一行為小字，漫漶不清。背面存文三行，上下部漫漶不清。正面為隸書，背面為正書，書體不同，關係不明。

（正面）

1 ……□□□□□□▨
2 □□[諸]（？）[付]（？）[領]（？）□[一]□□□□▨

（背面）

1 ……[胡]□[長]（？）思□□□□□□□[二]□□□……▨
2 ……□□中龍态以是可得數相見。吾冀為仕□□中▨
3 ……□□[誰][所]取□[者]知以久誰□[三][或]想仁君[想]□[四]復□[五]▨

【注釋】

[一] 此□左半殘缺，右半為「日」。
[二] 此□右半殘缺，左半從「亻」。
[三] 此□下半殘缺，上半從「西」。
[四] 此□上半殘缺，下半為「出」。
[五] 此□右半殘缺，左半從「亻」。

## （三一）佚名書信二　五八

木簡。下部殘斷。正面存文一行，下部漫漶不清。背面亦存文一行。

（正面）

下到縣，得無異，但延□□……▨

（背面）

善元（？）々不忽，前別領□[一]，恨語言[不]▨

【注釋】

[一] 此□左半殘缺，右半似為「中」字。

（三二）佚名書信三　五九

木簡。上下部殘斷。此為正面，存文一行。背面無字。

▨至[郅]（？）[鄉]處惓々，謝比[得]□▨

（三三）佚名書信四　六〇

木簡。左右部殘斷。正面存文二行，均為半字。背面亦存文二行，第一行僅剩殘筆。

（正面）

1 [要][遇][蠻][夷][邂][逅][到][今][府][息][屬]（？）[以]（？）□[一]……

2 ……

（背面）

1 ……

2 黃[既]孝昆（？）[侍]者，起居[福]履，安寧驩喜，幸甚！

【注釋】

[一] 此□右半殘缺，左半從「禾」。

（三四）佚名書信五　六一

木簡。上下部殘斷。此為正面，存文二行，第一行為小字，第二行均為半字。背面無字。

1 　　頓首再拜[一]

2 ▨[不][悉]，[近][忩]々[未][得][相][從]▨

【注釋】

[一]「頓首再拜」四字為補字。

（三五）佚名書信六　　六二

木簡。左右及下部殘斷。正面存文二行，第二行均為半字，不可辨識。背面存文三行，第一行均為半字，不可辨識，第二行為小字，部分漫漶不清。

（正面）

1 適下意事々（？）教留內不出□閤主▨

2 ……

（背面）

1 ……

2 □□[書][事]受人見不事……[一]

3 日以至也。當有告語不？又□[伍]▨

【注釋】

[一]「□□」以下均為小字，應均為補字。

（三六）佚名書信七　　六三

木牘。上部殘斷。正面存文二行，背面存文一行，漫漶不清。

（正面）

1 ▨□□人諸　□□以完也。前日所持

2 ▨□盡□□□得累々復遣

（背面）

▨……塹又舍以得

（三七）佚名書信八　　六四

木簡。右部殘斷。正面存文二行，第一行僅剩殘筆。背面存文一行，均為半字。正面為行書，背面為隸書，書體不同，關係不明。

（正面）

1 ……

2 書付松□及火興求[次]（？）付慈々易悉令䜌

（背面）

[各][曹]……

（三八）佚名書信九　六五

木牘。右上部及下部殘斷。正面存文二行，第一行均為小字。背面亦存文二行，上部均為半字。

（正面）

1 ▨不復無伴愁々故付□▨[一]

2 叩頭頓首々々。昨日忩々，不悉元[異]▨

（背面）

1 □[閒][人]□[曹][家]各左右責[經][用]▨

2 □□□□[二]□[三]得止悔，能可[四]得▨

【注釋】

[一]「不復」以下均為小字，應均為補字。

[二] 此□左半殘缺，右半從「頁」。

[三] 此□左半殘缺，右半從「欠」，據文意疑為「欲」字。

[四]「能可」間似有一互乙符號。據此，則此二字似應讀作「可能」。

（三九）佚名書信一〇　六六

木牘。左部殘斷。正面存文二行，第一行為小字，第二行均為半字。背面亦存文二行，第一行均為半字，不可辨識。

（正面）

1 經世不悉飭，幸甚々々。汝子時々中□到未？[一]

2 [子][彦][一][日]付中得[草][想]□□[昨][悉]□

（背面）

1 □□□□□□□□□□□□□□□□□□

2 息共□其[意]所云廿四案式□□□往來備告

【注釋】

[一]「經世」以下均為小字，應均為補字。

## （四〇）佚名書信一一　六七

木牘。左下部殘斷。正面存文三行，背面存文二行，漫漶不清。

（正面）

1 [悉]□[往]來不□□言又□□[從]□□⧄

2 為，[但]作仕□，今衆[君]□□[以]□□□⧄

3 □[君][至][意]□⧄

（背面）

1 □孝□⧄

2 [如]□□[言]，若不□[前]□□□⧄

## （四一）佚名書信一二　六八

木牘。左下部殘斷。正面存文二行，背面存文一行。

（正面）

1 酒可道乎？迫此身，微不能。是分了，愁々以仁。

2 賊曹[一]當[推]取不？勉又言，明日當令言上□

（背面）

賊曹子任煩內，他復設是，當何□[耳]？

【注釋】

[一]「賊曹」，郡、縣列曹之一，專掌逐捕盜賊。

## （四二）佚名書信一三　六九

木牘。右上部殘斷。正面存文二行。背面存文三行，漫漶不清。

（正面）

1 ⧄□汝當還我錢

2 ⧄□家須得月直[一]耳。吾

（背面）

1 ⧄……□□念遣往□□

2 ⧄……々□收。今墓[二]之，

3 ⧄……見。忩々□□

**【注釋】**

[一]「月直」，月俸。《後漢書》卷四六《陳寵附子忠傳》注引《謝承書》云：「（施延）到吴郡海鹽，取卒月直，賃作半路亭父以養其母。」

[二]「墓」為「慕」之通假。

## （四三）佚名書信一四　七〇

木牘。正、背各存文二行。

（正面）

1 、子約，頃不語言，煩內代為改異。又前通檄，

2 白劉寔忍有北里中宅，意云曹白部，中部賊捕掾[一]考

（背面）

1 事屬右辭曹[二]，傳曹史問，令召賊捕掾急，竟其□□

2 見在立可，竟為數催，勿忘大小改易，數告景□□

**【注釋】**

[一]「賊捕掾」，郡、縣列曹之一，專掌逐捕盜賊。《漢書》卷七六《張敞傳》云：「敞（為京兆尹）使賊捕掾絮舜有所案驗。」注云：「賊捕掾，主捕賊者也。」《後漢書》卷一一《劉玄傳》引軍帥將軍豫章李淑上諫有云：「今公卿大位莫非戎陳，尚書顯官皆出庸伍，資亭長、賊捕之用，而當輔佐綱維之任。」注云：「漢法，十里一亭，亭置一長。捕賊掾，專捕盜賊也。」

[二]「辭曹」，郡、縣列曹之一，專掌辭訟。其名源出三公府僚。《後漢書》卷四六《陳寵傳》云：「少為州郡吏，辟司徒鮑昱府。……昱高其能，轉為辭曹，掌天下獄訟。其所平決，無不厭服衆心。時司徒辭訟，久者數十年，事類溷錯，易為輕重，不良吏得生因緣。寵為昱撰《辭訟比》七卷，決事科條，皆以事類相從。昱奏上之，其後公府奉以為法。」注引《續漢志》云：「三公掾屬二十四人，有辭曹，主訟事。」

## （四四）佚名殘書信一　七一

木牘。正面存文三行，第一行均為半字。背面存文二行，第二行均為半字。均漫漶不清。

（正面）

1 ……

2 ……□□四自與……人亦不宜□□

3 ……□加□二三子各屈須□□□□□□□

（背面）

1 ……不勝□□□不[言]□□□□□

2 ……□□□□□□□□

## （四五）佚名殘書信二　七二

木簡。上下部殘斷。正、背各存文一行。

（正面）

☐□持為言，為遣☐

（背面）

☐□子委昨別☐

## （四六）佚名殘書信三　七三

木簡。上下及右部殘斷。正、背各存文一行，均為半字。

（正面）

☐[照][作][相][見]，[語][言][不][熟]☐

（背面）

☐□□□□□[白]　☐

## （四七）佚名殘書信四　七四

木牘。上下部殘斷。此為正面，存文二行，第二行均為半字。背面無字。

1 ☐[再]拜言　☐

2 ☐勞□[給]□□☐

# 叁　雜文書

## 一　事目

### （一）期會雜事目一　七五

木簡。正面存文二行，第一行均為半字。背面存文一行，上部漫漶不清。先已寫字，以致字形重疊，難以辨識。

（正面）

1 □□□□……□大男〔負〕□……

2 府前〔記〕送不周，對□□〔胥〕，會[一]〔十〕月卅日[二]。

（背面）

□□□皆官史李□[三]，吾遣廷衙史張白將徒黃獻，會十一月五日[四]。

【注釋】

[一]「會」指「期會」。《周禮·天官·宰夫》云：「歲終則令群吏正歲會，月終則令正月要，旬終則令正日成，而以考其治。治不以時舉者，以告而誅之。」鄭玄注云：「歲終，自周季冬。正，猶定也。旬，十日也。治不時舉者，謂違時，令失期會。」賈公彥疏云：「治不以時舉者，謂文書稽滯者，故鄭云違時，令失期會也。云以告而誅之者，謂告冢宰而誅責之也。」《續漢書·百官五》郡條云：「主記室史，主録記書，催期會。」下二件同，不再注明。

[二]本行下方另有六大字，墨淡難識，似為「□姊〔娃〕□□□」，恐為習字。

[三]此□右半殘缺，左半從「木」。

[四]本行下方另有三大字，墨淡難識，似為「□頓□」，恐為習字。

### （二）期會雜事目二　七六

木簡。上部殘斷。此為正面，存文二行，部分漫漶。背面存文一行，漫漶難辨，不録。

1 ▨□□收土受賞惠，會月廿四日……

2 ▨　付婁水事史□土□□〔時〕□□曹史□

### （三）期會當對事目　七七

木牘。上部殘斷。正面存文五行，背面存文三行，部分漫漶。

（正面）

1 ☒☐☐當對。
2 ☒遣督郵案事，掾史主簿[一]詣府白狀，會十二月廿日，何頓當對。
3 ☒會其月廿四[二]，士曹[三]當對。
4 ☒詣府白狀，會十二月廿二日，右金曹[四]當對。
5 ☒二月日[五]遣主者詣府白狀，右倉曹[六]李饒當對。

（背面）

1 ☒☐☐遣主簿☐得☐[七]☐☐☐☐☐，會十二月廿☐日，☐仵當對。
2 ☒☐☐詣府白狀，會十二月廿二日，右金、倉曹吏☐何頓當對。
3 ☒詣府白狀，會十二月廿二日，右倉掾何頓、周☐當對。

**【注釋】**

[一]「掾史主簿」，「主簿」為郡、縣三綱之一，本職為門下首長。陳仲安云：「自漢以來，郡、縣亦有門下，又稱閤下，主簿為門下諸佐之首，相當於現代辦公廳主任。」見《關於魏晉南北朝門下省的兩個問題》，《中國古代史論叢》一九八二年第三輯，福建人民出版社，一四頁注［三］。下同。「主簿」前冠「掾史」，史籍未見。僅吐魯番出土高昌緣禾十年（四四一年）三月一日前後《高昌郡功曹白請溉兩部葡萄派任行水官牒》見有「掾史曹」，性質與之相近。見柳洪亮《新出吐魯番文書及其研究》，新疆人民出版社，一九九七年，一六、三九九頁。

[二]「廿四」下脫「日」字。

[三]「士曹」，郡、縣列曹之一，專掌土功、公廨等事。其名源出丞相、三公府僚。《三國志·魏書·韓暨傳》云：「太祖平荆州，辟為丞相士曹屬。」《晉書·職官志》諸公及開府位從公條記僚屬有「士曹」。

[四]「金曹」，郡、縣列曹之一，專掌貨幣。其名源出三公府僚。《續漢書·百官一》太尉條云：「金曹主貨幣、鹽、鐵事。」

[五]「日」上脫數字。

[六]「倉曹」，郡、縣列曹之一，專掌賦稅徵收、倉廩出納。其名源出三公府僚。《續漢書·百官一》太尉條云：「倉曹主倉穀事。」

[七]此☐右半殘缺，左半從「王」。

## （四）某日刑案事目　七八

木牘。下部殘斷。正面存文三行，小字。背面存文一行，大字。正面為行楷，背面為草書。正、背書體不同，內容亦異，關係不明。

1 津史[一]唐存、捕盜史[二]黃敷、牛者趙[三]周索取錢糧☐。
2 ☐☐人男子鄧還、鄧甫[四]對鬪，皆☐從。
3 ☐☐☐☐男子胡杲殺李☐妻妾☐。

（正面）

欲見金曹米[五]史，勑令來[六]

（背面）

**【注釋】**

[一]「津史」，史籍未見，應為郡、縣列曹屬吏之一，專掌修治津梁道路。

[二]「捕盜史」，史籍未見，應為郡、縣列曹屬吏之一，專掌搜捕流寇盜賊。

[三]「趙」為長沙大姓，屢見於長沙吴簡。

[四]「鄧」為長沙大姓，屢見於長沙吴簡。

[五]「米」為長沙大姓，屢見於長沙吴簡。

[六]關於本件的整體解説，詳見本書王素《長沙東牌樓東漢簡牘概述》。

## 二　户籍

### （一）建寧四年（一七一年）益成里户人公乘某户籍　七九

木簡。下部殘斷。此為正面，存文二行，第二行均為半字。背面無字。

1　建寧四年益成里[一]户人公乘某卅九筭卒[二]篤夅[三]　子公乘石……

2　□□[四]　……卅七筭卒篤夅

**【注釋】**

[一]「益成里」，長沙吴簡未見，僅屢見「義成里」，或許與之有關。

[二]「筭卒」，即筭甲卒，為當時筭賦之一種。《周禮·地官·大司徒》記養民之法有六，第五為「寬疾」，鄭玄注云：「寬疾若今癃：不可事，不算卒；可事者，半之也。」賈公彦疏云：「云『寬疾若今癃：不可事，不算卒』者，漢時癃病不可給事，不算計以為士卒，若今廢疾者也。云『可事者，半之也』者，謂不為重役，輕處使之，取其半功而已，似今殘疾者也。」宋王應麟《玉海》卷一七九引録此注，同氏《漢制考》卷一引録此注疏，均以為漢制。證明漢代確有所謂「筭卒」之制。下二件同，不再出注。

[三]此處「篤夅」之「夅」，應為「癃」之俗别。《後漢書》光武至孝桓諸帝本紀，屢見賜「鰥、寡、孤、獨、篤癃、貧不能自存者」粟、帛等記載。下同。

[四]此二□為粗筆大字。

### （二）區益子朱户籍　八〇

木簡。此為正面，存文一行，部分漫漶。背面無字。

區[一]益　子公乘朱年卌□筭卒九十復

**【注釋】**

[一]「區」為長沙大姓，屢見於長沙吴簡。

### （三）殘户籍一　八一

木牘。上下部殘斷。此為正面，存文一行。背面無字。

〼[年]卅筭卒　〼

## （四）殘尸籍二　八二

木牘。下部殘斷。此為正面，存文三行，部分漫漶。背面無字。

1　凡口五事　〼
2　中[一]　筭三事　訾[二]五十　〼[三]
3　甲卒[四]一人　〼[五]

**【注釋】**

[一]「中」為朱筆，長沙吴簡户籍簡屢見。參閱汪力工《關於吴簡注記中的『中』字》，《故宫博物院院刊》二〇〇四年第五期，五三～六一頁。

[二]「訾」即「貲」。《漢書·景帝紀》後二年五月條載詔云：「今訾算十以上乃得宦。」注云：「訾讀與貲同。」

[三]按：「凡口五事、筭三事、訾五十」，為户籍總結簡或結句簡，長沙吴簡頗多其例。如：「凡口五事、筭三事、訾五十」（七三六八、一〇一五七號）。見長沙市文物考古研究所、中國文物研究所、北京大學歷史學系：走馬樓簡牘整理組《長沙走馬樓三國吴簡·竹簡》［壹］，文物出版社，二〇〇三年，中冊五六八、八四四頁（圖），下冊一〇四六、一一〇三頁（文）。

[四]「甲卒」，郡兵。《漢書·百官公卿表上》云：「郡尉，秦官，掌佐守典武職甲卒。」《後漢書》卷一八《吴漢傳》記光武帝敕漢云：「諸郡甲卒但坐費糧食，若有逃亡，則沮敗衆心，宜悉罷之。」同書卷二三《竇融附弟子固傳》云：「明年，固與（耿）忠率酒泉、敦煌、張掖甲卒及盧水羌胡萬二千騎出酒泉塞。」另參同出《建寧四年（一七一年）益成里户人公乘某户籍》注釋［二］。

[五]關於本件及前三件户籍的綜合解說，詳見王素《長沙東牌樓東漢簡牘選釋》，《文物》二〇〇五年第十二期，六九～七五、四〇頁。

## （五）殘户籍文書一　八三

木簡。下部殘斷。此為正面，存文一行，部分漫漶。背面無字。

右五户同䀻　□〼

## （六）殘户籍文書二　八四

木牘。此為正面，存文二行，墨色甚淡。背面無字。

1　[文]后家今又六[户]
2　賈　□戊月八[一]

**【注釋】**

[一]「八月戊□賈」五字倒寫，書體與前行不同，關係不明。

## 三　名簿

### （一）張□等名簿　八五

木簡。上下部殘斷。此為正面，存文一行，部分漫漶。背面為《光和七年（一八四年）紀年習字》。據此，本件時間亦應在光和七年。

☑張□、吳李、周張[一]、□☑

【注釋】

[一]「張」、「吳」、「周」均為長沙大姓，屢見於長沙吳簡。

### （二）朱坏等名簿　八六

木牘。此為正面，存文一行，部分漫漶。背面為《也匹等習字》。

朱坏、□旦、米秃、這少、常抱[一]

【注釋】

[一]「朱」、「米」、「這」、「常」亦均為長沙大姓，屢見於長沙吳簡。

### （三）游徼區某名簿　八七

木簡。上下部殘斷。此為正面，存文一行。背面無字。

☑游徼[一]區[二]□☑

【注釋】

[一]「游徼」，鄉官，專掌巡徼緝盜。《續漢書·百官五》鄉條云：「鄉置有秩、三老、游徼。……游徼掌徼循，禁司奸盜。」

[二]「區」為長沙大姓，屢見於長沙吳簡。

### （四）度上丘郭某名簿　八八

木簡。下部殘斷。此為正面，存文一行，四字，前三字為粗筆大字，後一字為細筆小字。背面亦存文一行，與正面關係不明。

度上丘[一]郭[二]☑　（正面）

（背面）

長沙大〖守〗 ⧄

【注釋】

[一]「度上丘」，長沙丘名。長沙吳簡屢見「度丘」，應與此「度上丘」有關。

[二]「郭」為長沙大姓，屢見於長沙吳簡。

（五）某曹掾何宋等名簿 八九

木牘。上部殘斷。此為正面，存文一行。背面無字。

⧄〖曹〗掾何宋 獻曹[一]掾趙陽

【注釋】

[一]「獻曹」，史籍未見，應為郡、縣列曹之一，專掌貢獻侍奉。

（六）某曹掾李堅等名簿 九〇

木牘。下部殘斷。此為正面，存文二行，第一行均為半字。背面無字。

1 □〖曹〗〖掾〗〖李〗〖堅〗 ⧄

2 左賊曹掾張顯 ⧄

（七）獄史娛亭等名簿 九一

木簡。上部殘斷。此為正面，存文二行，第一行均為半字，不可辨識。背面無字。

1 ⧄ ……

2 ⧄ 獄史[一]〖娛〗亭 凡九人

【注釋】

[一]「獄史」，縣吏，專掌刑獄。《漢書》卷五一《路溫舒傳》云：「為（縣）獄小吏，因學律令，轉為獄史，縣中疑事皆問焉。」

（八）徵池掾何止名簿 九二

木牘。上下部殘斷。此為正面，存文一行，部分漫漶。背面無字。

〖徵〗池掾[一]何止⧄

【注釋】

[一]「徵池掾」，史籍未見，應為郡、縣列曹屬吏之一，專掌池塘水利。

## 四　名刺

### （一）兼門下功曹史何戒名刺　九三

木牘。此為正面，存文一行。背面無字。

兼門下功曹史[一]何戒

【注釋】

[一]「門下功曹史」，縣綱紀之一（郡功曹史前不冠「門下」），職總內外，為縣吏之首。下件同，不再注明。

### （二）長沙大守從掾文顯門下功曹史邵弘名刺　九四

木牘。正、背各存文一行。

長沙大守從掾文[一]顯（正面）

門下功曹史邵弘（背面）

【注釋】

[一]「文」為長沙大姓，屢見於長沙吳簡。

### （三）鄧邳名刺　九五

木牘。此為正面，存文三行。背面無字。

1 正　月

2 故　吏　鄧[一]邳　再　拜

3 賀

【注釋】

[一]「鄧」為長沙大姓，屢見於長沙吳簡。

### （四）張少張竟殘名刺上　九六

木牘。左部及上下部殘斷。此為正面，存文一行，均為半字。背面無字。與下件（九七號）筆迹相同，且可以拼接，應原為一件。

⧄[弟][子][張]（？）[少][張]（？）[竟]（？）□⧄

（五）張少張竟殘名刺下　九七

木牘。左部及上下部殘斷。此為正面，存文一行，均為半字。背面無字。與上件（九六號）筆迹相同，且可以拼合，應原為一件。

⧄[再][拜]□□　⧄

（六）殘名刺一　九八

木牘。右部及下部殘斷。此為正面，存文一行，漫漶不清。背面無字。

[問]　[起]　[居]

（七）殘名刺二　九九

木簡。此為正面，存文一行，漫漶不清。背面無字。

……□□□□□再[拜]　問起居

## 五　券書

（一）中平三年（一八六年）何君□從伍仲取物券　一〇〇

木簡。下部殘斷。正、背各存文一行，部分漫漶。

（正面）

中平三年二月桐丘[一]男子何君□從臨湘伍[二]仲取⧄

（背面）

十月當還。以手書券信。　[同][文][三]⧄[四]

**【注釋】**

[一]「桐丘」為長沙丘名。長沙吴簡屢見「桐丘」，以及與之相關的「桐山丘」、「桐佃丘」、「桐唐丘」等。

[二]「伍」為長沙大姓，屢見於長沙吴簡。

[三]「同文」二字均僅存右半。將「同文」二字作為「合同」符信，本件為最早例證。

[四]關於本件的整體解説，詳見本書王素《長沙東牌樓東漢簡牘概述》。

（二）書佐新忠僦田券　一〇一

木牘。上下部殘斷。此為正面，存文一行，部分漫漶不清。背面無字。

☐☐書佐[一]新[二]忠僦☐☐田佃……☐

【注釋】

[一]「書佐」，郡、縣小吏，專掌文書。《續漢書·百官五》郡縣條注引《漢官》謂河南尹有「書佐五十人」，洛陽令有「書佐九十人」。

[二]「新」為長沙姓氏。參閱同出《原書信》注釋[五]。

（三）陳某殘券　一〇二

木牘。下部殘斷。正面存文三行，背面存文二行，部分塗墨，難以辨識。

（正面）

1 陳☐券（？）☐

2 便以☐☐

乃乃[一]

3 念當坐（？）☐

（背面）

1 聽再☐

2 錢☐☐

【注釋】

[一]二「乃」為習字。

六　簽牌

（一）右賊曹簽牌　一〇三

上部有穿繩用小孔。此為正面，僅有三字。背面無字。

右賊曹

（二）左倉曹簽牌　一〇四

上部有穿繩用小孔。正面存文三行，背面存文二行。

（正面）

1 左　府記依

2 曹　科傳輸

3 倉　徒詎□

（背面）

1 范通本[事]

2 左　倉　曹

## （三）中倉租券簽牌　一〇五

上部左右兩邊有繫繩用刻齒。正、背各存文一行。

（正面）

中倉[一]券也

（背面）

南山鄉[二]嗇夫[三]租券本也

**【注釋】**

[一]「中倉」，長沙倉名。長沙吳簡屢見「州中倉」，簡稱「中倉」。

[二]「南山鄉」，應為長沙鄉名。但長沙吳簡僅見「南鄉」，未見「南山鄉」。

[三]「嗇夫」，鄉官。《續漢書·百官五》鄉條云：「其鄉小者，縣置嗇夫一人。」注引《風俗通》云：「嗇者，省也。夫，賦也。言消息百姓，均其役賦。」

## （四）殘簽牌一　一〇六

上部左右兩邊有繫繩用刻齒。正面存文三行，背面存文二行，大部漫漶難辨。

（正面）

1 □[臨][湘][縣][賦][本]

2 □[故][郵][亭][掾][李]

3 ……

（背面）

1 臨湘縣賦本

2 ……

（五）殘簽牌二　一〇七

下部右邊有繫繩用刻齒。此為正面，存文一行，大部漫漶。背面無字。

□五百卌五

（六）殘簽牌三　一〇八

上部有穿繩用小孔。正、背各存文三行，大部漫漶難辨。

（正面）

1 右為鄉□□□

2 □□

3 賊□□□□□

（背面）

1 右鄧掾□□

2 □□□

3 賊□□□□

（七）殘簽牌四　一〇九

上部有穿繩用小孔。此為正面，存文三行，漫漶不清。背面有字迹，不可辨識。

1 □□武陵[一]大男

2 ……

3 ……

**【注釋】**

[一]「武陵」，原為郡名，亦屬荆州，在長沙郡西，見《續漢書·郡國四》武陵郡條。武陵郡初治義陵，故城在今湖南溆浦縣南；後改治臨沅，故城在今湖南常德縣西。但此處疑為鄉名。長沙有「武陵鄉」、「小武陵鄉」，屢見於長沙吳簡。

# 七　雜帳

## （一）槳等器物帳　一一〇

木牘。左中下部有殘缺。此為正面，存文三行。背面無字。

1 蔣[一]十五枚　蔹[二][席]一束　苢[三]一籠
2 皮席一枚　平于[四]一枚　馬汝[桉][一]雙
3 皮二席一枚　大酒于一枚　南山□□□

【注釋】

[一]「蔣」應為「槳」之通假。
[二]「蔹」應為「菅」之通假。
[三]「苢」為「芣苢」省稱，又作「芣苡」，即車前草，可入藥。
[四]「于」即「盂」，下同。江陵鳳凰山一〇號漢墓出土簡牘有「小于一具」，「于」亦即「盂」。見長江流域第二期文物考古工作人員訓練班《湖北江陵鳳凰山西漢墓發掘簡報》，《文物》一九七四年第六期，四一～六一頁。湖北雲夢大墳頭漢墓出土簡牘有「金小盂一」。見湖北省博物館、孝感地區文教局、雲夢縣文化館漢墓發掘組《湖北雲夢西漢墓發掘簡報》，《文物》一九七三年第九期，二三～三六頁。江陵鳳凰山一六七號漢墓出土簡牘有「盂四枚」、「盆盂一枚」。見鳳凰山一六七號漢墓發掘整理小組《江陵鳳凰山一六七號漢墓發掘簡報》，《文物》一九七六年第一〇期，三一～三七、五〇頁。

## （二）行帋等器物帳　一一一

木牘。右下部殘斷。此為正面，存文三行，漫漶不清。背面無字。

1 □□百枚　□□十枚
2 □□廿枚　□□一薄[一]
3 行[帋][二]五十枚

【注釋】

[一]「薄」原為養蠶之竹箧器具。《史記》卷五七《絳侯周勃世家》「勃以織薄曲為生」條《索隱》云：「勃本以織蠶薄為生業也。」此處作量詞。《漢舊儀》云：「春桑生，而皇后親桑於苑中，於蠶室養蠶千薄以上。」吐魯番出土《西涼建初十四年（四一八年）二月廿八日嚴福願賃蠶桑券》記「三薄蠶桑」，《麴氏王國延昌廿二年（五八二年）二月廿二日前某家失火燒損財物帳》記「蠶種十薄」，亦為其例。見國家文物局古文獻研究室、新疆維吾爾自治區博物館、武漢大學歷史系編《吐魯番出土文書》（釋文本）第一冊，文物出版社，一九八一年，一七、一九五頁；中國文物研究所、新疆維吾爾自治區博物館、武漢大學歷史系編《吐魯番出土文書》（圖文對照本）[壹]，文物出版社，一九九二年，六、九八頁。廖名春稱：「三薄蠶桑，即三張薄的蠶桑；蠶種十薄，即十張薄的蠶種。」見《吐魯番出土文書新興量詞考》，《敦煌研究》一九九〇年第二期，九二頁。據此，「一薄」上殘二字，應為「蠶桑」或「蠶種」。
[二]「行帋」之「行」，應作通行、通用解。前引《吐魯番出土文書》所載十六國至麴氏王國文書中，屢見「行布」、「行緤」、「行㴽（羅）」以及「中行疊」、「行布疊」、「世行布疊」。「布」指麻布，「緤」、「疊」指棉布，「羅」指絲織品。武敏談到高昌實物貨幣，認為：「用作高昌實物貨幣的布疊，即文書中稱之為『行緤』、『中行疊』或『行布』者，大約就

是以（貴賤適中的）八緵布疊為標準。」見《五世紀前後吐魯番地區的貨幣經濟》，《新疆經濟開發史研究》上冊，新疆人民出版社，一九九二年，二二七頁。王啓濤據此認為：「行緤」是「質量不太好的棉布」；「行羅」是「質地不太好的絲織品」。見《吐魯番出土文書詞語考釋》，四川出版集團巴蜀書社，二〇〇四年，六三四～六三五頁。從適中角度而言，亦似可通。

### （三）豬肪等食物帳　一一二

木簡。下部殘斷。此為正面，存文二行，第一行僅剩殘筆，第二行下部亦甚漫漶。背面無字。

1 ……☒

2 豬肪十斤　飯□□□　□☒

### （四）達伯智等殘帳　一一三

封檢。下部殘斷。此為正面，存文二行。背面無字。

1 達伯智二萬五千　☒

2 王[一]趙萬九千　☒

**【注釋】**

[一]「王」為長沙大姓，屢見於長沙吳簡。

### （五）莫當歸等殘帳　一一四

木牘。右部及上下部殘斷。此為正面，存文二行，第一行均為半字。背面無字。

1 ☒□臨湘□……　□□[一]廿三枚☒

2 ☒□斷□□□　莫當歸四分（？）☒

**【注釋】**

[一]此□右半殘缺，左半從「阝」。

### （六）五千等殘帳　一一五

木簡。右上部殘斷。正、背各存文一行，多為半字。

（正面）

☒□五千□□食舍□

（背面）

⧄ 九 [人]……

## 八 其他

### （一）建寧四年（一七一年）殘文書 一一六

木簡。右部殘斷。正面存文一行，均為半字。背面無字。

[建][寧][四][年][十][二][月][十][三][日]……□□

### （二）熹平元年（一七二年）覃超人形木牘 一一七

木牘。原斷為二片，現拼合為一件。可能是先刻為人形，再在正面上部描畫眉、眼、鼻、口、髫鬚及軀幹，最後才在下部及背面寫字。上中部有一圓孔，似為穿繩懸挂之用。正面存文三行，背面存文二行。

（正面）

1 六月甲申朔廿二〔一〕乙卯〔二〕，謹遣小史〔三〕覃超

2 [喜][平]〔四〕[元][年]〔五〕

3 詣在所，到，敢問前後所犯為無狀。家[富]（？）

（背面）

1 有[如]肥陽〔六〕、玉角〔七〕。所將隨從，[飲]食易得。人主傷心[不]易識。超到言

2 [如][律]令〔八〕。故事：有陳者，教首〔九〕。書者員悍、李阿〔一〇〕。六月廿二日白〔一一〕。

**【注釋】**

〔一〕「廿二」下脫「日」字。

〔二〕「乙卯」之「卯」，據前面「甲申」順推，應為「巳」字之誤。

〔三〕「小史」，郡、縣門下屬吏之一。

〔四〕「喜平」之「喜」，應為「熹」之通假。

〔五〕「熹平四年」為大字，其上為前述人形圖畫。

〔六〕「肥陽」之「陽」，應為「羊」之通假。

〔七〕「玉角」，原指玉製酒器，又常代指仙鹿或形容仙鹿之角，道教常用。

〔八〕「如律令」，慣用語，漢魏以降墓葬出土墓券文、鎮墓文、隨葬衣物疏常見。

〔九〕「教首」上似脫一「為」字。

〔一〇〕「員悍、李阿」：「李阿」，應為神仙名。事迹見葛洪《神仙傳》卷三李阿條。據此，則其前「員悍」亦應為神仙名。

[一一]關於本件的整體解說，詳見本書王素《長沙東牌樓東漢簡牘概述》。

（三）何黑白為與謝立待持本相與隨嫁事　一一八

木牘。正、背各存文一行，正面字大，背面字小。

（正面）

何黑、謝立待持本相與隨嫁事。慮（？）

（背面）

之敢付意。何黑白。

（四）主白事殘文書　一一九

木簡。上下部殘斷。此為正面，存文一行。背面無字。

▨主白：沅鸞節業綦▨

（五）某月十八日被徵文書　一二〇

木簡。下部殘斷。此為正面，存文一行。背面無字。

月十八日被徵，卻言孤絶，深有愁悵[一]。王烈[二]▨

【注釋】

[一]「愁悵」之「愁」，應為「惆」之通假。

[二]「王烈」，「烈」原補於「王」字右上。按：東漢末年有王烈者，太原人，以義行聞於海內。察孝廉，三府並辟，皆不就。遭黃巾、董卓之亂，避地遼東。太守公孫度欲用為長史，不至。曹操為丞相，徵為府掾，亦不至。建安二十四年（二一九年）卒，年七十八。《後漢書》卷八一《獨行傳》有專傳，《三國志》卷一一《魏書·管寧傳》有附傳。此處所記王烈，時代及行事均與之大致相當，是否為同一人，待考。

（六）正月十五日殘文書　一二一

木簡。下部殘斷。此為正面，存文一行。背面無字。

正月十五日□▨

（七）郵書掾袁嘉前記臨湘文書　一二二

木牘。上下部殘斷。此為正面，存文一行。背面無字。

☑郵書掾〔一〕袁〔二〕嘉前記臨湘□〔三〕☑

**【注釋】**

〔一〕「郵書掾」，縣列曹屬吏之一，負責郵書傳送事務。《續漢書·輿服上》導從卒條「驛馬三十里一置」臣昭案引《風俗通》云：「今吏郵書掾、府督郵，職掌此。」

〔二〕「袁」為長沙姓氏。長沙吳簡見有「袁潘」、「袁當」（二〇一二、六七一四號）人名。

〔三〕此□下半殘缺，上半從「艹」。

## （八）嘉豚白事殘文書　一二三

木簡。下部殘斷。此為正面，存文一行。背面無字。

嘉豚（？）白：煩☑

## （九）為夏節殘文書　一二四

封檢。此為正面，存文三行，第一、三為大字草書，第二行為小字隸書。背面無字。

1 □□□□

2 為夏節〔一〕

3 縹〔二〕

**【注釋】**

〔一〕「為夏節」三字似為名刺（拜帖）用語。

〔二〕第一、三行似為習字。第二、三行間，倒畫一動物，似為羊或兔。

## （一〇）主兵史陳愓與左右坐事文書　一二五

木牘。下部殘斷。此為正面，存文三行，下部漫漶不清。背面無字。

1 左二人坐呼□□□〔一〕

2 主兵史〔二〕陳愓

3 右一人坐治□□□

**【注釋】**

〔一〕此「□」右半殘缺，左半從「阝」。

[二]「主兵史」，史籍未見，應為郡、縣列曹屬吏之一，專掌兵事。

(一一一) 直白事殘文書　一二六

木簡。右部及下部殘斷。正、背各存文一行，均為半字。此為正面，背面不可辨識，不録。正面似為正書，背面似為草書，書體不同，關係不明。

直白：□□[一]□知食困□▨

【注釋】

[一] 此二□，均右半殘缺，左半分别從「亻」和「木」。

(一一二) 移前至四月殘文書　一二七

木簡。左上角及下部殘斷。此為正面，存文一行，上部漫漶不清。背面無字。

□□□□□□移前至四月不□日折□▨

(一一三) 臨湘長書殘文書　一二八

木簡。下部殘斷。此為正面，存文一行。背面無字。

臨湘　臨　湘　長　書▨

(一一四) 張□白事殘文書　一二九

木簡。左上角殘缺。此為正面，存文一行，部分漫漶。背面無字。

□□□□責民錢，張□白：聚谷屬故月未既□□諸耶

(一一五) 出錢雇東津卒五人四月直文書　一三〇

木簡。下部殘斷。此為正面，存文一行。背面無字。

出錢·雇東津卒五人四月直[一]▨

【注釋】

[一]「月直」，月俸。參閱同出《佚名書信一三》注釋[一]。長沙吴簡屢見其例。

（一六）南鄉民也殘文書　一三一

木牘。下部殘斷。此為正面，存文一行。背面無字。

南鄉[一]民也，郭堅壽　▨

【注釋】

[一]「南鄉」，長沙鄉名，屢見於長沙吴簡。

（一七）侍吏殘文書　一三二

木牘。此為正面，存文三行，中部被刮削，第二行不見字迹，第一、三行也均為半字。背面無字。

1 侍[吏]□□……□□□□□□□□□□□□□□書[當]

2 ……

3 ……□□□□□□□□……□[錢]二百[尚][食]□……

（一八）答辭氣殘文書　一三三

木簡。下部殘斷。此為正面，存文一行。背面無字。

▨答辭氣[一]難付所勑盡力思必交[稱]□▨

【注釋】

[一]「辭氣」一詞，原出《論語·泰伯》，為：「出辭氣，斯遠鄙倍矣。」

（一九）復坐□時平亭殘文書　一三四

木簡。左部殘斷。此為正面，存文二行，第一行部分漫漶，第二行均為半字。背面亦存文二行，均為半字，不可辨識，不録。

1 □衣□□陽也。復[坐]（？）□時平亭，有□□□□[輒][云]

2 ……

（二〇）物何宜有殘文書　一三五

木牘。下部殘斷。此為正面，存文一行，上部漫漶。背面無字。

……□□□物何宜有

（二一）土受足具殘文書　一三六

木簡。下部殘斷。正、背各存文一行，正面為草書，背面為行書，書體不同，關係不明。

土受足具〼　（正面）

□□□□吏□〼　（背面）

（二二）到日得為殘文書　一三七

木牘。左部及下部殘斷。此為正面，存文一行，均為半字。背面無字。

到日得為□□□□〼

（二三）主掾君文書　一三八

木簡。上部殘斷。此為正面，存文一行。背面無字。

〼□主掾（？）君公明上□什物張少奉之[一]

【注釋】

[一]「張少」人名，又見同出《張少張竟殘名刺上》。

（二四）月財□領殘文書　一三九

木牘。此為正面，存文二行，漫漶不清。背面有字迹，不可辨識，不録。

1 ……月財□領……

2 ……月財□領……

（二五）來人付殘文書　一四〇

木牘。此為正面，存文一行，漫漶不清。背面有字迹，不可辨識，不録。

……[來]人[付]□□

## （二八）督郵掾殘文書　一四一

木牘。下部殘斷。此為正面，存文三行，全部塗墨，難以辨識。背面有字迹，漫漶不清，不録。

1 □□□……〼

2 □比□□□〼

3 督郵掾□□〼

## 肆　習字

### （一）熹平四年（一七五年）陽舍人等習字　一四二

木牘。左上部及下部殘斷。正、背各存文三行。

（正面）

1 ☐乙卯[一]卯

2 ☐不　乙矣

3 ☐　回

（背面）

1 ☐□□式

2 ☐陽　陽舍人[二]人

3 □　乙□[三]

**【注釋】**

[一]「乙卯」，熹平四年為乙卯。據此，暫繫本件於熹平四年。

[二]「陽舍人」：「陽」應為「楊」之通假。「楊」為長沙大姓，屢見於長沙吴簡。「舍人」，官名，東漢郡、縣未見。疑此「陽舍人」原為長沙耆儒，蒙恩補中央舍人。《後漢書·順帝紀》陽嘉元年七月丙辰云：「以太學新成，試明經下第者補弟子，增甲、乙科員各十人。除郡國耆儒九十人補郎、舍人。」同書卷七九上《儒林傳上·序》亦云：「試明經下第補弟子，增甲乙之科員各十人，除郡國耆儒皆補郎、舍人。」

[三]此面下部有刻痕。

### （二）光和七年（一八四年）紀年習字　八五背

木簡。上下部殘斷。此為背面，存文一行。正面為《張□等名簿》。

☐子光和[一]光光　☐

**【注釋】**

[一]「子光和」：「光和」為東漢靈帝年號，七年為「甲子」。疑「子」前所缺為一「甲」字。光和七年十二月始改元為中平元年。據此，暫繫本件於光和七年。

### （三）朝東谷等習字　一四三

木牘。此為正面，存文四行，漫漶不清。背面存文多為「領」、「頗」、「以臨」等字，不録。

1 名朝東東
2 朝東谷，息老物[一]；名[二]朝東谷，昨何在[三]？
3 ……名人名□東□
4 ……□□寸未朝□□

【注釋】

[一]「息老物」，典出《周禮·春官·籥章》，原文為：「擊土鼓以息老物。」
[二]「名」原寫在「物」字左下，與此行無關。
[三]「朝東谷，息老物；朝東谷，昨何在？」似為習詩。

（四）湘裴等習字　一四四

木牘。上部殘斷。此為正面，存文一行。背面無字。

☐湘□裴[一]

【注釋】

[一]「念」、「裴」間有塗痕。

（五）也匹等習字　八六背

木牘。此為背面，存文一行。正面為《朱坏等名簿》。

也匹也匹也　可賞[一]

【注釋】

[一]「也匹也匹也」至「可賞」間，畫有一人，作站立觀望狀。

（六）謝蔡等習字　一四五

木簡。左下部殘斷。行數難以確定，大致正面存文三行，背面存文二行。書體不同，關係不明。先已寫字，以致字形重疊，難以辨識。

（正面）

1 冠冠冠蔡　想　謝
2 冠　冠□□吏官□冠冠冠冠謝冠草
3 冠謝冠□□謝謝謝謝尉

（背面）

1 □觀亦
2 謝蔡如白事事事□事貸貸貸貸事

（七）羊角哀等習字　一四六

木牘。此為正面，存文三行，部分漫漶。背面無字。

1 差　羊角哀、左左伯[桃][一]哀[物]□□□序
2 羨恙兼　稱稱稱□□□郡縣小吏
3 羑義[二]　不拘慮度，次[三]心肆意，若無臣上，檢御如此，有若無[四]

【注釋】

[一]「羊角哀、左伯桃」，典出《後漢書》卷二九《申屠剛傳》注引《烈士傳》，原文為：「羊角哀、左伯桃二人為死友，欲仕於楚，道阻，遇雨雪不得行，饑寒，自度不俱生。伯桃謂角哀曰：『俱死之後，骸骨莫收，內手捫心，知不如子。生恐無益而棄子之能，我樂在樹中。』角哀聽之，伯桃入樹中而死。楚平王愛角哀之賢，以上卿禮葬伯桃。角哀夢伯桃曰：『蒙子之恩而獲厚葬，正苦荊將軍冢相近。今月十五日，當大戰以決勝負。』角哀至期日，陳兵馬詣其冢，作三桐人，自殺，下而從之。」

[二] 此部分習字，「羊角哀」之「羊」及「差」、「羨」、「恙」、「兼」、「羑」、「義」等字，均從「羊」部，但與《說文解字》分部不同，似根據其他字書而寫。

[三]「次」應為「恣」之通假。

[四]「不拘慮度」以下，似摘自時賢章奏，出處待考。

（八）眉眉等習字　一四七

木牘。行數難以確定，大致正、背各存文三行，漫漶不清。

（正面）

1 　眉　眉□
2 頰　麋眉□□眉眉□□□
3 　□[勅][眉]□　□

（背面）

1 爵　□□□□承爵[秀]（？）
2 [興]　□□□□　□□□
3 　□　□　□[承]　爵

（九）君見再拜等習字　一四八

木簡。右部殘斷。正面存文一行，背面僅有一字。

（正面）

□□君□□□見再拜言言言言言言言言

（背面）

□[一]

【注釋】

[一] 此□似原為「見」字，後在「見」字中加二小圈，成為一人頭形狀。

（一〇）常相念等習字　一四九

木簡。正、背各存文二行。

（正面）

1 □不來□　善　憙

2 □常相念不憙　不相[一]常相念平

（背面）

1 □李涼（？）主在布鹿竹

2 □□係捱喑栗俳時主布夫

【注釋】

[一] 此「相」原作左「目」右「木」。

（一一）久道橋等習字　一五〇

木牘。右下部殘斷。此為正面，存文二行，書體不同，關係不明。背面無字。

1 久道橋今何不誠掾掾掾掾掾☒

2 掾掾掾掾掾掾掾掾☒

（一二）甲子奏府等習字　一五一

木簡。此為正面，存文一行，下部漫漶。背面無字。

甲子乙丑丙寅[奏][府]（？）……

## （一三）水書水等習字　一五二

木牘。右上部及下部殘斷。此為正面，存文二行，漫漶不清。背面無字。

1　☒☐☐☐☒

2　☒☐水☐[書]水　☐☐☒

## （一四）校官税等習字　五六背

木牘。此為背面，存文三行。正面為《佚名書信下》。

1　租曾也

2　校官税

3　予公[一]

**【注釋】**

[一] 本面下方畫一動物，似為公雞。

## （一五）水米等習字　一五三

木牘。左下部殘斷。行數難以確定，大致正面存文三行，背面存文五行，下部塗墨，難以辨識。

（正面）

1　水　米　水　米

2　☐鄧之之之[二]不　☐☐[三]

3　☐　……

（背面）

1　鄧　周

2　不不不言

3　米米米不米

4　之　米

5　米米米

【注釋】

〔一〕「□鄧之之」五字倒寫。

〔二〕此二□為粗筆大字。

（一六）中賊曹掾等習字　一五四

木牘。行數難以確定，大致正、背各存文三行，部分漫漶。

（正面）

1 曹史子起　掾　子起

2 中賊曹曹掾掾掾劉〔一〕掾馬驛〔二〕子起掾掾

3 掾掾

（背面）

1 長沙　□　□　□

2 臨湘令主□□詔（？）書（？）勸農〔三〕掾掾掾

3 □□　□　興□

【注釋】

〔一〕「劉」為長沙大姓，屢見於長沙吴簡。

〔二〕「馬驛」二字為粗筆大字。

〔三〕「臨湘令主□□詔書勸農」十字為粗筆花書。

（一七）所從等習字　一五五

木簡。左部及下部殘斷。正、背各存文一行，均為半字，難以辨識。書體不同，關係亦不明。

（正面）

□所從□□

（背面）

肥（？）見（？）阝阝阝▨

（一八）督郵書掾等習字　一五六

木簡。左部殘斷。正、背各存文一行，均為半字，難以辨識。

（正面）

吉甲乙□督郵書掾[一]□

（背面）

丈……

【注釋】

[一]「督郵書掾」，郡督郵屬吏，負責監察郡屬各縣。《後漢書》卷八二上《方術上·高獲傳》「三部督郵」條注引《續漢書》曰：「監屬縣有三部，每部督郵書掾一人。」

## （一九）昌孖等習字　一五七

木牘。右下部殘斷。此為正面，存文二行。背面無字。

1 昌孖☐

2 不問起[一]　☐

【注釋】

[一]「問起」下還應有一「居」字，但似乎未寫。「問起居」為名刺（拜帖）用語。此習字似與名刺有關。

# 伍　殘簡

## （一）入胡殘簡　一五八

木牘。上部殘斷。此為正面，存文三行，漫漶不清。背面無字。

1 ☑入胡□……□長

2 ☑　□□□以……

3 又□……

## （二）加恩殘簡　一五九

木簡。右部及上下部殘斷。此為正面，存文二行，第一行均為半字，難以辨識。背面無字。

1 ☑□[一]□□□□　☑

2 ☑□之加恩，蒙不□□[二]☑

**【注釋】**

[一] 此□右半殘缺，左半從「糸」。

[二] 此□下半殘缺，上半從「卄」。

## （三）醴陵殘簡　一六〇

木牘。左部及上部殘斷。正、背各存文二行，正面第二行和背面第一行均僅剩殘筆。

（正面）

1 ☑□醴陵[一]

2 ……

（背面）

1 ☑醴陵……

2 ☑□吉本

**【注釋】**

[一]「醴陵」，縣名，屬長沙郡，見《續漢書·郡國四》長沙郡條。醴陵縣故城在今湖南株洲市東南。下同。

（四）念善殘簡　一六一

木簡。左部及上下部殘斷。正、背各存文一行，多為半字，且漫漶不清。

⧄……□念□善⧄（正面）

⧄□□乃□[善]⧄（背面）

（五）卒以殘簡　一六二

木牘。右下部殘斷。正、背各存文一行，部分漫漶不清。

□[卒][以]□□　□[死]⧄（正面）

暑，人悉□□　⧄（背面）

（六）當迷殘簡　一六三

木簡。左部及上部殘斷。此為正面，存文二行，上部漫漶不清。背面無字。

1　⧄□□以□[想]□[貳]

2　⧄□□□□當迷交

（七）三月殘簡　一六四

木牘。左部及上下部殘斷。正面僅存二字，為「三月」。背面無字。

（八）郡為殘簡　一六五

木簡。上部殘斷。正面存文一行，下部漫漶難辨，僅識前二字為「郡為」。背面亦存文一行，漫漶不清。

（九）二日殘簡　一六六

封檢。上部殘斷。正面存文一行，上部漫漶難辨，僅識後二字為「二日」。背面為習字，不録。

（一〇）封屬殘簡　一六七

木牘。上部殘斷。此為正面，存文一行，漫漶不清，僅知第二字可能是「封」，第四字可能是「屬」。背面無字。

（一一）蓋盡殘簡　一六八

木簡。右部及上部殘斷。正面存文一行，均為半字，不可辨識。背面亦存文一行，亦均為半字，僅識倒第三、四字為「蓋盡」。

（一二）勝封殘簡　一六九

木牘。左部及上下部殘斷。正面存文二行，大部漫漶不清，僅識第一行前二字為「勝封」。背面無字。

（一三）者曹殘簡　一七〇

木簡。上下部殘斷。正面存文一行，上下部漫漶難辨，僅識中二字為「者曹」。背面亦存文一行，漫漶不清。

（一四）一生殘簡　一七一

木簡。上下部殘斷。正面存文一行，下部漫漶難辨，僅識前二字為「一生」。背面無字。

（一五）廷字殘簡　一七二

木簡。下部殘斷。正面僅存一字，為「廷」。背面無字。

（一六）之字殘簡　一七三

木簡。右部及下部殘斷。正面存文一行四字，僅識第二字為「之」。背面亦存文一行四字，均為半字，不可辨識。

（一七）白字殘簡　一七四

木簡。左上角及下部殘斷。正面存文一行，上下部漫漶難辨，僅識中一字為「白」。背面無字。

（一八）得字殘簡　一七五

木簡。左部及上下部殘斷。正面存文一行，上下部漫漶難辨，僅識中一字為「得」。背面無字。

（一九）吏字殘簡　一七六

木簡。右部及下部殘斷。正面存文一行，大部漫漶不清，僅識第二字為「吏」。背面無字。

（二〇）掾字殘簡　一七七

木牘。上部及右下部殘斷。正面存文二行，大部漫漶不清，僅識第一行第一字為「掾」。背面無字。

（二一）即字殘簡　一七八

木牘。左部及上下部殘斷。正面存文一行，上下部漫漶難辨，僅識中一字為「即」。背面無字。

（二二）領字殘簡　一七九

木牘。左上部殘斷。正面僅存一字，為「領」。背面無字。

（二三）若字殘簡　一八〇

木簡。左部及上部殘斷。正面存文一行，均為半字，僅識第二字為「若」。背面無字。

（二四）恵字殘簡　一八一

木牘。左部及右下部殘斷。正面存文二行，大部漫漶不清，僅識第一行第三字為「恵」。背面無字。

（二五）殘簡　一八二

木牘。上部殘斷。正面存文二行，漫漶難辨。背面無字。

（二六）殘簡　一八三

木簡。左右部和上下部殘斷。正面存文二行，均為半字，不可辨識。背面無字。

（二七）殘簡　一八四

木簡。下部殘斷。正、背均有字迹，漫漶難辨。

（二八）殘簡　一八五

異形簡。左上角殘斷。正面存文五行，字迹清楚，難以識讀，不録。背面無字。

（二九）殘簡　一八六

木牘。下部殘斷。正面存文五行，背面存文三行，均漫漶不清，不可辨識。

（三〇）殘簡　一八七
木簡。下部殘斷。正面存文二行，背面存文一行，均漫漶不清，不可辨識。

（三一）殘簡　一八八
木簡。上部殘斷。正面存文一行，漫漶難辨。背面無字。

（三二）殘簡　一八九
木牘。左右部和上下部殘斷。正面存有字迹，漫漶不清，不可辨識。背面無字。

（三三）殘簡　一九〇
木牘。左部及上下部殘斷。正面存文一行，均為半字，不可辨識。背面無字。

（三四）殘簡　一九一
封檢。正面存文一行，漫漶難辨。背面無字。

（三五）殘簡　一九二
木牘。正面有字迹，漫漶難辨。背面無字。

（三六）殘簡　一九三
木簡。左右部殘斷。正面存文一行，均為半字，不可辨識。背面無字。

（三七）殘簡　一九四
異形簡，左上部殘斷，右部有三小孔。正面存文一行，漫漶難辨。背面無字。

（三八）殘簡　一九五
木牘。正面有字迹，漫漶難辨。背面無字。

（三九）殘簡　一九六
木牘。左部和下部殘斷。正面存文一行，均為半字，不可辨識。背面無字。

（四〇）殘簡　一九七

木簡。左右部和上下部殘斷。正面存文二行，均為半字，不可辨識。背面無字。

**（四一）殘簡　一九八**

木簡。左部及上下部殘斷。正面有字迹，漫漶難辨。背面無字。

**（四二）殘簡　一九九**

木牘。正面有字迹，漫漶難辨。背面無字。

**（四三）殘簡　二〇〇**

木牘。左上部殘斷。正、背均有字迹，均漫漶不清，不可辨識。

**（四四）殘簡　二〇一**

木簡。右部及上下部殘斷。正面存文一行，均為半字，不可辨識。背面無字。

**（四五）殘簡　二〇二**

木簡。下部殘斷。正面有字迹，漫漶難辨。背面無字。

**（四六）殘簡　二〇三**

木牘。左部及下部殘斷。正面存文一行，均為半字，不可辨識。背面無字。

**（四七）殘簡　二〇四**

木牘。右下部殘斷。正面存文一行，漫漶難辨。背面無字。

**（四八）殘簡　二〇五**

木牘。下部殘斷。正面存文一行，墨淡難識。背面無字。

# 長沙東牌樓東漢簡牘整理號與出土號對照表

| 整理號 | 出土號 |
|---|---|
| 一 | 一〇〇三 |
| 二 | 一〇五六 |
| 三 | 一〇〇四 |
| 四 | 一二一八 |
| 五 | 一〇〇一 |
| 六 | 一〇七〇 |
| 七 | 一〇七五 |
| 八 | 一一二八 |
| 九 | 一一四一 |
| 一〇 | 一一八一 |
| 一一 | 一〇七一 |
| 一二 | 一一〇五 |
| 一三 | 一一三五 |
| 一四 | 一一二一 |
| 一五 | 一一四〇 |
| 一六 | 一一四二 |
| 一七 | 一一八六 |
| 一八 | 一一六五 |
| 一九 | 一一八五 |
| 二〇 | 一〇四六 |
| 二一 | 一一五一 |
| 二二 | 一一七一 |
| 二三 | 一一五九 |
| 二四 | 一一〇七 |
| 二五 | 一〇一五 |
| 二六 | 一〇五三 |
| 二七 | 一〇五四 |
| 二八 | 一〇九二 |
| 二九 | 一一三四 |
| 三〇 | 一〇六九 |
| 三一 | 一一一七 |
| 三二 | 一〇六一 |
| 三三 | 一〇六五 |
| 三四 | 一一三七 |
| 三五 | 一〇〇六 |
| 三六 | 一〇五九 |
| 三七 | 一一〇〇 |
| 三八 | 一〇六七 |
| 三九 | 一〇一一 |
| 四〇 | 一〇二五 |
| 四一 | 一〇八六 |
| 四二 | 一一三一 |
| 四三 | 一一六八 |
| 四四 | 一〇〇九 |
| 四五 | 一〇四一 |
| 四六 | 一〇四七 |
| 四七 | 一〇五七 |
| 四八 | 一〇六三 |
| 四九 | 一〇六四 |
| 五〇 | 一〇六八 |
| 五一 | 一一四三 |
| 五二 | 一一四四 |
| 五三 | 一〇二八 |
| 五四 | 一一三六 |
| 五五 | 一一四八 |
| 五六 | 一一四七 |
| 五七 | 一〇二一 |
| 五八 | 一〇二六 |
| 五九 | 一〇三一 |
| 六〇 | 一〇三二 |
| 六一 | 一〇三五 |
| 六二 | 一〇九一 |
| 六三 | 一〇九三 |
| 六四 | 一一〇二 |
| 六五 | 一一二六 |
| 六六 | 一一三八 |
| 六七 | 一一五〇 |
| 六八 | 一一五二 |
| 六九 | 一一六二 |
| 七〇 | 一一六六 |
| 七一 | 一一三九 |
| 七二 | 一〇三六 |
| 七三 | 一二〇八 |
| 七四 | 一〇四八 |
| 七五 | 一〇三〇 |
| 七六 | 一一三二 |
| 七七 | 一一五八 |
| 七八 | 一一六四 |
| 七九 | 一一〇四 |
| 八〇 | 一一二四 |
| 八一 | 一一一三 |
| 八二 | 一一五四 |
| 八三 | 一一三〇 |
| 八四 | 一〇七八 |
| 八五 | 一〇八二 |
| 八六 | 一〇〇八 |
| 八七 | 一〇三八 |
| 八八 | 一〇八七 |
| 八九 | 一一〇八 |
| 九〇 | 一一一六 |
| 九一 | 一一一一 |
| 九二 | 一一〇九 |
| 九三 | 一〇六六 |
| 九四 | 一一〇六 |
| 九五 | 一〇五一 |
| 九六 | 一一一〇 |
| 九七 | 一一二二 |
| 九八 | 一二〇三 |
| 九九 | 一二〇七 |
| 一〇〇 | 一〇二二 |
| 一〇一 | 一二二二 |
| 一〇二 | 一一八〇 |
| 一〇三 | 一〇一七 |
| 一〇四 | 一〇五五 |
| 一〇五 | 一一七〇 |
| 一〇六 | 一〇一六 |
| 一〇七 | 一一二〇 |
| 一〇八 | 一〇一三 |
| 一〇九 | 一一九七 |
| 一一〇 | 一〇一〇 |
| 一一一 | 一〇五八 |
| 一一二 | 一〇一八 |
| 一一三 | 一〇一四 |
| 一一四 | 一〇四四 |
| 一一五 | 一〇九九 |
| 一一六 | 一〇九六 |
| 一一七 | 一一五七 一一六〇 |
| 一一八 | 一〇〇七 |
| 一一九 | 一〇二七 |
| 一二〇 | 一〇二九 |
| 一二一 | 一〇三七 |
| 一二二 | 一〇四二 |
| 一二三 | 一〇四五 |
| 一二四 | 一〇五二 |
| 一二五 | 一〇七七 |
| 一二六 | 一〇八一 |
| 一二七 | 一〇八五 |
| 一二八 | 一〇九〇 |
| 一二九 | 一〇九五 |
| 一三〇 | 一一二七 |
| 一三一 | 一一三三 |
| 一三二 | 一一四六 |
| 一三三 | 一一五五 |
| 一三四 | 一一五六 |
| 一三五 | 一一六三 |
| 一三六 | 一一七六 |
| 一三七 | 一一七二 |
| 一三八 | 一一九六 |
| 一三九 | 一一九八 |
| 一四〇 | 一一九九 |
| 一四一 | 一二一三 |
| 一四二 | 一一〇三 |
| 一四三 | 一〇〇二 |
| 一四四 | 一〇〇五 |
| 一四五 | 一〇二三 |
| 一四六 | 一〇六〇 |
| 一四七 | 一〇六二 |
| 一四八 | 一〇七二 |
| 一四九 | 一〇七三 |

| 整理號 | 出土號 |
|---|---|
| 一五〇 | 一〇七四 |
| 一五一 | 一〇九四 |
| 一五二 | 一一一二 |
| 一五三 | 一一四九 |
| 一五四 | 一一六九 |
| 一五五 | 一一七七 |
| 一五六 | 一一七九 |
| 一五七 | 一一八四 |
| 一五八 | 一〇一二 |
| 一五九 | 一〇三三 |
| 一六〇 | 一〇四九 |
| 一六一 | 一〇四〇 |
| 一六二 | 一〇四三 |
| 一六三 | 一〇八四 |
| 一六四 | 一〇一九 |
| 一六五 | 一〇三四 |
| 一六六 | 一〇八〇 |
| 一六七 | 一一一五 |
| 一六八 | 一一二三 |
| 一六九 | 一一二五 |
| 一七〇 | 一一七五 |
| 一七一 | 一二一四 |
| 一七二 | 一〇五〇 |
| 一七三 | 一〇八八 |
| 一七四 | 一〇八九 |
| 一七五 | 一一一九 |
| 一七六 | 一一八二 |
| 一七七 | 一一一四 |
| 一七八 | 一一八三 |
| 一七九 | 一二〇四 |
| 一八〇 | 一二〇五 |
| 一八一 | 一二〇六 |
| 一八二 | 一〇二〇 |

| 整理號 | 出土號 |
|---|---|
| 一八三 | 一〇二四 |
| 一八四 | 一〇三九 |
| 一八五 | 一〇七六 |
| 一八六 | 一〇七九 |
| 一八七 | 一〇八三 |
| 一八八 | 一〇九七 |
| 一八九 | 一一〇〇 |
| 一九〇 | 一一〇一 |
| 一九一 | 一一二九 |
| 一九二 | 一一五三 |
| 一九三 | 一二二二 |
| 一九四 | 一一六一 |
| 一九五 | 一二一七 |
| 一九六 | 一一七四 |
| 一九七 | 一一七八 |
| 一九八 | 一二〇一 |
| 一九九 | 一二二一 |
| 二〇〇 | 一二〇〇 |
| 二〇一 | 一二二三 |
| 二〇二 | 一二〇九 |
| 二〇三 | 一二〇二 |
| 二〇四 | 一二一一 |
| 二〇五 | 一二二四 |